속국 倭國에서
독립국 日本으로

이원희 지음

주류성

속국 倭國에서
독립국 日本으로

이원희 지음

주류성

머리말

1. 일본의 천황가는 특이하게도 이름만 있고, 성은 없는 가문이다.
   8세기부터 시작된 이런 전통은 지금까지도 이어지고 있다.

   아마도 현대의 문명국에서는 유일무이한 특이한 사례일 것이다. 성을 밝히면 출신 내력이 드러나게 된다. 천황가에서는 자신의 뿌리를 꼭꼭 감추고 싶었던 모양이다.

   그러나 실제 천황가는 백제의 부여씨였다.

   백제 멸망 무렵의 왜왕은 의자왕의 아들인 부여풍이었고, 그가 백제로 돌아간 이후에는 두 아들인 천지(天智)와 천무(天武)가 차례로 뒤를 이었다.

   이러한 역사적 진실을 숨기기 위하여 『일본서기』와 『고사기』는 시조인 신무부터 37대 제명에 이르기까지, 무려 37명이나 되는 허구의 왜왕을 창작하였던 것이다.

   필자는 2020년에 상재한 졸저 『천황가의 기원은 백제 부여씨』에서 이러한 사실을 밝힌 바 있다. 이 책은 위 졸저의 후속편이다.

2. 『일본서기』에 의하면 백제는 왜의 속국이었다.

   그런데 속국인 백제의 왕자들은 다양한 이유로 여러 차례 왜국으로 건너가 수 년 혹은 수십 년, 장기간 체류한 것으로 되어있다. 반대로 종주국인 왜국의 왕자가 백제를 방문한 적은 단 한 번도 없다.

   왜 일방적으로 백제 왕자들만 끊임없이 도왜하였을까? 사실은 백제 왕자들은 도왜하여 왜왕으로 즉위하였던 것이다.

   대표적인 사례가 무려 30년간 왜국에 체재하였던 왕자 부여풍이다. 『일본서기』와 『삼국사기』는 「인질」이라 하였다.

그러나 그는 5천여 대군을 호위병으로 거느리고 귀국하였다. 그후 백강구 전투에서는 왜 전함에 올라타 2만 7천여 왜군을 총지휘하였으며, 그를 보좌한 것은 숙부인 충승과 충지였다.

그는 인질이 아니라 왜왕이었던 것이 명명백백하다.

『일본서기』를 엮은 사람도 백제의 후예였기에, 백제가 왜국을 통치한 역사의 진실이 깡그리 사라지는 사태는 원치 않았던 모양이다. 「인질」이나 「조공」 등으로 위장하여, 백제 왕자들이 도왜한 사실을 은밀한 암호처럼 전해주고 있다. 천황가 선조인 천조대신의 원래 고향이라는 고천원(高天原)이 백제의 암호인 것과 같은 맥락이다.

3. 대대로 즉위식의 핵심은 삼종신기(칼, 거울, 곱은 옥)를 새 천황에게 전달하는 의식이다. 그런데 칼은 백제의 대왕의 하사품이었다.

칼의 이름 「삼공(三公)전투검」과 「장군검」.

백제의 대왕에게 있어서 왜왕이라는 존재는 「삼공」과 「장군」이었던 것이다.

칠지도에서는 백제의 왕도 아닌 왕세자가 왜왕을 「후왕(侯王)」이라 부르며, "이 칼을 길이 후세에 전해 보여라"라고 명령하였다.

백제가 왜를 지배한 명명백백한 물증이다. 뿐만 아니다.

8세기의 황궁 내에는 백제 신을 모시는 「한신사(韓神社)」가 있었다.

한편 천황 재위 중 가장 중요한 행사인 대상제 하루 전날 열리는 진혼제의 신악(神樂)에서는

「 …… 나 한신(韓神)은 한(韓)을 불러 모시노라! 한을 불러, 한을 불러
  모시노라!」

라고 백제 신의 강림을 간절하게 기원하였다.

4. 백제 멸망 이전까지의 왜국은 정상적인 고대국가가 아니었다.
   기본적 법률인 율령이 없었다는 사실이 이를 단적으로 증명하여
   준다.
   백제가 멸망하자, 그제서야 왜왕 천지를 필두로 한 지배층에서
   는 율령과 관위, 관제, 호적, 교육기관 등 정상적인 고대국가 형
   성을 위한 가장 기본적인 작업을 맹렬한 스피드로 진행하였다.
   백제나 고구려, 신라에서는 수백 년 전에 완비되었던 이러한 기
   초작업이, 왜국에서는 백제 멸망 이후에 비로소 이루어졌던 것
   이다.
   「아름답지 못한 국호 왜국」도 「일본」으로 바꾸었다. 그러나
   「일본」은 원래는 백제를 의미하는 미칭이었다.
   속국 혹은 식민지 왜국이, 백제 멸망 이후 비로소 독립국 일본으
   로 새출발하였던 것이다.

5. 최근 일본에서는 『일본서기』를 믿지 않고, 백제와 왜는 대등한
   관계에서 「교류」하였다고 보고 있다. 그러나 이는 근세 일제강
   점기 일본과 조선이 교류하였다고 강변하는 것과 마찬가지이다.
   왜왕을 비롯한 지배층은 백제인이었다.
   왜국에는 곳곳에 무수한 백제풍의 지명이 있었고, 인명도 대부
   분 백제풍이었다.

건축이나 미술, 음악, 의복, 등 모든 부문에서 백제풍 일색이었으며, 일본어에도 무수한 백제어가 스며들어 지금도 많이 남아 있다.

일제강점기 조선 총독을 위시한 일본인들이 지배층이었고, 일본풍 문물이 대유행하였으며, 언어에도 무수한 일본어가 침투한 것과 완벽하게 동일한 현상이다.

6. 필자가 이 책을 쓰면서 의지한 것은 서가에 꽂힌 수천 권의 책이었다. 그런데 목포대학교 고고학과에서 정년퇴임하신 최성락 선생님이 때때로 교시하여 주시고, 따뜻하게 격려하여 주셨다.

어려운 여건에서도 책을 출판하여 주신 주류성의 최병식 회장님, 그리고 좋은 책으로 만들어주신 이준 이사님과 편집 실무자 여러분.

모든 분께 감사의 인사말씀 올립니다.

2022. 6월 맹하
집무실 겸 서재 古眞齋에서
이원희 삼가 쓰다

1장 ————
천황 즉위식의 칼은
백제 대왕의 하사품

1. 즉위식에서 사용된 백제의 칼

1) 파적검과 호신검

고대 이래 일본 천황의 즉위식은 화려하고도 장엄한 여러 의식으로 이루어졌다. 그중에서도 핵심은 삼종신기(三種神器)를 새로운 천황에게 전달하는 의식이었다.

삼종신기란 칼, 거울, 곱은 옥, 세 가지 보물로서 이는 천황의 정통성을 상징한다. 2019년에 있었던 영화(令和)천황의 즉위식에서도 이를 전하는 의식은 변함없이 엄숙하게 거행된 바 있다. 천년을 훨씬 넘는 세월 동안 이어져 온 것이다.

명치시대에 제정된 「황실전범」은 헌법과 맞먹는 효력을 가진 법률이었다. 제 10조에 천황의 즉위식에는 삼종신기를 승계한다는 규정이 있었다. 이 삼종신기를 승계함으로서 황위가 새로운 천황에게로 계승된다고 보았던 것이다. 즉위식의 핵심이 바로 이 삼종신기의 승계였다.

그런데 즉위식에서 새로운 통치자에게 칼이나 거울과 같은 보물을 전하는 의식은 한국이나 중국에서는 전혀 찾아볼 수 없다. 이런 특이한 의식이 유독 고대의 왜국에서 행하여진 이유는 무엇인가? 이에 관하여는 졸저 『천황가의 기원은 백제 부여씨』에서 상세하게 본 바 있다(152쪽).

즉 즉위식에서의 삼종신기란 백제의 대왕이 왜왕으로 즉위하는 왕자에게 신임의 증표로 하사한 의기였다. 즉위식에서 왜왕이 여러 신하들에게 이를 보여주어, 자신이 백제 대왕의 신임을 받은 왜왕이라는 사실을 선포하는 일종의 증거였던 것이다.

그런데 이는 여러 가지 정황을 감안한 필자의 추론에 불과하였고, 어떤 물적인 증거에 의하여 뒷받침된 것은 아니었다. 그러나 졸저를 상재한 이후 뜻밖에도 이에 관한 뚜렷한 증거를 발견하였으므로, 먼저 이에 관한 논의로서 시작하여 보기로 한다.

그 증거란 고대 이래 천황의 즉위식에서 사용되던 큰 칼이다. 그것은 왜국산이 아니라 백제 대왕의 하사품이었다. 아니, 일본 천황의 즉위식에서 천황에게 전달된 칼이 백제 대왕의 하사품이었다니? 상식적으로 생각하면 이것은 있을 수 없는 일이다. 어찌하여 신성한 즉위식에서 백제 대왕이 하사한 칼이 전달되었단 말인가?

즉위식에서 외국의 왕이 보낸 칼을 소중한 보물로 삼았다는 사실을 어떤 이유로 설명할 수 있을까? 왜와 백제가 대등한 위치에서 교류하는 사이였다면 도저히 있을 수 없는 일이다. 백제가 종주국이고, 왜가 속국이었기에 일어난 일인 것이 분명하다.

백제의 대왕이 왜왕을 임명하였다는 명명백백한 물적인 증거라 하겠다. 다름 아닌 위의 졸저에서 본 「파적검(破敵劍)」과 「호신검(護身劍)」, 두 자루 칼이다(451쪽).

필자는 두 자루 칼이 백제 대왕의 하사품으로서 천황가의 보물로 중시되어 왔다고만 알았다. 그러나 그것이 천황의 즉위식에서 사용되었다는 사실은 전혀 모르고 있었다. 이 칼에 관하여 좀 더 상세하게 살펴보자.

한자의 의미 그대로 파적검은 적을 쳐부수는 칼, 호신검은 몸을 지키는 칼이라는 뜻이다. 그런데 이 칼은 다른 이름이 있었는데

파적검 : ①「삼공전투검(三公戰鬪劍)」   ②「장군검」
호신검 : 일월호신검(日月護身劍)

①「삼공전투검」은 삼공 즉 세 명의 최고위 관료(조선시대의 영의정, 좌의정, 우의정이 여기에 해당)가 전투하는 칼이라는 의미이다.
②「장군검」은 장군의 칼이라는 뜻이다.

따라서 당시 왜왕이라는 존재는 백제의 대왕에게 있어서 삼공 즉 세 명의 최고위 관료, 혹은 장군이었다는 사실을 말하여 준다. 칼의 이름에서 왜왕이 백제 대왕의 신하라는 사실을 쉽게 알 수 있다.

아직 통일을 이루지 못하고 여러 개의 소국으로 분립되어 있던 시절. 통일전쟁으로 전장을 누비던 왜왕에게, 백제의 대왕이 적을 무찌르라는 의미의 파적검, 그리고 몸을 지키라는 뜻인 호신검을 하사하였던 모양이다. 「삼공전투검」과 「장군검」, 왜왕은 백제 대왕의 삼공, 혹은 장군이었다.

왜국 왕실과 천황가에서는 백제의 대왕으로부터 하사받은 유서 깊은 이 칼을 소중한 보물로 삼고, 대대로 즉위식에서 사용하여 왔던 것이다. 이는 천황가의 기원을 말해주는 결정적인 증거인 것이 분명하다.

2) 대도계(大刀契)

2020년 4월의 어느 날, 필자는 역사와 고고학 잡지인 『東アジアの古代文化(동아시아의 고대문화)』 1989년 여름호의 「古代天皇と大嘗祭(고대 천황과 대상제)」라는 대담기사를 읽고 있었다(19쪽).

저명한 사학자로서 교토대학 교수이던 우에타(上田正昭) 선생과 이 책의 발행처인 대화서방(大和書房)의 사장인 오오와(大和岩雄) 선생의 대담이었다.

이 기사에는 백제에서 건너갔다고 하는 「대도계(大刀契 다이도캐이)」라는 단어가 여러 차례 등장하였는데, 그것이 무엇인지 전혀 알 수가 없었다. 그래서 최고의 권위를 자랑하는 『日本國語大辭典(일본국어대사전)』을 찾아보았더니 상세한 설명이 있었다. 참으로 놀랄만한 내용이었다. 이 사전에 나오는 대도계의 정의를 살펴보자.

> 「고대 삼종신기 다음가는 중요한 보물로서, 천황의 즉위식에서 수수되거나, 행행할 때에 가져가는 대도(大刀)와 계(契)를 일컫는다.
> 대도는 백제에서 공납되었다고 전하는 신령한 검 두 자루와 절도(節刀) 수십 자루를 말한다. 계(契)는 군대를 움직일 때 사용하는 신표로서 물고기 모양이다. 대도와 계는 모두 동일 궤짝에 넣어 보관하였기 때문에, '대도계'라고 연칭되었다.
> 950년과 1005년, 1094년, 궁중에 있었던 화재로 인하여 거의 소실되고, 그 이후의 전란에 의하여 차츰 분실되었다 한다」

「대도계」 실물은 중세에 화재와 전란으로 전부 사라져 없어졌다. 그러나 그에 관한 기록은 여러 문헌에 남아 있으므로 그 전모를 알기에 부족함이 없다. 절도(節刀)는 외국으로 파견되는 사신이나 출정하는 장군에게 천황이 하사한 칼을 말한다.

두 자루의 대도 즉 신령한 검이 바로 파적검과 호신검이다. 백제의 대왕이 「하사」한 것이 분명하다. 이 사전에서는 「공납(貢納)」이라 하여, 마치 속국인 백제에서 바친 것처럼 표현하고 있다. 그러나 속국에서 바친 물건이 궁중의 보물로서 즉위식에 사용될 리는 만무하다. 역대 천황 즉위식에서 새로운 천황이 받은 칼은 다름 아닌 백제의 대왕이 하사한 것이었다.

우에타(上田正昭) 선생의 다음과 같은 설명을 주목하여 보자.

「천황의 즉위식에 백제 전래의 신기(神器)가 있었던 것이 된다.
즉위라고 하는 것 자체가 국제적인 연결을 가지고 있었던 것이다」

이 문장으로 미루어 보면, 우에타 선생은 일본 고대사의 진실을 정확하게 알고 있었다고 생각된다. 즉 왜왕은 백제의 대왕이 임명하였다는 바로 그 진실. 그렇지만 우에타 선생은 그 사실을 도저히 직설적으로 말할 수 없었기에 애매한 표현을 사용하였을 것이다.

백제와 왜국의 관계가 이 두 자루의 대도에 명명백백하게 드러나 있다. 백제 대왕이 하사한 칼이 왜왕권을 상징하는 핵심적인 증거였고, 그것이 대대로 신임 왜왕에게 소중하게 전달되었던 것이다.

3) 왜왕 즉위식의 백제풍 요소

왜왕의 즉위식 장면은 『일본서기』에 가끔 등장한다. 이에 관하여 위의 졸저에서 본 바 있다. 여기서는 690년에 있었던 여왕 지통의 즉위식을 보자.

① 신하 한 사람이 큰 방패를 세웠다.
② 다른 신하가 천신수사(天神壽詞)를 낭독하였다.

③ 또 다른 신하가 신의 증거인 <u>칼과 거울</u>을 지통에게 바쳤다.

④ 지통이 천황의 자리에 앉았다.

⑤ 공경백료가 도열하여 절하고, 박수를 쳤다.

『일본서기』에 나오는 즉위식 장면을 조금의 가감도 없이 그대로 옮겼다. ① 방패를 세우고 → ② 천신수사 낭독 → ③ <u>칼과 거울</u> 전달 → ④ 왕좌에 앉은 다음 → ⑤ 절하고 박수. 이것이 전부이다. 20분도 걸리지 않았다고 생각된다.

일국의 왕이 새로이 왕위에 오르는 즉위식으로는 심하다 싶을 정도로 간소하고 실용적이다. 화려하거나 웅장함과는 거리가 멀다. 창작과 왜곡으로 일관한 『일본서기』이지만, 이 대목만큼은 믿어도 좋겠다는 생각이 들 정도이다.

아직 백제가 멸망한 지 그리 오랜 시일이 흐르지 않았기에 이전의 전통이 그대로 남아있었던 모양이다. 왜왕이란 존재는 백제의 대왕이 임명하였다. 따라서 그 즉위식이 화려하거나 웅장하지 않고 지극히 간략하고 검소하였다는 사실을 미루어 짐작할 수 있다.

4) 천신수사의 원형

그런데 과연 지통의 즉위식에서 신하가 「천신수사」를 낭독하였을까? 천신수사는 위의 졸저에서 본 바 있다(544쪽). 수사(壽詞)란 축사, 즉 축원문과 같은 의미이다. 첫머리를 보자.

「고천원에 신으로 계신 황친 카미루기와 카미루미의 명을 받들어, 팔백만 신을 모이게 하신 황손존은 <u>고천원</u>에서 일을 시작하였고, 풍요로운

아시벌의 싱싱한 벼의 나라(일본)를 안전한 나라로 평안하게 다스리며 ……」

첫머리에 <u>고천원</u>이 나오며, 황손이 내려와 일본을 다스린 사실을 찬양하는 내용으로 시작하고 있다. 물론 고천원은 백제로서, 백제인들이 집단 도왜하여 왜국을 지배한 사실을 이렇듯 설화로 꾸며낸 것이다.

그런데 이 고천원 설화는 왜국 민중들의 입에서 입으로 전해 내려온 전통적인 설화가 아니다. 8세기 초 『고사기』와 『일본서기』가 만든 창작설화이다. 따라서 두 책이 나오기 전에 백제를 의미하는 <u>고천원</u>이란 용어가 존재하였을 리가 없다. 고천원의 신을 의미하는 「천신(天神)」 또한 마찬가지이다.

그런데 지통의 즉위식은 두 책보다 이십여 년 이전이다. 그 당시에 「천신수사」가 존재하였을 가능성은 전혀 없다. 그렇다면 이 즉위식의 천신수사 낭독은 전혀 근거 없는 창작이란 말인가? 그렇지는 않을 것이다. 아마도 「백제의 대왕이 보낸 축하 말씀을 신하가 낭독하는 절차」가 있었다고 생각된다. 그것이 천신수사의 원형이었을 것이다.

「천신수사」라는 말의 의미를 문리 그대로 해석하여 보면 「천신이 보내는 축원문」이다. 그런데 여기서의 천신은 하늘의 신이 아니라 백제의 대왕이다. 따라서 천신수사란 「백제의 대왕이 신임 왜왕에게 보내는 축하의 말씀」이었다고 이해할 수 있다. 즉

**「백제의 대왕은 신임 왜왕 아무개의 즉위를 축하하며,
왜왕과 아울러 왜국의 무궁한 발전을 기원하노라!」**

라는 내용의 축원문이었다고 생각된다.

그런데 현행 천신수사의 문장은 이와는 다르다. 신하의 입장에서 천신의 행적을 회고하면서 그것을 찬양하는 내용으로 되어있다. 이는 천신이 보내는 축원문이 아니다. 제목은 「천신이 보내는 축원문」이지만, 막상 그 내용은 제목과는 다르게 「신하의 천신 회고 찬양문」으로 되어 있다.

백제가 멸망하여 왜국이 독립국이 되었고 또한 고천원 설화가 창작되면서, 천신수사의 내용이 그에 걸맞게 바뀌었다고 생각된다.

2. 즉위식의 삼종신기는 고대 한국에서 기원

1) 백제 대왕이 하사한 삼종신기

삼종신기란 백제의 대왕이 왜왕에게 신임의 증표로 하사한 물건이다. 이러한 사실을 알려주는 기사가 『고사기』와 『일본서기』의 곳곳에 보인다.

> ① 백제에서 사신을 보내 조공하면서 칠지도(七枝刀) 1자루와 칠자경(七子鏡) 하나, 그리고 각종 귀중한 보물을 보냈다.
>
> (『일본서기』 신공 52년(252년) 9월조)

신공왕후는 물론 실존 인물이 아니고 백제의 조공 또한 창작소설이다. 그러면 이 기사는 순전한 창작인가? 그렇지는 않다. 이 칠지도는 일본의 국보로 지정된 그 유명한 '칠지도(七支刀)'인 것으로 짐작된다.

칠자경이라는 거울은 어떤 거울인지 알 수가 없다. 이 기사는 백제의 대왕이 왜왕에게 신임의 증표로 칼과 거울을 하사한 것을 이렇듯 왜곡하여 기록하여 둔 것을 알 수 있다. 칠자경이란 보물은 지금도 일본의 어느 신사에 보관되어 있을 가능성이 있다.

② 근초고왕이 왜왕에게 암수 말 한필, <u>큰 칼</u> 1자루, <u>큰 거울</u> 1개를 보냈다.

(『고사기』 응신단)

근초고왕이 신임의 증표로 왜왕에게 보낸 것이 분명하다. 선물의 내용으로 보아, 백제의 대왕이 그에 예속된 후왕인 왜왕에게 보내는 선물로서 적절한 그것이라 생각된다.

③ 신라의 왕자 천일창(天日槍)이 도왜하였다. 그가 신라에서 일곱 가지의 보물을 가져왔다. 각종 <u>구슬</u> 3개, <u>작은 칼</u> 1자루, <u>거울</u> 1개 등이었다.

(『일본서기』 수인 3년(기원전 27년)조)

여기에도 구슬과 칼, 거울이 포함되어 있는 것을 주목하자. 그 후 수인 88년(서기 59년) 7월조를 보면, 수인이 천일창의 보물을 보고 싶다고 하면서 그것을 「신보(神寶)」 즉 신의 보물이라 하였다. 신라의 왕자가 가져온 보물을 '신이 하사한 보물'로 모셨다는 의미이다.

그런데 『고사기』와 『일본서기』를 아무리 읽어 보아도, 반대로 왜왕이 백제나 신라, 가야의 왕에게 칼과 거울을 보냈다는 이야기는 찾을 수가 없다. 이 두 책에는 고대 한국의 이러한 나라들은 전부 왜의 속국으로 되어 있다. 그러므로 왜왕이 속국의 왕들에게 이런 물건들을 선물하여야 마땅하지만, 전혀 그런 내용은 보이지 않는다.

칼과 거울이란 상위의 대왕이 속국의 왕 혹은 신하에게 하사하는 물건이다. 창작설화집인 『고사기』와 『일본서기』라 하더라도 차마 그런 거짓말은 할 수 없었던 모양이다.

2) 삼종신기를 신성시하는 풍습은 고대 한국에서 기원

칼과 거울, 그리고 곱은 옥을 왕권의 상징으로 보아, 즉위식에서 새로운 왕에게 전달하는 의식은 고대 왜국에서만 볼 수 있는 특이한 풍습이었다. 그러나 이 세 가지 물건을 지배자를 상징하는 고귀한 보물로서 신성시하던 습속은 원래 청동기 시대 한국의 고유한 풍습이었다.

주지하다시피 한국의 청동기 문화를 대표하는 유물은 동검과 동경, 그리고 고인돌이다. 동검은 청동으로 만든 단검으로서 한반도와 만주의 곳곳에서 발견되고 있다. 초기의 비파형 동검, 그리고 뒤를 이은 세형동검은 모두 당시의 중국 동검과는 구별되는 특징을 가진 칼이었다.

동경은 청동으로 만든 거울로서 이 또한 중국 거울과 다른 한국 고유의 그것이다. 수많은 기하학적 무늬가 정교하게 새겨져 있는데, 이는 현대의 발달된 기술력으로도 재현하기 어려울 정도로 뛰어난 기술력이 구현된 것이다.

그런데 고대의 거울은 얼굴을 비춰보는 화장용 도구가 아니었다. 고고학에서는 제사용 의기로 본다. 따라서 이를 소유하고 있다는 것은, 그가 한 지역의 우두머리이거나 왕이라는 사실을 의미하는 것으로 추정하고 있다.

곱은 옥은 한국에서는 신석기 시대부터 부장품으로 등장하여 청동기 시대에도 애용되었다. 삼국시대에는 금관이나 허리띠 등 장신구에 매달았다. 장식 효과는 물론 신분을 과시하는 용도로 사용되었던 것이다.

일본에서는 어떤가? 일본 문명의 시작은 기원전 4~5세기에 한국 남부 지방에서 건너간 사람들이 전파한 것이다. 그들은 발달된 도작기술과 청동기 문명을 가지고 갔었는데, 그 당연한 결과로 동검이 곳곳의 유적에서 부장품으로 발견되었다.

그런데 세월이 흐르면서 거울을 중시하는 풍습은 한국보다 오히려 일본에서 더욱 성행하였다. 3세기 중엽에 시작된 전기 고분시대에는 삼각연신

수경이라는 거울이 대유행한 바 있었다. 한국에서는 이 거울이 단 한 점도 출토된 바 없다.

그리고 곱은 옥은 오히려 한국보다 이른 시기인 승문시대부터 애용되었다. 그런데 일본의 삼종신기란 이 세 보물을 개별적이 아닌, 하나의 세트로서 신성시하는 사고방식이다. 이러한 전통도 한국에서 유래한 것인가? 인터넷의 『네이버 지식백과』에서 「청동검, 청동거울, 곱은 옥」을 찾아보자.

「곱은 옥은 장신구인 귀걸이로 사용된 것이며, 동검은 의기적인 성격을 가진 무기이고, 청동거울은 태양 빛을 반사하는 기능을 가진 의기이다. 이들 유물 세트가 출토된 유적으로는 부여 연화리, 아산 남성리, 대전 괴정동, 함평 초포리 유적 등이 있다 ……

그런데 흥미로운 것은 고대 일본에 있어서 왕권의 상징으로 여겨지는 '세 가지의 중요한 보물(삼종신기)'이 있는데, 이것이 바로 칼, 거울, 곱은 옥이다 ……

일본 야요이시대의 무덤 유적, 특히 규슈 지역의 유적에서도 이러한 유물 세트가 발견되는 경우가 있는데, 거의 모두가 왕묘로 불리는 큰 무덤 들이다. 한국식 동검문화에서 보이는 중요한 일괄 유물들이 일본의 건국신화에 등장하고 실제로 무덤 유적에서 출토되는 것은, 일본 왕권의 계보가 한국의 동검문화에 있음을 알려 주는 것이다」

칼과 거울, 곱은 옥, 세 보물을 하나의 세트로서 지배자를 상징하는 신성한 보물로 여기는 풍습은 이미 청동기 시대 이래 한국 고유의 풍습이었다. 최성락 선생은 그러한 전통이 백제에까지 계승되었다 한다(『영산강 유역 고대사회의 형성과정 연구. 2018. 주류성』 85쪽).

세 유물이 세트로서 발견된 부여 연화리 등의 여러 출토장소가 모두 백제의 영역이었던 점을 주목하여 보자.

무령왕릉에서도 용과 봉황을 새긴 환두대도, 동경 3점, 수십 개의 곱은옥이 발견된 바 있다. 삼종신기는 고대 일본 고유의 전통으로 알려져 왔으나, 실은 청동기 시대의 고대 한국에서 유래한 습속이었던 것이다. 그러한 오랜 전통이 이어져 백제의 대왕이 예하의 왜왕에게 이를 신임으로 증표로서 하사하였던 것이다.

3. 파적검, 호신검과 백제의 도교

1) 두 칼에 보이는 도교풍의 문양과 명문

여기서 파적검과 호신검을 좀 더 상세하게 살펴보자. 호신검에는 여러 문양이 새겨져 있었다. 왼쪽에는 해, 남두육성, 주작, 청룡이, 오른쪽에는 달, 북두칠성, 백호, 현무가 보인다.

파적검은 왼쪽에 삼성오제(三星五帝), 남두육성, 청룡, 서왕모병부인(西王母兵符印)을, 오른쪽에 북극오성, 북두칠성, 백호, 노자파적부(老子破敵符)를 각각 새겼다고 전한다.

칼의 양쪽에 온갖 호화찬란한 문양을 새긴 화려한 보검이었다. 이러한 도형이나 부(符)에는 도교 사상이 역연하다. 미즈노(水野正好) 선생은 「古代劍にみる道敎世界(고대 검에 보이는 도교세계)」라는 논고에서,

「두 칼에 보이는 이러한 도형이나 부(符)는 진실로 중국 도교의 정수를 말해주는 것이다. 백제가 이러한 중국 도교를 잘 알고 활용하는 모습을

알 수 있으며 ……」

라 하여 이 칼에 새겨진 문양의 도교적인 모습을 잘 설명하여 주고 있다.
호신검에는 명문이 있는데, 위의 졸저에서 보았다. 여기서는 번역문만 소
개하여 본다.

「경신년 정월 백제에서 만들었다. 서른일곱 번 단련한 칼이다.
남두육성과 북두칠성. 좌청룡 우백호. 앞은 주작. 뒤는 현무.
상서롭지 않은 것은 깊이 피하며, 백복(百福)은 많이 모인다.
연령을 연장하니 만세에 무궁하다」

칼에 새겨진 문양이나 명문에서 고도로 발달된 형태의 도교 사상이 느
껴진다. 불교나 유교의 요소는 별로 보이지 않는다. 백제 도교의 정수는
말기의 백제금동대향로에서 볼 수 있다. 그렇지만 그보다 앞선 시기에 만
들어진 것으로 보이는 이 두 칼에서도 당시의 백제인들이 도교에 정통하
였다는 사실을 느낄 수 있다.

2) 칼의 제작연대와 백제의 도교

일본에서는 이 두 칼이 백제에서 신공왕후에게 봉헌한 것으로 알려져
있다. 아마도 『일본서기』 신공 50년조에 백제가 칠지도, 칠자경을 바쳤다
는 기사의 영향으로, 이 칼도 그 무렵에 백제왕이 왜왕에게 헌상한 것이라
고 생각하는 모양이다.

그러나 신공왕후는 실존 인물이 아니라 창작된 가공의 왕후이다. 칼을

받은 왜왕이 누구인지 알 수 있는 자료는 전혀 없다. 그렇지만 이 칼을 하사한 대왕은 근초고왕(재위 346~375년)일까? 문제는 과연 근초고왕 무렵의 백제에 이렇듯 고도로 발달된 도교문화가 존재하였는가 하는 점이다.

김길식 선생의 논고 「고고학에서 본 한국 고대의 도교문화」를 보면(『한국의 도교 문화. 2013. 국립중앙박물관』 296쪽), 백제의 도교 관련 자료는 4세기부터 나타나 여러 유적에서 그 흔적이 보인다 한다.

그러다 6세기 전엽의 무령왕릉 유물에서 도교문화의 요소들이 본격적으로 나타나기 시작한다 하였다. 그러한 유물로는 매지권, 진묘수, 동경, 금은제 허리띠, 왕과 왕비의 신발, 은잔, 유리인물상, 흑옥 등이 있다는 것이다.

다시 두 칼로 돌아가 보자. 칼에 새겨진 명문과 문양은 도교문화 초기의 그것이 아니다. 고도로 발달되고 세련된 형태의 그것이다.

따라서 칼의 제작시기는 이르면 웅진시대 말기, 아마도 사비시대로 보는 것이 타당할 것이다. 그렇게 본다면 칼에 새겨진 경신년은 540년, 혹은 600년, 둘 중의 하나라 하겠다. 전자는 성왕 18년이고, 후자는 무왕 원년이지만, 어느 해인지 확실하지 않다.

도교 사상과 문화에 정통하였던 백제인들은 이를 일본으로 가져갔다. 『일본서기』 추고 10년(602년) 10월조를 보면, 백제의 관륵스님이 도왜하면서 천문지리에 관한 책과 아울러 둔갑방술에 관한 책을 가져왔다 하였다. 그래서 서생 3, 4인을 선발하여 관륵으로부터 배우게 하였다는 것이다. 아울러 어떤 귀족은 천문둔갑을 배웠고, 다른 사람은 방술을 배웠다 한다.

일본에 도교가 성행하였다는 대표적인 사례로서 군주호인 '천황', 그리고 왜왕 천무가 정한 8가지 관등명 중 최고위인 '진인', 제 5위인 '도사'라는 호칭을 들 수 있다.

후쿠에이(福永光司) 선생의 『道教と古代日本(도교와 고대일본). 1987. 人文書院』

에 의하면(78쪽), 이러한 용어들은 고대 중국 도교에서

① 천황(天皇) : 최고의 신
② 진인(眞人) : 신선세계의 고급관료
③ 도사(道師) : 교단의 지도자

를 각각 의미하는 신학 용어였다 한다. 도교의 용어를 그대로 군주호와 관등명으로 삼았던 것이다. 천무를 포함한 당시 일본 지배층 대부분이 도교 문화에 익숙한 백제인들이었기에 일어난 일이었을 것이다.

『일본서기』 천무 원년(672년)조를 보면 천무는 「천문둔갑에 능하였다」고 한다. 그는 도교에 심취하였던 모양이다. 그가 천문둔갑에 능하였다 한 것은 도교 수련에 정진하여 깊은 경지를 성취하였다는 의미일 것이다.

또한 686년, 천무 별세 후 신하들이 올린 시호 「천순중원영진인(天淳中原瀛眞人)」의 '진인'과 '영(瀛)', 역시 도교풍이다. '영'은 도교에서 말하는 삼신산 중의 하나인 영주산(瀛洲山)이다. 도교 수련에 능통한 천무에게 잘 어울리는 시호라 하겠다. 7세기 말 일본의 지배층 귀족들이 도교 문화에 정통하였던 것을 알 수 있다. 이는 토착왜인의 문화가 아니라 백제인들이 가져간 것이다.

4. 신으로 모셔진 칠지도

파적검과 호신검, 두 자루의 칼을 보면 생각나는 것은 칠지도이다. 일본에서 국보로 지정된 이 칼은 백제 왕세자가 왜왕 지(旨)에게 하사한 것이

다. 이 칼을 중세쯤의 일본 사람들은 어떻게 취급하였을까?

후지이(藤井稔) 선생의 『石上神宮の七支刀と菅政友(석상신궁의 칠지도와 칸 마사토모). 2005. 吉川弘文館』를 보면, 중세 일본에서 칠지도를 지칭한 수많은 별칭이 잘 정리되어 있다(152쪽). 원래 이 칼은 '육차도(六叉刀)' 등으로 불리웠다.

'칠지도(七支刀)'라는 명칭은 명치유신 이후 신궁의 대궁사이던 칸 마사토모(菅政友)가 처음으로 붙인 것이다. 그는 칼에 두껍게 슬어있던 녹을 칼로 제거하고는 명문을 판독한 바 있다. 명문에 나오는 대로 '칠지도'라는 이름을 칸이 명명하였던 것이다.

1) 칠지도의 여러 이름

후지이 선생은 중세 이래의 여러 문헌과 기록을 통하여, 이 칼의 명칭이 확실하다고 생각되는 것 17종과 칠지도로 추정되는 명칭 7종을 정리하여 놓았다. 그중에서 중요하다고 생각되는 것을 몇 가지 소개하여 본다.

① 어검(御劍) : 천황의 칼

② 신검(神劍) : 신의 칼

③ 어신검(御神劍) : 천황의 신검

④ 십악어검(十握御劍) : 열 뼘 길이의 어검

⑤ 신대모(神代鉾) : 신대의 창

⑥ 보검(寶劍) : 보배로운 칼

⑦ 어모(御鉾) : 천황의 창

이 여러 명칭을 종합하여 보면, 중세의 일본 사람들은 칠지도를

「일본서기의 신대(神代)부터 전해 내려온 천황의 보검 혹은 신검」

이라고 생각하였던 것을 알 수 있다.

　그중 ①「어검(御劍)」은 천황의 칼이라는 의미이다. 이 이름을 보면 칼의 내력을 잘 아는 사람이 명명한 것 같은 느낌이 든다. 백제의 왕세자가 왜왕에게 하사한 것이므로 이는 왜왕(후일의 천황)의 칼이다. 따라서 이는 어검인 것이 분명하다.

　⑤항의「신대모(神代鉾)」라는 표현을 보면 천손강림 설화가 연상된다. 천손은 하늘이 아닌 백제에서 건너갔다는 사실을 익히 알고 있는 사람이 지은 듯한 이름이다.

　그리고 이 칼은 왜왕 지가 받았으니, 당연히 왕궁에 보관되어 있어야 마땅하다. 그러나 어찌 된 일인지 왕궁이 아닌 석상신궁에서 보관하였다. 여러 기록에는 칠지도가 석상신궁으로 오게 된 내력에 관한 설화를 전하고 있다(위 책 161쪽). 그 요지는 다음과 같다.

「신궁에서 가까운 곳, 계곡이 있었다. 칼이 계곡물을 따라 저절로
　흘러 내려와 미천한 여성이 빨래하던 천에 머물렀다」

　이 설화는 칠지도가 석상신궁이 아니라 원래는 다른 곳에 있었다는 것을 말하여 주고 있다. 그러다 신의 섭리와 같은 특별한 연유로 인하여, 원래의 장소를 떠나 이 신궁에서 보관하게 되었다는 의미를 알려 주는 듯하다.

　칠지도가 원래 왜왕의 왕궁에 있던 것임을 생각할 때, 이 전승은 상당히 신빙성이 있다. 아마도 이 칼이 원래는 왕궁에 있었다는 사실을 잘 아는 사람이 창작한 설화일 것이다.

　어떤 기록에는 칠지도를 삼종신기의 하나인 보검, 그리고 열전신궁(熱田

神宮)의 초치검(草薙劍)과 함께 신대의 신검 세 자루 중의 하나로 본다고 하였다(위 책 162쪽). 칠지도를 삼종신기와 대등한 정도의 보물로 보는 시각이다. 중세 일본 사람들이 칠지도를 얼마나 소중한 보물로 취급하였는지를 잘 알 수 있는 대목이다.

원래 석상신궁에서는 칠지도를 보관한 창고를 「신고(神庫)」라 하였다. '신의 보물을 모시는 창고'라는 의미이다. 그리고 칼은 신보(神寶) 즉 신의 보물이라는 단계를 넘어 그 자체를 「신체(神體)」 즉 신의 몸으로 모셨던 것이다(위 책 157쪽).

2) 칠지도는 백제 왕세자의 하사품

왜왕은 백제의 후왕

그러면 실제 왜국의 고대사는 어떠하였는가? 진실된 역사를 전하는 대표적인 자료 중의 하나가 바로 일본의 국보 칠지도이다. 이 칼에는 다음과 같은 글이 새겨져 있다.

「태화 4년 5월 16일 병오날 정오, 백번 단련한 쇠로 칠지도를 만들었다. 여러 병화를 피할 수 있다. 후왕에게 주기 알맞다(宜供供侯王). □□□□ □ 만들었다.
선세 이래 이러한 칼은 없었다. 백제 왕세자 기(奇)는 성음(聖音)을 생하였다. 그래서 왜왕 지(旨)를 위하여 만들었다. 후세에 전하여 보여라」

이 칼은 백제의 왕세자 「기」가 왜왕 「지」에게 보낸 것이다. 우선 두 사람의 이름이 모두 외자의 한자로 된 점에서 전형적인 백제 왕족의 이름임을 직감하게 한다.

여기서 먼저 주목할 것은 「후왕(侯王)」이라는 용어이다. 후왕은 대국의 왕에게 복종하는 소국의 왕을 의미한다. 백제는 종주국이고, 왜왕은 그에 복종하는 왕이라는 의미이다. 백제의 왕도 아닌 세자가 왜왕을 '후왕'이라 부르고 있는 것이다. 이 「후왕」이라는 단어 하나만 놓고 보더라도 백제와 왜의 관계를 짐작하기에 부족함이 없다.

그러나 일본의 학자들은 이렇게 해석하지 않는다. 즉 고대에는 '후왕'이라는 말이 길상구로서 많이 사용되었는데, 여기서의 후왕도 그러한 의미라고, 대수롭지 않게 가볍게 넘기고 있다. 길상구란 복을 빌어주는 의례적인 문구를 뜻한다. 요즘말로 하면 덕담이다. 여기서의 후왕도 의례적인 길상구 즉 덕담이므로 별 의미가 없다는 식이다.

일본 학자들의 이러한 견해는 고대 중국의 청동거울에 새겨진 명문에 그 기반을 두고 있다. 거기에는 「벼슬이 삼공에까지 올라갈 것이다」라거나, 「자손이 번창할 것이다」, 혹은 「수명이 바위와 쇠처럼 무궁할 것이다」라는 등 여러 문구가 있었다.

그중의 하나가 「의후왕(宜侯王)」이다. 즉 「(이 거울을 가진 사람은) 후왕에게 어울린다」라는 의미가 된다. 후왕은 중국에서 황제 다음으로 높은 자리이다. 그러므로 이 문구는 거울을 가진 사람이 높이 출세하는 것을 기원하는 덕담인 것을 알 수 있다.

「의관위위후왕(宜官位爲侯王)」이라는 문구가 새겨진 거울도 있다. 관위가 마땅히 후왕까지 올라갈 것이라는 의미이다. 「출세공후왕(出世公侯王)」도 있다. 그러면 칠지도의 후왕도 이러한 길상구일까?

고대 중국의 청동거울은 공방에서 여러 면을 제작하여 불특정다수인에게 배포될 것을 예정하고 만든 것이다. 그러므로 받는 사람이 누구인지를 알 수 없다. 누가 될지 알 수 없지만 거울의 소장자로 하여금 좋은 기분이 들도록, 밝은 의미를 가진 의례적인 덕담을 새겨넣었던 것이다.

그러나 칠지도는 이와는 전혀 다르다. 즉 불특정 다수인에게 배포될 것을 예상한 것이 아니다. 주는 사람은 백제 왕세자이고 받는 사람은 왜왕 지이다. 주고받는 사람이 명확하다. 따라서 불특정 다수인을 예상한 의례적인 길상구, 즉 덕담이 나올 수가 없는 구조이다.

보내는 백제 왕세자가 받는 왜왕 지에게 이 칼은 「후왕에게 주기 알맞다」라고 하여 자신의 소감 혹은 평가를 밝힌 표현이다. 의례적인 길상구 즉 덕담이 아닌 것이 명백하다.

백 보를 양보하여 백제 왕세자가 길상구를 사용할 의도가 있었다고 가정하여 보자. 그런데 왜왕은 외국의 왕이다. 대등한 관계의 외국 왕에게 보내는 칼에다 '후왕'이라는 길상구를 새겨 넣을 수는 없을 것이다. 외국 왕을 '후왕'으로 낮추어보고 능멸하는 의미이기 때문이다.

명문의 대의로 본 후왕

다시 한번 명문의 핵심 내용을 음미하여 보자.

「① 백번 단련한 쇠로 칠지도를 만들었다. 여러 병화를 피할 수 있다.

② 후왕에게 주기 알맞다.

③ 선세 이래 이러한 칼은 없었다.

④ 그래서 왜왕 지를 위하여 만들었다.

⑤ 후세에 전하여 보여라」

①항에서 백제 왕세자가 왜왕 지에게 "이 칼은 백번이나 단련한 쇠로 만든 아주 좋은 칼이다"라 하였다. 즉 내가 보내는 선물인 이 칼은 아주 좋은 것이라고 자랑하는 것을 알 수 있다. 이런 건방진 자랑은 하위자가 상위자에게 할 수는 없다. 부모, 형, 상관이 자식, 아우, 부하에게나 가능하다.

그리고 "여러 병화를 피할 수 있다"라는 표현에서, 아직 소국분립의 상태이고 통일전쟁이 진행 중이라는 사실을 알 수 있다. 통일이 완성된 태평성세라면 굳이 이런 문구는 불필요할 것이다.

③항에서 "그전에는 이런 좋은 칼이 전혀 없었다"라고 하여 좋은 칼임을 다시 한번 강조하였다. 하위자는 절대로 이런 표현을 쓸 수가 없다. 건방짐의 절정을 보는 느낌이다.

그래서 ②항에서는 "이렇게 멋지고 좋은 칼이니 후왕(즉 왜왕)에게 주기 알맞다"고 하였다. 문장의 전체적인 취지로 볼 때, ②항과 ③항의 순서가 바뀐 느낌이다. 이 순서를 바꾸었으면 훨씬 이해하기 쉬운 문장이 되었을 것이다.

④항에서는 "그래서(故) 왜왕(후왕) 지를 위하여 만들었다"라고 하였다. "그전에 없던 멋지고 훌륭한 칼을 만든 것은 다른 이유가 아니라 바로 후왕인 왜왕 지, 너를 위하여 만들었노라"고 말하고 있다. 이역만리에서 고생하고 있는 왜왕을 특별히 배려하고 격려하는 취지이다.

⑤항 "후세에 전하여 보여라"는 완벽한 명령문이다. 받는 왜왕 지의 기분 같은 것은 전혀 고려하지 않았다. 이런 직설적인 명령문은 직장의 하위자에게도 쓸 수 없다. 오직 자식이나 아우 등 전혀 허물이라고는 없는 하위자에게나 가능하다.

이렇게 문장의 전체적인 취지를 음미하여 보면 ②항의 후왕이 길상구가 아니라는 사실은 자명하다. 명문은 마치 편지글을 보는 듯한 느낌이다. 아무런 격의 없고 허물이 없는 가까운 가족 사이의 편지와 같다. 왜왕 지는 백제 왕세자의 아우였던 것이 분명하다.

왜왕은 하위자

백제 왕세자는 왜왕 지에게 아무런 경칭도 붙이지 않았다. 만일 왜가 공식적인 외국이라면 외국의 왕에게는 최소한 「대왕」이라 하여야 마땅하다. 그러나 「왜왕」으로만 적었고, 그 성의 기재마저도 생략하였다. 물론 왕세자 자신의 성도 생략하였다. 형제간이나 부자, 등 가까운 일족 사이라면 서로가 성을 기재할 필요가 없다.

또한 명문에는 겸손이나 상대에 대한 존중, 배려 같은 것도 전혀 보이지 않는다. 건방진 자랑과 일방적인 명령이 있을 뿐이다. 외교적인 문서라면 도저히 있을 수 없는 일이다. 그러나 가족 간의 편지에서는 아무런 허물이 되지 아니할 것이다.

백제 왕세자는 왜 이 칼을 보냈을까? 이역만리 왜국에서 장기간 근무하면서 고생하고 있는 왜왕에게 신임의 증표로 보낸 것이라고 생각된다. "부왕과 나는 아우인 왜왕 너를 변함없이 신임하고 있으니 안심하고 잘 근무하라"는 취지일 것이다.

맨 앞의 연호 「태화(泰和)」는 아마도 백제의 연호라고 생각된다. 백제에서 연호를 사용한 증거는 아직 보이지 않지만, 중국의 연호라고 볼 근거도 전혀 없다. 동진의 '태화(太和)'가 비슷하긴 하지만, 종이가 아닌 칼에 새기면서 일부러 복잡한 글자인 '태(泰)'라는 한자를 적었다고 보기는 어렵다.

일본에서는 불과 얼마 전까지만 하여도 이 칼은 백제에서 왜왕에게 헌상 즉 바친 것으로 보는 견해가 통설이었다. 최근에는 백제와 왜는 대등한 관계에서 교류하였다고 하면서, 이 칼은 헌상도 아니고 하사도 아닌 '증여'로 보는 견해가 대세이다.

만일 대등하게 교류하는 국가의 왕실에서 서로 주고받은 선물 중의 하나라면, 그것이 그토록 소중한 보물이 될 수가 없다. 그런 의례적인 선물이 왜왕실의 신보가 될 가능성은 없다. 종주국인 백제의 왕세자가 왜왕에게 하사한 물건이기에 최고의 보물로 모셔졌던 것이다.

또 하나 생각해 볼 것은, 백제 왕가에서 왜왕에게 보낸 선물로서 현재

발견된 것만 하더라도 이 칠지도, 파적검과 호신검, 스다하치만 신사의 인물화상경(무령왕이 왜국 아우왕에게 보내었음), 세 가지나 있다는 점이다. 아직 발견되지 않은 이런 종류의 칼 혹은 거울 여러 점이 일본의 신사나 사찰, 혹은 황궁에 소중하게 보관되어 있지 않을까?

그런데 백제 왕실의 왜에 대한 선물은 왜 하필 칼과 거울일까? 칼과 거울은 왕이 신하에게 신임의 증표로 하사하는 대표적인 선물이다. 신하가 왕에게 헌상하는 선물이 아니다.

반면 왜국의 왕이 백제나 가야 등의 왕에게 선물한 칼이나 거울은 아직 단 한 점도 발견된 바 없다. 『일본서기』를 보더라도 왜왕은 백제로부터 칼과 거울 등의 선물을 일방적으로 받은 것으로 되어있을 뿐, 반대로 백제왕이나 가야왕에게 이러한 선물을 주었다는 기록은 보이지 않는다. 이런 점으로 보더라도 왜는 백제의 속국이었다.

3) 후왕의 의미를 정확하게 파악한 우에타 선생

칠지도 명문에 관하여 일본에서 무수하게 많은 논문과 저서가 나온 바 있다. 필자도 여러 편 읽어 보았으나, 후왕을 필자처럼 해석하는 글을 본 적이 없었다. 필자가 아는 한 오직 우에타(上田正昭)선생의 「倭國から日本へ(왜국에서 일본으로)」라는 논고가 있을 뿐이다(『古代文化の成立(고대문화의 성립). 江上波夫. 上田正昭編. 1973. 每日新聞社』179쪽).

「칠지도의 명문은 누가 읽는다 하더라도, 솔직히 읽으면 종래 일본인
  연구자의 설은 이상하다고 생각될 겁니다. 나도 1971년 통설과 다른
  생각을 발표하였습니다. 그러한 생각을 글로 썼더니,
    "자네는 조선 편들기가 너무 심하네. 결과적으로 정치적 주장에

휘말리게 될 거야. 그렇게 되어서는 안 되네"

라고 충고하는 선배들도 있었습니다.

그러나 이것은 누가 읽는다 하더라도 종래의 설은 이상하다고 생각할 것입니다. 명문에는 판독이 곤란하여 해독이 안 되는 부분도 있으나, 후왕과 왜왕이 있는 부분은 확실하게 읽을 수 있지요.

이미 지적한 바와 마찬가지로, 이 칠지도의 명문은 상위자가 하위자에게 보내는 하행문서의 형식을 띠고 있습니다. 또한 칼의 뒷부분에 있는 왜왕에 대응하는 앞부분의 후왕은 단순한 통칭이 아닙니다 ……

결국 후왕인 왜왕에게 준 칼이라고 말할 수밖에 없지요. 그럼에도 불구하고 이런 당연한 일이 당연하지 않은 것으로 된 것은, 이진희씨가 말한 바와 같이 『일본서기』 신공황후 52년 9월조와 『고사기』 응신천황조에 의하여 명문이 해석되었기 때문입니다 ……

조선에 대한 비뚤어진 역사의 눈으로 일조관계사를 논하여서는 안 됩니다. 고의로 왜곡된 눈으로 보는 사람도 있습니다. 이런 경우는 비판하기도 비교적 수월합니다. 그러나 전혀 알지 못한 무자각의 경우가 정말 골치가 아픕니다. 저 자신이 항상 이러한 일을 반복하고 있어요」

우에타 선생은 명문의 후왕은 단순한 통칭이 아니고, 본래의 의미 그대로의 후왕이라고 하였다. 즉 대국 백제의 왕에게 예속하는 약소국의 왕이라는 의미이다.

종래 일본의 통설은 속국인 백제왕이 종주국의 왜왕에게 바친 칼로 보았으나, 우에타 선생은 이를 정면으로 비판하고 있다. 즉 명문을 솔직하게 읽으면 누가 읽는다 하더라도 이런 통설은 이상하다라고 생각할 것이라하였다. 역사를 전혀 모르는 사람이라도, 한문을 해독할 수 있는 사람이라면 누가 읽든 마찬가지일 것이다.

그리고 선생은 명문의 내용은 상위자가 하위자에게 보내는 하행문서의 형식이라고 확실하게 말하고 있다.

그런데 이런 우에타 선생도 선배들을 비롯한 수많은 압력에 굴복하였는지, 2013년에 나온 선생의 저서 『私の日本古代史(나의 일본고대사). 新潮社』 상권을 보면(193쪽), 칠지도는 백제에서 「증여」한 것이라 하였다. 「하행문서」라는 표현은 어디에도 없다.

자신의 종전 주장을 철회하고 통설에 가담한 모양새이다. 선생의 이러한 표변을 참으로 아쉽게 생각한다. 그래서 그런지 선생이 통설과 다른 내용으로 1971년에 썼다는 논문도 찾을 수가 없었다. 필자는 선생의 저작집 전집을 포함한 저서를 십수 권 가지고 있으나, 어디에도 보이지 않았다.

당연한 것이 당연한 것으로 통용되지 아니하는 일본의 역사학계. 필자는 일본의 역사학의 풍토는 좀 심하게 말한다면 「거짓말 경연대회」라고 보고 있다. "누가 거짓말을 잘하나? 누가 누가 좀 더 그럴듯하게, 좀 더 세련되게 거짓말을 잘하나?"라는 거짓말 대회.

문제는 대부분의 한국 역사학자들도 일본 역사학계의 이러한 풍조에 별 생각없이 동조하고 있다는 사실이다. 참으로 개탄을 금할 수 없다.

2장 ————

백제 왕자들의
도왜

『일본서기』를 보면 수백 년에 걸쳐 백제의 왕자들이 끊임없이 도왜하였던 것으로 되어 있다. 도왜한 수많은 왕자 중 일부는 조공이 목적이라 하였다. 일부는 그 정확한 이유가 나와 있지 아니하며, 인질인 경우도 있다.

그러나 이와 반대로 왜국의 왕자가 백제를 방문한 적은 단 한 번도 없다. 이것은 정말 이상한 현상이 아닐 수 없다. 만일 백제와 왜가 대등하게 교류하는 관계였다면, 왜국의 왕자도 이와 비슷한 빈도로 백제를 방문하여야 마땅하다.

그러나 『삼국사기』나 『일본서기』 어디에도 왜 왕자의 백제 방문 기사는 보이지 않는다. 백제와 왜가 대등한 관계가 아니었다는 아주 중요한 증거의 하나이다. 도왜한 백제 왕자는 백제의 대왕이 파견한 왜왕이었던 사례가 많았다.

1. 백제 왕자 도왜 기사의 개요와 도왜 목적

1) 백제 왕자의 도왜

『일본서기』에 나오는 백제 왕자의 도왜 기사의 개요를 순서대로 살펴보면 다음과 같다.

① 왕자 전지 : 응신 8년(277년)
   선왕의 수호를 닦기 위하여.

② 백제의 태자(『해동제국기』에 의함) : 응신 16년(285년)
   태자 이름 미상. 도왜 목적 미상.

③ 백제 왕족 주군(酒君) : 인덕 41년(353년)
   왜국 신하에게 무례하여, 백제왕이 사슬로 묶어 왜왕에게 헌상.

④ 곤지가 다섯 아들 데리고 도왜 : 웅략 5년(461년)
   형왕의 수호를 닦기 위하여.
   무령왕이 각라도에서 태어남.

⑤ 왕자 말다(후일의 동성왕) 귀국 : 웅략 23년(479년). 호위대 500명.

⑥ 왕자 마나군(麻那君) : 무열 6년(504년). 조공.

⑦ 왕자 사아군(斯我君) : 무열 7년(505년). 조공.

⑧ 왕자 혜 : 흠명 16년(555년). 성왕 전사 사실 통보할 목적.
   귀국 시 장군 3명과 축자국의 수군(인원수 미상)으로 호위.
   별도로 용사 1천을 보내, 해로의 중요한 곳을 수비하도록 함.

⑨ 왕자 아좌 : 추고 5년(597년). 조공.

⑩ 왕자 풍장 : 서명 3년(631년). 인질.

⑪ 대사인 왕자 교기가 가족과 종 거느리고 도왜 : 황극 원년(642년)

⑫ 왕자 새성과 충승이 연호를 바꾸는 행사에 참석 : 효덕 대화 5년(649년)

위에서 보듯이 400년이 넘는 세월 동안, 12회에 걸쳐 백제의 왕자들이 왜국을 방문한 것으로 되어 있다. 『일본서기』에 의하면 처음으로 백제의 왕자가 도왜한 것은 276년의 직지, 즉 후일의 전지왕이다.

그러나 전지왕은 재위기간이 405년에서 420년으로서, 『일본서기』의 기년과는 전혀 다르다. 이 책의 기년이라는 것은 전혀 신뢰할 수 없다.

맨 처음 어떤 왕자가 어느 해에 도왜하였는지는 아주 중요한 문제이다. 즉 왜국에 대한 백제 통치의 시작 시기를 알려주기 때문이다. 그러나 『일본서기』로는 전혀 알 수가 없는 점이 아쉽다. 전지 왕자의 앞에 도왜한 다른 왕자가 있었을 것으로 보이지만, 알 수가 없다. 어쨌든 장기간에 걸쳐 여러 차례 백제 왕자들이 왜국을 방문한 것으로 이해하여 두자.

그리고 『일본서기』에 의하면 왜국은 종주국이고, 백제는 속국 혹은 식민지인 것처럼 묘사되어 있다. 그런데 속국의 왕자들은 이렇듯 빈번하게 종주국을 방문한 데 비해, 종주국인 왜국의 왕자들은 단 한 번도 백제를 방문한 적이 없었다. 이는 전혀 상식에 맞지 않는 일이다. 실제는 백제가 종주국이고 왜가 속국이었기에 이런 일이 벌어졌던 것이다.

2) 백제 왕자들의 도왜 목적

조공

『일본서기』에 의하면 조공을 위하여 도왜한 왕자가 세 명이다. 504년의 마나군(麻那君), 505년의 사아군(斯我君), 597년의 아좌이다. 그런데 왜 백제는 조공을 위하여 왕자를 보냈을까?

백제는 중국의 여러 나라에 여러 차례 사신을 보내어 조공하였으나, 왕자를 보낸 적은 없었다. 고구려나 신라도 마찬가지였다. 조선 또한 중국의 명과 청에게 수백 년간 조공하였으나, 왕자를 보낸 적은 없었다.

유독 백제가 왜에게 여러 차례 왕자를 보내어 조공하였다는 것인데 전혀 믿기 어렵다.

수호를 닦으러

277년의 왕자 전지, 461년의 왕자 곤지, 두 왕자는 「선왕(先王) 혹은 형왕(兄王)의 수호를 닦으러」 도왜하였다 한다. 아주 애매모호한 목적의 도왜라 하겠다. 친선사절이란 말인가? 그렇다면 이 대목에서는 백제와 왜는 대등한 교류관계인 것으로 보인다.

그런데 461년에는 왕자 곤지가 수호를 닦으러 도왜하였는데, 504년의 마나군은 조공하러 갔을까? 대등한 관계였다가 40년 후에는 속국으로 위치가 바뀌었단 말인가? 전혀 상식에 맞지 않는다. 백제 왕자들의 도왜 목적을 왜곡하려는 『일본서기』의 술책으로 이해할 수 있다.

인질

631년 도왜한 왕자 풍장 즉 부여풍은 인질로서 도왜하였다고 되어있다. 그러나 백제는 수백 년간 왜에게 어김없이 조공하고, 수많은 물자와 사람을 바친 속국이라 하였다. 단 한 번의 불화도 없었다. 앞서 보았듯이 『일본서기』는 왕자 아좌가 597년, 조공하러 도왜하였다 한다. 조공한다는 것은 속국으로서의 책무를 다한다는 의미이다. 그런데 어찌하여 인질이 필요할까?

무엇보다도 왜국에서 백제에 인질을 요구한 적도 없었다. 그런데 느닷없이 백제에서 자발적으로 왕자를 인질로 보냈다는 것이다. 이것이 사실이라면, 세계 인질의 역사에서 전무후무한 기록이 아닐 수 없다. 그러나 그는 인질이 아니라 왜왕이었다.

『일본서기』가 백제 왕자의 도왜 기사를 이렇듯 상세하게 기록하고 있는 것은 무슨 이유일까? 『일본서기』는 창작된 역사를 기록한 책이지만 그 지은이도 뿌리는 백제에 있었으므로, 백제가 왜국을 통치한 사실이 완벽하게 잊혀지는 사태는 결코 원치 않았던 모양이다.

사실은 백제가 왜국을 통치하였으며, 왜왕은 백제에서 파견된 왕자였다는 사실을 암호화하여 전한 것으로 추정된다. 백제가 왜국을 통치하였던 사실을 전하는 첫 번째 암호가 「천손강림 설화」이고, 두 번째 암호가 바로 여러 번에 걸친 백제 왕자 도왜 기사일 것이다. 이하 구체적으로 검토하여 보자.

2. 태자 전지(腆支)의 도왜

1) 『일본서기』

『일본서기』 응신 8년(276년) 3월조를 보면, 백제기라는 역사서를 인용한 다음과 같은 기사가 있다.

「백제기에서 말하였다. 아화가 왕이 되어 '귀국(貴國)'에 무례하였다.
　그래서 우리의 침미다례, 현남, 지침, 곡나, 동한의 땅을 탈취하였다.
　왕자 직지를 천조(天朝)에 보내어 선왕(先王)의 수호를 닦았다」

왕자 직지는 『삼국사기』의 왕자 전지이다. 그의 도왜 기사이다.

'백제기'는 백제에서 편찬된 역사서로 보이지만, 실존 여부는 알 수 없다. 필자는 이 책이 실제 백제의 사가가 편찬한 역사서로서, 지금도 일본의 어느 곳에 비밀리에 보관되어 있을 가능성이 있다고 생각한다.

그런데 이 '백제기'라는 역사서에 위와 같은 내용의 기사가 실제 존재하고 있었을까? 그럴 가능성은 전혀 없다. 이 기사가 왜를 「귀국」이라 하고 있는 것만 보아도 명백하다. 이는 백제의 사가가 자국의 역사서를 왜인들에게 보여주기 위하여 썼다는 의미가 된다. 그런데 역사서를 외국인에게 보여주기 위한 목적으로 썼을 리가 만무하다.

그리고 왜가 군대를 보내어 백제의 영토를 점령한 것이 아님에도, 백제의 땅을 탈취하였다는 것을 보라. 땅은 움직이는 물건이 아니다. 여기서는 백제의 영토가 마치 주머니 속의 물건인 것처럼 묘사되어 있다. 지극히 수준 낮은 창작기사인 것이 분명하다.

그렇지만 『삼국사기』에도 왕자 전지의 도왜기사가 나오므로, 그가 도왜하였던 것은 사실로 보아야 한다. 그는 무슨 목적으로 도왜하였을까? 『일본서기』에는 그가 「선왕의 수호를 닦기 위하여」 건너간 것으로 되어 있다. 이는 「앞선 왕의 우호관계를 더욱 돈독하게 하기 위하여」라는 의미가 된다.

그런데 『삼국사기』를 보면, 전지는 인질로 도왜하였다. 『일본서기』와 전혀 다르다. 『삼국사기』에 나오는 전지의 도왜기사를 보자.

2) 태자 전지는 인질이었나?

『삼국사기』는 아신왕이 3년(394년), 맏아들인 전지를 태자로 책봉하였다 한다. 그리고 6년(397년) 5월에 왜국과 우호를 맺고는 전지를 인질로 보냈다고 되어 있다.

그 후 아신왕은 전지 태자가 귀국하기도 전인 재위 11년, 사신을 왜국에 보내어 야명주(夜明珠)를 구하였다. 야명주란 밤에도 밝게 빛을 내는 구슬, 아마도 아주 큰 진주를 의미하는 듯하다. 밤에 밝게 빛나는 굵은 진주는 희귀하고도 값비싼 보물이다.

그런데 이 기사는 사실일까? 아신왕은 자신의 장남인 태자가 인질로 잡혀 생명이 위태로운 지경인데도, 바로 그 왜국에 보석을 구하려 사신을 보냈다니? 과연 아신왕은 정신이 있는 사람인가?

조선조 병자호란 당시 인조가 청에 항복하였고, 이어서 장남인 소현세자와 차남 봉림대군이 인질로 끌려간 바 있다. 그런 인조가 진귀한 보석을 구하러 청나라에 사신을 보낼 수 있겠는가? 전혀 상상도 할 수 없는 일이다. 아신왕이 야명주를 구하러 사신을 보냈다고 한 것은 왜국을 속국으로 여기고 있는 듯한 태도이다.

『삼국사기』의 전지 태자 귀국 기사를 보자.

「재위 14년에 아신왕이 붕어하자, 첫째 아우인 훈해(訓解)가 섭정이 되어 임시로 나라를 다스리면서 태자인 전지의 귀국을 기다리고 있었다. 그러자 둘째 아우 설례(碟禮)가 훈해를 죽이고는 스스로 왕이 되었다.

전지가 왜국에서 부왕의 부음을 듣고 울면서 왜왕에게 귀국하기를 청하자, 왜왕이 병사 100명으로 호송하였다. 국경에서 설례가 훈해를 죽였다는 사실을 비로소 알게 된 전지는 왜병들을 머물게 하고는 섬에서 기다렸다. 얼마 후 나라 사람들이 설례를 죽이고 전지를 맞이하여 그가 왕이 되었다」

여기서 중요한 것은 왜국의 호위병 100명이다. 전지가 진실로 인질이었다면, 왜국에서 이렇게 많은 호위병을 붙였을까? 최소한 수개월이 걸리는 장거리 항해에 막대한 식량과 물자가 소요된다는 점을 생각하면, 인질에게 이 정도 규모의 호위병은 과한 느낌이다. 이 호위병으로 볼 때 전지는 인질이 아니라 왜왕이었다고 생각된다.

전지는 국경에 와서야 비로소 아우들 사이의 큰 변란이 발생하여, 자신의 목숨조차 위태롭다는 사실을 알게 되었다. 만일 왜국에서 이런 사실을 알았다면 그는 호위병의 규모를 훨씬 늘렸을 것이다.

국경에서 비로소 변란의 사실을 알게 된 전지는 호위병인 왜병들을 지휘하여 머물게 하고는 섬으로 피신하였다. 인질이 어떻게 왜병을 지휘할 수 있을까? 전지는 인질이 아니었다.

그리고 아신왕이 붕어한 후, 태자 전지의 첫째 아우가 섭정이 되어 임시로 나라를 다스리면서 전지의 귀국을 기다렸다는 점도 주목을 요한다. 왜국에서 돌아오는 데에는 상당한 시일이 소요되므로, 그 사이에 임시로 훈해가 나라를 통치하였던 것으로 이해할 수 있다.

이러한 조치에서 알 수 있는 것은, 백제 조정에서 태자 전지의 귀국을 아주 당연한 것으로 생각하였다는 점이다. 만일 전지가 진실로 인질이었다고 가정하여 보자. 그의 목숨이나 모든 것은 왜왕의 처분에 달려 있다. 귀국도 왜왕이 허락하여야 가능하다.

그럼에도 불구하고 백제 왕실에서는 태자가 당연히 귀국한다고 생각하고는, 아우가 섭정으로 임시로 다스리며 귀국을 기다렸다. 이는 왜국의 태자가 인질이었다면 상상하기 어려운 일이 아닐 수 없다. 그렇지만 태자 전지가 인질이 아니라 왜왕이었다고 본다면, 모든 것을 수월하게 이해할 수 있다.

『삼국사기』에 의하면 귀국하여 즉위한 전지왕 5년(409년), 왜국에서 사신을 보내어 야명주를 바쳤다 한다. 왜왕은 자국의 인질이었던 전지왕에게 이런 보물을 바쳤을까? 태자 전지가 진실로 인질이었다면 이 선물은 전혀 이해할 수가 없다.

9년 후인 재위 14년, 전지왕은 왜국에 사신을 보내어 백면 10필을 보냈다. 백면은 비단일 것이다. 이는 속국의 왕에게 보내는 선물로 적합한 것으로 생각된다. 백제의 태자 전지는 왜국에 인질로 간 것이 아니라, 왜왕으로서 왜국을 통치하러 도왜하였던 것이다. 그는 귀국하여 백제의 왕으로 즉위하는데 그 뒤에도 이런 패턴은 계속된다.

3. 왕자 곤지(昆支)의 도왜

1) 곤지의 도왜 목적

『일본서기』에는 왕자 곤지(昆支)의 도왜, 특히 그가 도왜한 이유에 관하여 장황한 설화를 붙이고 있으나 대부분의 내용이 창작소설이다. 요점만 간략하게 줄여서 살펴보자.

> 「웅략 5년(461년), 형인 개로왕이 아우 곤지에게 "너는 마땅히 일본으로
>   건너가 천황을 섬겨라(汝宜往日本以事天皇)"라고 명하였다.
>   그는 형인 개로왕에게 만삭이던 부인(婦人)을 달라고 하였다.
>   그래서 같이 도왜하던 도중, 규슈의 각라도라는 섬에서 아이를 낳았다.
>   이름을 도군(嶋君, 섬의 왕)이라 하였다. 후일의 무녕왕이다」

개로왕은 왜국이 수백 년 후에 국호를 '일본'으로, 왕호를 '천황'으로 바꿀 것을 미리 예견하였던 모양이다. '일본'과 '천황'이라는 용어를 사용하였다. 이 점만 보더라도 이 기사가 진실이 아니라는 사실을 알 수가 있다. 그리고 곤지는 '천황을 모시러' 도왜하였다고 되어있다.

『일본서기』는 또한 '백제신찬'이라는 책을 인용하여,

「신축년(461년), 개로왕이 아우 곤지군을 대왜(大倭)로 보내 천왕(天王)을
　모시게 하여, 형왕(兄王)의 수호를 닦았다」

라 하였다. 이 기사는 진실일까? 백제의 역사서에서 왜를 '대왜'라 하였을
리는 만무하다. '대왜(大倭 오포야마토)'는 8세기의 일본에서 사용된 용어이
다. 개로왕 무렵의 백제에 이런 용어가 있었을 리가 없다.

　그리고 백제에서 왜왕을 '천왕(天王)', 즉 하늘의 왕이라 하였다는 것도
가소로운 일이다. 이와는 정반대로 왜국에서 백제의 대왕을 '천왕'이라 하
였을 가능성이 크다. 『일본서기』에 나오는 '고천원(高天原)' 즉 높은 하늘
벌판은 다름 아닌 백제를 의미하며, 이 책에 나오는 하늘은 대부분 백제를
뜻하기 때문이다.

　또한 백제의 왕자인 곤지가 왜왕을 섬기러 도왜하였을 리는 만무하다.
실제로는 곤지가 왜왕으로 건너갔던 것이 분명하다. 그런데 일본의 학계
에서는 엉뚱하게도 곤지가 인질이었다고 보는 견해가 유력하다. 그러나
『일본서기』에는 그 어디에도 그가 인질이었다는 기록은 보이지 않는다.

　이 대목에서 『속일본기』 27권에 나오는 「의자왕이 아들인 풍장왕과 선
광왕을 보내어 (왜왕을) 입시하게 하였다」라는 구절이 연상된다.

　풍장은 바로 부여풍이고, 선광은 그의 아우이다. 이 두 왕자가 왜왕을
'입시(入侍)' 즉 가까이에서 섬기기 위하여 도왜하였다는 것이다. 이 '입시'
는, 부여풍의 도왜 목적을 숨기기 위하여 꾸며낸 말로서, 곤지가 왜왕을
'섬기러' 도왜하였고 한 것과 일맥상통하고 있다.

　그러나 실제 곤지는 왜왕을 섬기기 위한 목적이 아니라, 왜국을 통치하
러 건너갔던 것이다. 부여풍과 전혀 다를 바가 없었다. 그리고

「…… 형왕의 수호를 닦았다(以修兄王之好也)」

라는 대목도 의미심장하다. 항을 바꾸어 살펴보자.

2) 형왕(兄王)

「형왕」이라는 말은 당연히 「아우왕(弟王)」의 존재를 전제로 한다. 백제와 왜국에는 「형왕」과 「아우왕」이라는 용어가 존재하고 있었던 것이다. 형왕은 백제를 다스리고, 아우왕은 왜국을 다스렸을 것이다.

이 「형왕」이라는 용어를 보면, 스다하치만 신사의 인물화상경에 나오는 「남제왕(男弟王)」이라는 단어가 연상된다. 남제왕은 남동생 왕이라는 의미이다. 거울의 명문에 나오는 '사마'는 무령왕이다.

백제의 무령왕이 '어시사카(意紫沙加)'궁에서 왜국을 다스리던 남동생왕에게 길이 태평할 것을 염원하면서, 좋은 구리 200한(旱)을 들여 거울을 만들었다고 적혀있다. 남동생왕 이름이 나오지 않는 점이 아쉽기만 하다.

칠지도는 백제의 왕세자가 왜왕 '지(旨)'를 위하여 만들었다. 왜왕 '지'는 백제 세자의 아우였을 것이다. 그리고 의자왕과 왜왕 부여풍은 부자관계였다. 백제 대왕과 왜왕은 부자관계도 있었고, 형제관계일 때도 있었던 것을 알 수 있다.

'백제신찬'이라는 책에 나온다는 「…… 형왕의 수호를 닦았다」라는 대목에서 형인 개로왕은 백제를, 아우인 곤지는 왜국을 각각 다스렸다는 사실을 짐작할 수 있다.

3) 무령왕은 곤지의 아들

『일본서기』는 곤지를 개로왕의 아우라 하였다. 이에 따르면 곤지는 개로왕의 뒤를 이은 문주왕의 숙부가 된다. 그런데 『삼국사기』 문주왕 2년

(477년)조를 보면, 왕의 아우 곤지를 내신좌평으로 삼았다고 되어 있다. 이에 의하면 곤지는 문주왕의 아우이다. 어느 기사가 진실일까?

본의 아니게 역사의 진실을 누설한 『일본서기』의 위 기록이 신빙성이 있어 보인다. 그렇다면 476년 문주왕은 숙부인 곤지를 내신좌평으로 임명한 셈이 된다. 백제의 역사에서 왕이 숙부에게 중책을 맡긴 다음과 같은 실례가 있다. 『삼국사기』를 보면,

① 고이왕 9년(242년), 숙부 질(質)을 최고위직인 우보로 삼았다.
② 백제 멸망 이후 부흥군을 지휘하던 부여풍을 보좌한 부여충승과
   부여충지도 그의 숙부였다.

그런데 지금까지 본 태자 전지, 후일의 동성왕, 그리고 무령왕은 왜왕으로 재임하다 본국으로 귀환하여서는 왕위에 올랐다. 그렇지만 곤지는 왕이 아닌 내신좌평에 취임하였으니, 이 점에 관하여 의문을 품을 수도 있다. 그러나 이는 평상시가 아닌, 수도 한성이 함락당하고 개로왕이 패사하는 엄청난 국난을 극복하는 과정에서 일어난 변칙으로 이해할 수 있을 것이다.

그리고 『일본서기』의 설화대로라면 무령왕은 개로왕의 아들이 된다. 그러나 『삼국사기』는 무령왕은 개로왕의 아들인 동성왕의 아들이라 하였다. 그렇다면 무령왕은 개로왕의 손자이다. 어느 기록이 진실일까?

『삼국사기』에는 그의 휘가 '사마(斯摩)', 왕릉의 지석에는 '사마(斯麻)'로 되어있는데, 당시의 음이 '시마'였으므로 이는 섬을 뜻하는 일본어 si-ma(島)와 정확하게 일치하고 있는 것을 알 수 있다. 따라서 그가 섬에서 태어났다는 것은 믿을 수 있다.

그러나 그 섬은 '각라도'라는 외판섬이 아니라 왜국의 본섬을 의미한다.

즉 그는 백제가 아닌 섬나라 왜국에서 태어났기에, 그의 이름을 '시마'라 하였을 것이다. 당시의 백제인들은 관습적으로 왜국을 섬나라라고 칭하였다.

또한 모친이 배를 타고 가던 도중 궁벽한 섬에서 낳은 것이 아니라, 왜국 수도의 편안한 침실에서 분만하였다고 보는 것이 상식에 부합한다. 『일본서기』의 위 기록에 의하면 무령왕은 개로왕의 부인이 왜국에서 낳았으니, 그는 개로왕의 아들이 된다.

그러나 아우 곤지가 형인 개로왕에게 부인을 달라고 하였다거나, 만삭의 왕실 부인이 멀고도 위태로운 항해길에 나섰다는 스토리 자체가 전혀 신빙성이 없다. 마치 문명의 혜택을 모르는 야만인들의 행동을 보는 것 같다. 백제를 야만으로 모는 것으로서, 왜의 우위를 내세우려는 심산에서 나온 창작설화이다.

그렇지만 곤지가 도왜하던 해에, 백제의 여성이 왜국에서 무령왕을 낳았다는 설화의 골격마저 부인할 수는 없다. 그 여성은 개로왕의 부인이 아니라, 곤지의 측실로 이해할 수 있다.

따라서 무령왕은 곤지의 아들로 보는 것이 타당할 것이다. 『일본서기』에는 곤지가 다섯 아들을 데리고 도왜하였다고 되어 있는데, 이 다섯 아들과는 배다른 형제인 셈이다. 졸저 『천황가의 기원은 백제 부여씨』에서는 무령왕을 개로왕의 아들로 보았으나(474쪽), 여기서 바로잡는다.

4) 곤지의 후손과 신사

곤지는 왜왕으로 장기간 재임하면서 왜국에 수많은 후손을 남겼다. 『신찬성씨록』하내국 제번 편을 보면,

「비조호조(飛鳥戶造 아스카배노미야투코) 씨족은 백제 비유왕의 아들 '곤기
(昆伎)'의 후손이다」

라 하였다.

씨족의 명칭 '아스카배(飛鳥戶)'는 현재의 오사카 남부, 카와치(河內) 지역
에 있는 지명이다. 이곳은 이른바 '가까운 아스카(近つ飛鳥)'라 하는데, 나
라의 아스카와는 다르다. '미야투코(造)'는 경칭이다.

'곤기'는 '곤지(昆支)'의 이표기이다. 여기에도 『일본서기』와 마찬가지로
곤지를 비유왕의 아들, 즉 개로왕과 형제간이라 하였다.

『일본후기』 홍인 3년(812년)조를 보면, 이 씨족은 '백제숙내(百濟宿禰)'라
는 성을 하사받아 성을 바꾸게 된다.

백제가 멸망한 지가 150년이나 지난 812년, 당시의 차아천황이 이 씨족
에게 하사한 성이 '백제'인 것이 좀 의외라는 느낌이다. 이때까지도 '백제'
는 일본에서 존재감을 잃지 않고 있었던 모양이다.

한편 오사카 남부 하비키노(羽曳野)시에는 아스카배(飛鳥戶)라는 이름의
신사가 있다. 여기서 모시는 제신이 바로 곤지이다.

박종홍 선생의 『古代 大阪を旅する(고대 오사카를 여행하다). 1987. フレー
ソセンタ』에 의하면(110쪽), 고대에는 이 신사 제삿날이 되면 천황이 칙사
를 보내는 등 아주 격이 높았던 신사라 한다. 그러나 지금은 고대의 영화
가 사라진 모양이다. 태평양 전쟁 이후 새로이 조영되기는 하였으나, 일반
논밭 사이에 조용히 진좌하고 있다 한다.

『신찬성씨록』 하내국 제번편에는 동성왕의 후손인 비조호조(飛鳥戶造 아
스카배노미야투코) 씨족도 있다.

4. 왜군 호위병을 거느리고 귀국한 백제의 왕자들

백제의 왕자들은 수백 년의 세월 동안 여러 차례 왜국을 방문한 것으로 되어 있다. 그런데 특이한 사실은 왜국에 체재 중이던 백제의 왕자가 부왕의 서거 소식을 듣고는, 대규모의 호위병을 거느리고 귀국하여 왕으로 등극한다는 사실이다. 앞서 본 태자 전지가 최초의 사례이다.

만일 왜국에 체재하던 백제의 왕자가 인질이었다면, 어떻게 부왕의 서거 직후 바로 귀국할 수가 있단 말인가? 왜국의 입장에서는 백제의 왕이 서거하자마자 인질을 보내준다는 것은 전혀 상식에 맞지 않는 일이다. 이럴 때 오히려 인질의 활용가치가 더욱 증대될 것이 분명하다.

그리고 인질이 귀국하는 데에 대규모 호위병으로 호송한다는 것도 상식에 맞지 않는 일이다. 『일본서기』에는 세 사례가 나오는데, 그 개요는 다음과 같다.

① 왕자 말다(후일의 동성왕)가 호위대 500명을 이끌고 귀국 : 479년
② 왕자 혜(惠)가 호위대를 거느리고 귀국 : 556년
③ 왕자 부여풍이 호위대 5천 명을 거느리고 귀국 : 662년

어찌하여 인질이 귀국하는 데에 이렇듯 대규모의 병력으로 호위하였을까? 백제의 왕자가 실제 인질이라면, 이는 전혀 상상도 할 수 없는 일이다. 자세히 살펴보자.

1) 동성왕 귀국 시의 호위병 5백

웅략 23년(479년) 4월조에 동성왕의 귀국 기사가 보인다.

「백제의 문근왕이 훙하였다. 천황이 곤지왕의 다섯 아들 중 둘째 말다왕

(末多王)이 어리지만 총명하여(幼年聰明) 궁전으로 불렀다.

친히 머리를 쓰다듬으며 은근하게 타이르고는 그 나라의 왕으로 삼았다.

무기를 하사하면서 축자국의 군사 500인으로 호위하여 보냈다.

그가 동성왕이다」

『일본서기』의 이 기사에 의하면, 왜왕 웅략이 곤지의 둘째 아들을 백제의 동성왕으로 임명한 것이 된다. 그러나 당시의 모든 형세로 보아 왜왕이 백제의 왕을 임명한다는 것은 상상조차 되지 않는다. 더욱이 웅략은 창작된 가공의 왜왕이므로 더 말할 나위도 없다.

그런데 웅략이 말다(즉 후일의 동성왕)가 어리지만 총명하여, 머리를 쓰다듬으며 타일렀다는 대목의 진위를 한번 살펴보자. 이는 당시 말다가 10세 미만의 어린 소년이었다는 의미를 나타내고 있다.

앞서 본 바와 같이 『일본서기』는 18년 전인 웅략 5년(461년) 조에서, 곤지가 다섯 아들을 데리고 도왜하였다고 하였다. 말다는 둘째였고, 세 아우가 있었으니 최소한 7~8세는 되었을 것이다. 그렇다면 18년 후인 웅략 23년(479년)에는 최소한 25~6세의 청년이 되어있었던 것이 분명하다.

그런 정도의 나이인 말다를 「어리지만 총명하다」라거나 「머리를 쓰다듬었다」라고 할 수는 없을 것이다. 『일본서기』의 허구성을 다시 한번 실감할 수 있다. 그는 왜왕으로 재임하다 귀국하여서는 백제의 왕으로 즉위하였던 것이다. 뒤에서 자세히 살펴보자(119쪽).

말다왕은 『일본서기』에 나오는 바와 같이 왜군 500명을 호위병으로 거느리고 귀국하였다. 앞서 전지왕은 100명의 호위병이었지만, 여기서는 500명이다. 언제부터인지는 분명치 않으나 대폭 증원된 것을 알 수 있다. 전지왕의 쓰라린 경험을 되풀이하지 않기 위한 조치였던 모양이다. 그리

고 전지왕의 경우와 마찬가지로 동성왕도 왜국에서 귀국하자 바로 왕위에 오른다. 같은 패턴인 것을 알 수 있다.

최근 백제의 수도이던 공주의 단지리에서 일본의 독특한 무덤 양식인 횡혈묘가 24기 발견된 바 있다. 횡혈묘는 구릉의 경사면을 파고 들어가 방을 만들어 시신을 안치하는 방식이다. 이 횡혈묘에 묻힌 사람들이 바로 말다왕 호위병 중의 일부라는 견해가 있으나 확실치는 않다.

2) 왕자 혜(惠) 귀국 시의 호위병과 별도의 군사 1천 명

『일본서기』 흠명 16년(555년) 2월조를 보면, 백제의 왕자 여창(후일의 창왕)이 아우인 왕자 '혜'를 보내 부왕인 성왕의 전사 사실을 통보하였다 한다. 이듬해 정월에 왕자 혜가 귀국하였는데, 이때의 기사를 보자.

> 「백제의 왕자 혜가 돌아가려고 청하였다. 하사한 병기와 좋은 말이 매우 많았다. 여러 가지 상과 녹을 주어 많은 사람이 감탄하고 부러워하였다. 아배신, 좌백련, 파마직을 보내, 축자국의 수군을 거느리고 나라까지 호송하였다.
> 이와 별도로 축자화군[백제본기에 축자군의 아들 화중군의 아우라 하였다]을 보내, 용사 1천 명을 거느리고 미저(彌弖)까지 호송하였다. 그리하여 항로의 요충지를 지키게 하였다」

이 기사는 어디까지 진실일까? 왕자 혜는 과연 부왕인 성왕의 전사 사실을 통보하러 도왜하였을까? 부왕의 전사 사실 통보보다는 왜국의 병력 동원이 주목적이었다고 생각된다.

그가 귀국할 때 거느린 병력의 규모를 주목하여 보자. 축자국의 수군이 그를 호위하였다 한다. 축자란 현재의 규슈 섬 전체를 일컫는 고지명이다. 왕자 혜를 호송한 것은 규슈의 수군이었는데, 병력 규모가 나오지 않는다. 앞서 동성왕이 귀국할 때에는 500명이었지만, 이때는 신라와의 전투가 긴박한 상황이었으니 좀 더 규모가 크지 않았을까?

호위부대와는 별도로 용사 1천 명을 보내어 미저(彌弖)에 이르기까지 호송하였다. 미저는 어디인지는 알 수가 없다.

또한 『일본서기』는 천황이 왕자 혜에게 수많은 병기와 좋은 말을 하사하였다 한다. 이것은 그가 왜국에서 막대한 양의 무기와 말을 징발한 사실을 이렇게 왜곡하였을 것이다.

그리고 이 왕자가 555년 2월에 왜국에 도착한 다음, 무려 11개월이나 머무르다 다음 해 1월에 귀환한 점을 주목하여 보자. 만일 백제와 왜가 대등한 사이의 외교관계였다면 전혀 상상도 할 수 없는 일이다. 어떻게 일국의 왕자가 외국에 무려 11개월이나 체재한단 말인가? 왜가 백제의 속국이 아니라면 도저히 있을 수 없는 일이다.

『일본서기』의 위 기사에 나오는 아배신, 좌백련, 파마직은 모두 가공인물들이다. 아배, 좌백, 파마는 모두 씨이고, 신 등은 존칭이다. 따라서 이 세 인물은 모두 씨와 존칭으로 되어있고 이름이 없다. 한국식으로 말하면 '최진사', '윤첨지'라는 식이니, 이 사람들이 실존 인물일 리가 없다.

3) 백제 성왕이 동원한 왜군

성왕은 신라군과 싸우다 관산성 전투에서 전사하였다. 『일본서기』 흠명 정월조와 5월조를 보면 이때 왜군도 참전한 것으로 되어있어, 이에 관하여 살펴보기로 하자.

왜군의 병력은 1천 명, 말은 100필, 배는 40척. 총사령관은 '내신(內臣)'이라 하였으나, 이 자 역시 이름이 없어 가공인물이다.

　이 무렵 백제로 건너간 왜군은 1천 정도의 병력으로서, 별로 대단하지 아니한 규모였다. 따라서 전세에 영향을 줄 정도는 아니었던 모양이다. 어쨌든 이는 성왕이 왜왕에게 명령하여 동원한 왜군이었던 것은 분명하다.

　『일본서기』를 보면, 왜국의 이 파병에 대하여 성왕이 왜왕에게 상을 하사하였다 한다. 좋은 비단 2필, 양탄자 1장, 도끼 300개, 포로 남자 2명, 여자 5명이라 하였다. 이 기사는 믿어도 좋을 것 같다. 백제의 대왕이 속국의 왜왕에게 하사하는 선물로서 적당한 규모이기 때문이다.

　이러한 선물 중 양탄자는 주목을 요한다. 백제나 중국 등 동북아시아에서 생산되는 물건이 아니기 때문이다. 이란과 같은 중동의 어느 곳에서 생산된 것으로 보이는데, 백제가 교역에 의하여 얻은 것으로 생각된다.

　그런데 병력 1천 명의 원군에 대하여 그 반대급부가 위의 선물이라고 한다면, 이는 지나치게 약소하다. 반대급부나 대가관계에 있는 것이 아니라, 백제 대왕이 속국의 왜왕에게 보낸 포상인 것이 분명하다.

　고구려 광개토대왕 비문에 보이는 왜군도 백제와 금관가야, 아라가야가 각각 동원한 왜군일 것이다. 북한의 사회과학원에서 나온『광개토왕릉비문연구. 2001. 중심』를 보면, 백제가 왜를「조종하였다」고 파악하고 있다(78쪽).

　그런데 왜국의 대규모 병력 이동에 관한 것이므로,「조종」보다는「동원」이 좀 더 적절한 표현일 것이다. 당시의 정세로 보면 백제가 왜국의 병력을 동원한 것은 전혀 이상할 것이 없다.

4) 부여풍 귀국 시의 호위병 5천

　의자왕의 왕자 부여풍은 왜국의 인질이 아니라 왜왕이었다. 『일본서기』를 보면 여왕 제명이 백제 구원군을 손수 지휘하여 수개월의 항해 끝에 현재의 후쿠오카까지 가고, 거기에서 아무 이유도 없이 급사하는 것으로 되어있다.

그러자 아들이라는 천지가 마치 기다렸다는 듯이 칭제(稱制), 즉 즉위는 하지 않고 왕으로서 정무를 집행하는 것으로 나와 있다. 마지막 가공의 왜왕 제명과 첫 번째 실존 왜왕 천지를 이렇듯 교묘하게 연결하는 수법은 참으로 감탄할 만하다.

『일본서기』는 부여풍이 귀국할 때(662년 5월), 전함 170척에 5천 병력으로 호위하였다 한다. 이 호위부대의 엄청난 규모를 보라. 인질에 불과한 부여풍을 위하여 이렇듯 엄청난 대군을 동원한단 말인가? 이 대규모 병력은 단순히 부여풍의 호위라는 임무만을 담당하였다고 보기는 어렵다. 아무리 전시라 하더라도 부여풍의 호위만을 목적으로 하였다면, 수백 명 정도로도 충분하다고 생각된다.

근본적으로 인질을 돌려보내는 데에 대병력을 동원한다는 것 자체가 상식에 맞지 않는 일이다. 더구나 대군이 배로 6~7개월의 항해를 하기 위하여는 천문학적인 물자가 소요되는 사정을 생각하여 보라.

이들은 호위 겸 백제구원군의 선발대였을 것이다. 『일본서기』나 어디에도, 이 5천 왜군이 부여풍을 호송한 후 본국으로 귀환하였다는 기록은 없다. 이들은 백제에 머무르면서 부흥군과 합세하여 여러 전투에 참가하였다고 볼 수밖에 없다. 부여풍이 우선 급하게 징발한 것이 이 5천 병력이었던 것이다.

백제 구원군 본진 2만 7천여 병력이 백제의 백강 하구에 도착하였을 때(663년 8월), 이 대군을 총지휘한 장본인이 바로 부여풍이었다. 그리고 그를 보좌한 것은 그의 숙부인 충승과 충지였다. 부여풍이 인질이 아니라 왜왕이었다는 또 하나의 명백한 증거이다.

5. 백제의 왕자들의 빈번한 도왜

『일본서기』에는 그 외에도 백제의 왕자가 도왜하였다는 기사가 여러 건 보인다. 순서대로 살펴보자.

1) 백제 왕족 주군(酒君)

『일본서기』 인덕 41년(353년) 3월조를 보면, 왜왕이 기각숙내를 백제에 보내어 처음으로 국(國)과 군(郡)의 경계를 구분하고, 향토의 소출을 상세하게 기록하였다 한다.

그때 백제 왕족 주군(酒君 사캐노키미)이 무례하여 기각숙내가 백제왕을 책망하였고, 그러자 백제왕이 주군을 사슬로 묶어 왜왕에게 헌상하였는데, 나중에 왜왕이 용서하였다고 되어있다.

왜왕이 백제 지방행정단위의 경계를 정하였다는 것이니, 길게 검토할 것도 없이 이 기사는 창작인 것이 분명하다. '기각숙내'는 한자의 훈으로 된 성만 있을 뿐 이름이 없다. 가공인물이다.

백제왕이 왕족 주군을 쇠사슬에 묶어 왜왕에게 헌상하였다는 것은, 백제가 왜의 철저한 속국이었다는 인상을 나타낸다. 이 또한 창작 설화인 것이 분명하다.

이어서 인덕 43년조에도 주군에 관한 설화가 보인다. 한 백성이 이상한 새를 잡아 인덕에게 바치자, 인덕이 주군에게 물었다 한다. 그러자 주군이 "그런 새는 백제에 많다. 길들여 여러 새를 잡는다"고 하였다는 것이다. 이상한 새는 매이고, 주군이 처음으로 매사냥을 왜국에 도입하였다는 설화이다.

그래서 매를 키우는 응감부(鷹甘部 타카카피배)를 정하고, 그곳의 지명을 응감읍(鷹甘邑 타카카피무라)으로 하였다 한다. 이 지명은 현대의 오사카시 히가시스미요시(東住吉)구 '응합정'에 지금도 남아있다. 이 히가시스미요시구는 고대의 백제군 남백제향이었다.

『삼국사기』를 보면, 백제의 아신왕이 매사냥과 승마를 좋아하였다는 기사가 있다. 백제의 귀족들이 매사냥을 즐겼던 사실을 알려준다.

재일교포 사학자 단희린 선생의 『日本に殘る古代朝鮮(일본에 남은 고대 조선). 1976. 創元社』를 보면, 이곳에는 '주군총(酒君塚)'이라는 비석이 지금도 남아있다 한다(30쪽).

『신찬성씨록』에는 백제공(百濟公)씨 등 주군의 후손 세 씨족이 기록되어 있는데, 백제국 「주왕(酒王)」의 후손이라 하였다. 이런 설화와 지명, 그리고 『신찬성씨록』의 기록으로 볼 때, '주군'이라는 백제 왕자가 왜왕으로 재임하였던 것은 분명한 사실일 것이다.

2) 마나군, 사아군, 법사군

『일본서기』 무열 6년(504년)조를 보면, 백제왕이 왕자 「마나군(麻那君)」을 보내 조공하였다고 되어있다.

이듬해에는 백제왕이 「사아군(斯我君)」을 보내 표문을 올려, "전번에 조공하러 간 마나군은 백제국왕의 골족(骨族)이 아닙니다. 그래서 사아(斯我)를 보내 왜 조정에 봉사하게 합니다"라 하였다 한다.

그 후 사아군이 자식을 두었는데, 「법사군(法斯君)」으로서 「왜군(倭君)의 선조」라 하였다. 이 설화에 관하여는 졸저 『천황가의 기원은 백제 부여씨』에서 상세하게 검토한 바 있어 상론은 생략한다(493쪽).

『일본서기』에는 조공을 한 것이 백제의 어느 왕인지도 나와있지 않다. 그러나 504년은 무령왕 4년에 해당하는데, 무령왕이 왜에 조공하였다는 것은 소가 웃을 노릇이다.

　그러나 언제인지는 알 수 없지만 마나군, 사아군, 법사군, 이 세 왕자가
왜국으로 건너간 것은 역사적 사실일 것이다. '왜군'이라는 표현으로 보아
셋 다 왜왕이었다고 추정된다.

3) 왕자 아좌

　『일본서기』 추고 5년(597년) 4월조를 보면, 백제왕이 왕자 아좌(阿佐)를
보내어 '조공'하였다는 기사가 보인다. 여기에도 백제의 어느 왕인지는 나
오지 않는다. 이 시기는 백제의 위덕왕 44년에 해당하는데, 이때 백제가
왜국에 조공하였던 것은 어불성설이다. 『삼국사기』에는 전혀 보이지 않지
만, 이 아좌 또한 왜왕이었다.

　아좌왕자를 「아좌왕(阿佐王)」이라 표현한 기록을 보더라도 이는 명백하
다. 부여풍과 같이 도왜한 아우 선광은 백제 멸망 이후 백제왕이라는 씨
명을 부여받게 된다. 백제왕씨의 신사를 백제왕신사라 하며, 지금도 건재
하고 있다. 이 신사에는 그 유래를 전한 『백제왕영사묘유서(百濟王靈祠廟由
緖)』라는 기록이 있는데 다음 구절을 보자.

　「 …… 추고천황의 시대에 백제 '아좌왕'이 와서 성덕태자에게 절하고,
　　석가모니상과 경전 3천6백 권을 바쳤다 …… 」

　추고(재위 593~628년)나 성덕, 모두 가공인물이라 아좌왕자가 성덕에게
절하였을 리는 만무하다. 그러나 「아좌왕」이라는 표현은 주목을 요한다.
'아좌'는 백제풍의 이름인 것이 분명하다. 백제에는 '~좌(佐)'라는 이름이
여럿 있었다(210쪽).

「아좌왕」은 백제풍 이름 뒤에 왕을 붙였는데, 이는 백제의 풍습이었다 (115쪽). 무령왕을 '사마왕(斯摩王)'이라 한 것도 같은 맥락이다. 당대의 왜국 사람들은 일상적으로 「아좌왕」이라 칭하였을 것이다.

이 기록에 나오는대로 「아좌왕」이 왜왕으로 부임하면서, 석가모니상과 수많은 경전을 가져간 것은 사실이리라. 왜국의 불교는 철저하게 왕실불교였던 사실을 여기서도 알 수 있다.

한편 나라의 법륭사에는 아좌가 그렸다는 성덕태자의 초상화가 전해지고 있다. 일본에서는 가장 오래된 초상화라 한다. 과연 백제의 왕자 아좌가 그린 그림일까? 일본의 학계에서는 그림의 양식으로 보아 8세기의 나라시대, 아니면 그 이후인 평안시대의 그림으로 보는 것이 일반적인 견해이다. 따라서 6세기 말의 인물이라는 아좌가 그렸을 가능성은 전혀 없다.

성덕태자는 『일본서기』가 창안한 가공인물이다. 그의 초상화까지 전해지고 있는 것을 보라. 역사 날조를 웅변하여 주는 좋은 증거물이다.

4) 부여풍, 교기, 새성, 충승

『일본서기』 서명 3년(631년) 3월조를 보면, 백제 의자왕이 왕장 풍장 즉 부여풍을 보내 인질로 하였다 한다. 그런데 『속일본기』 27권에는 이때 부여풍과 그의 아우 선광이 왜왕을 입시(入侍)하러, 즉 모시러 도왜하였다고 되어있다.

부여풍이 인질이 아닌 왜왕이었던 사실은 누누이 보아온 바 있다. 그는 아우인 선광과 함께 도왜하였다. 두 왕자가 동시에 왜국으로 건너갔는데, 그중 한 사람만 인질이었을 리는 만무하다.

황극 원년(642년)에는 왕자인 교기가 종자를 거느리고 조정에 찾아왔다 한다. 교기는 처자를 데리고 백제대정(百濟大井)의 집으로 옮긴 후, 아이가 죽어 장사를 치르기도 하였다. 부여풍이 왜왕일 때, 의자왕의 아우 혹은 아들인 교기라는 왕자가 공식적인 임무로서 전 가족을 이끌고 건너갔던 모양이다.

효덕 백치 원년(650년)조에는 나라의 연호를 바꾸는 성대한 의식이 거행되었다 한다. 거기에 백제의 풍장과 왕자인 새성, 충승 등이 참석하였다는 것이다. 그러나 서명, 황극, 효덕, 모두 가공의 왜왕이다. 백치라는 연호도 실존한 바 없어, 연호를 바꾸는 성대한 의식도 열린 적이 없었다.

이 새성, 충승 등은 의자왕의 아우로서 도왜하여 장기간 체재하였던 것을 『일본서기』가 이렇듯 왜곡한 것으로 생각된다. 이 대목에서 주목할 것은 백제의 왕자 여러 명이 같은 시기에 왜국에 체재하고 있었다는 점이다. 왜가 속국이 아니라면 있을 수 없는 일이다.

5) 임성왕자

『삼국사기』는 물론 『일본서기』에도 전혀 보이지 않지만, 성왕의 셋째 아들이라는 임성(琳聖)왕자의 도왜 전설도 있다. 이 왕자는 중세 일본의 유력한 무가 가문이던 오우치(大內)씨의 시조였다. 통상적으로 '임성태자'라 하지만 성왕의 장남이 아니라 셋째 아들이라 하였고, 왕위를 이어받은 바도 없어 여기서는 '임성왕자'라 표기한다.

이 가문의 전승에 의하면 임성왕자의 이름은 의조(義照). 611년 백제에서 바다를 건너 주방국(周防國)의 다다라(多多良) 해변에 도착하였고, 성덕태자로부터 다다라라는 성과 오우치현을 영지로 하사받았다 한다. 현대의 야마구치현이다. 그 후 16대 후손이 '오우치'라는 성으로 개성하였다.

이 전승은 신빙성이 있을까? 우선 성덕태자는 720년에 나온 『일본서기』가 창작한 성인이다. 그리고 '주방국'이나 '오우치'현도 7세기 말 이후의 용어이다. 이런 점으로 보면 이 전승은 신뢰하기 어렵다. 그러면 모든 것은 후세의 창작일까?

신성호 선생의 『일본 역사 속 백제왕손. 2008. 고래실』을 보면, 이 오우치 가문은 중세의 전성기에는 엄청난 영지를 가진 대단한 세력가문으로서, 일본의 3대 태수 중의 하나였다 한다. 그 영지가 현대의 야마구치현, 히로시마현 일부, 시마네현 일부, 후쿠오카현 전부, 구마모토현 일부, 오이타현 일부 등이었다 하니, 그 대단한 세력을 짐작할 수 있다.

2006. 1. 6.자 온라인 요미우리 신문을 보면, 이 가문의 대내의홍(大內義弘)이 1,399년, 조선의 정종에게 독자적으로 사신을 보냈다 한다. 조선 조정에 요청하기를 자신은 백제의 후예라고 하면서, 왜구를 토벌한 공을 세웠으니 포상을 내려달라고 하였다는 것이다.

포상으로서 자신 가문의 백제 관련 족보를 입증하여 줄 것과 백제와 연관된 토지를 하사하여 달라고 하였다. 그 무렵 조선에서 막부에 사신을 보내어 왜구를 금압하여 달라고 요청하자, 막부에서는 대내의홍에게 지시하였고, 의홍이 규슈의 왜구를 토벌하였던 것이다.

의홍의 요청에 대하여, 조선에서는 토지는 하사하지 않았지만 무역을 허락하였다. 이후 약 150년간 200회를 넘을 정도로 많은 교역이 있었다. 조선과의 무역에서 엄청난 이익을 보았던 것은 물론이다. 이러한 재력을 기반으로 이 가문에서는 문화적인 면에도 힘을 기울여, 한때는 본거지 야마구치가 서쪽의 교토라 불릴 정도로 번성하였다.

그러면 이 가문은 조선과의 무역을 위하여 자신의 선조를 조작하였던 것인가? 요미우리 신문에서는 그렇게 보는 듯하다. 그러나 당시에도 일본에서는 조선멸시사관이 횡행하고 있었다. 이 신문에서도 「당시의 무가사회에서 백제계라 하는 것은 그렇게 메리트가 있었다고는 생각되지 않는다」라고 하였듯이, 오히려 마이너스 요인이었을 것이다.

조선과의 무역을 영위하기 위한 상업적 목적에서 가문의 시조를 창작하
였다고 보기는 어렵다. 이 가문에서 대대로 그러한 전승이 전해내려 오고
있었던 차에, 마침 조선과의 무역이라는 업무가 생기게 되자 이를 적극 활
용하였던 것이 아닌가 싶다. 다만 조상의 전승을 좀 더 미화할 목적으로
성덕태자 등의 윤색을 덧붙인 것으로 생각된다.

　　당시의 형세로 보면, 성왕의 왕자가 도왜하여 넓은 영토를 다스렸다 하
더라도 전혀 이상한 일이 아니다. 능히 있을 수 있는 일이다. 오히려 고대
에는 왜국의 방방곡곡, 수많은 가문에 그런 전승이 다수 존재하였다고 생
각된다.

　　오우치 가문은 전국시대 혼란의 와중에 1,551년 멸망하였다. 살아남은
일부 사람들은 토요타(豐田)씨로 개성하기도 하였다.

　　그런데 2009. 4. 18. 자 동아일보에는 일본에서 임성왕자의 45대 후손이
백제의 고도인 전북 익산을 찾았다는 흥미로운 기사가 있다.

「…… 백제 왕족 임성태자의 45대 후손인 오우치 기미오(大內公夫. 69),
　오우치 다카코(大內孝子. 65)씨 부부는 이날 백제 무왕과 왕비가 묻힌 익
　산시 석왕동 쌍릉을 찾아 참배했다.
　일본 치바현에 사는 오우치씨 부부는 전통 백제 의상을 입고 쌍릉에
　제를 올린 뒤, 일본 국가형성에 이바지한 임성태자의 업적을 기리며,
　"백제의 후손임을 잊지 않고 대대손손 살아왔다"고 감회를 밝혔다.
　오우치씨는 "인쇄 디자인 일을 하면서 서울은 가끔 방문했지만,
　백제 땅을 밟은 것은 이번이 처음"이라며, "대를 이어 살아오면서 조상
　땅을 꼭 밟고 싶었는데, 이제야 소원을 이뤘다"고 말했다.
　참배를 마친 뒤 오우치씨는 백제 문화재 보수유지에 써 달라며,
　익산시에 100만 엔(1,300만 원)을 기탁했다 ……」

이 가문이 임성왕자 이후 천수백 년의 긴 시간이 흘렀음에도, 대대손손 자신의 뿌리를 잊지 않고 긍지를 가지고 살아왔음을 알 수 있다.

6) 백제왕족 전설 - 남향촌의 백제 왕자들

원래의 전승

규슈 남부의 미야자키현, 휴우가(日向)시에서 차로 1시간 가까이 걸리는 깊은 산골에 남향(南向 난고)촌이라는 궁벽한 산골 마을이 있다. 이곳에는 백제에서 왕자들이 건너와 살았다는 전설이 있다.

천수백 년이 지난 지금도 이 일대 주민들은 이를 역사적 사실로 믿으며, 이에 관한 유서 깊은 마츠리를 거행하고 있다. 과연 백제의 왕자들이 규슈의 먼 남쪽, 궁벽한 산골마을까지 찾아갔는지 살펴보기로 하자.

이 마을에는 신문(神門)신사가 있는데, 바로 백제 왕자들의 도래를 기념하여 창건하였다. 다음은 이노우에(井上秀雄) 선생의 논고 「神門傳承(신문전승)」에 나오는 내용을 약간 보충하여 보았다(『百濟王族傳說の謎(백제왕족전설의 수수께끼). 荒木博之. 1998. 三一書房』 35쪽)

「효겸천황(재위 749~758년)의 시대, 백제국의 제왕 즉위 21년인 정가왕(禎嘉王) 40여 세일 때, 황태자인 복지왕(福智王)에게 자리를 물려주었다. 복지왕 3년(756년)에 백제국에 대변란이 발생하였다. 정가왕은 "일본은 신국(神國)으로서 평화로운 나라라고 하니 백제를 떠나 일본으로 가야겠다"라고 생각하였다.

정가왕 일행은 일본의 안예국 엄도(嚴島)에 도착하여 잠시 살았다.

그러다 정가왕은 그 사실이 본국인 백제에 알려져 토벌군이 공격하여 올지도 모른다고 생각하였다.

천평 보자 2년(758년) 가을, 정가왕 일행은 규슈로 가려고 2척의 배에 분승하여 출발하였다. 한 척에는 정가왕과 차남 화지왕(華智王)이, 다른 한 척에는 장남 복지왕과 모후가 타고 있었다. 항해 중 거센 풍랑이 밀려와 파도에 떠밀려 두 척의 배는 흩어졌다.

정가왕은 일향국(日向國) 인근의 해안에 도착하여 상륙하였다.

점을 쳐보니, 7~8리 거리의 신문(神門)이 길하다는 괘가 나와 그곳에 궁전을 짓고 살았다. 한편 복지왕은 그곳에서 좀 떨어진 곳에 상륙하여 구슬을 던져보니, 18리 떨어진 수상(水上)과 비목(比木), 두 곳에 떨어졌다. 그래서 그 두 곳에 거처를 정하고 평화롭게 살았다.

그런데 백제에서 토벌군이 건너와 신문촌을 습격하였다. 정가왕의 군세는 얼마 되지 않았다. 주위의 호족 둔태랑(鈍太郎)이 합세하였으나 그대로 무너졌다. 그러자 복지왕이 구원대를 이끌고 달려왔고 인근 여러 마을의 병사들도 집결하여 싸운 결과, 백제에서 온 군대를 남김없이 물리쳤다.

그러나 이 싸움에서 정가왕, 차남 화지왕을 비롯한 일족, 가신, 호족 둔태랑 등은 대부분 전사하였다. 또한 여관(女官) 12명도 자진하였다.

그것을 안타깝게 여겨 정가왕과 여러 사람을 후하게 장례를 치러 주었을 뿐만 아니라, 신사를 세워 신으로 받들었다. 즉 신문신사에서는 정가왕과 장남 복지왕을, 그리고 비목신사에서는 차남 화지왕과 그의 모후를 신으로 모셔, 지금까지도 받들고 있다」

얼핏 보아도 이 전설은 사실로 믿기 어렵다. 우선 이 전설은 효겸천황의 시대를 배경으로 하고 있는데, 그의 재위기간은 749~758년이다. 이때는 백제가 멸망한 660년으로부터 무려 90여 년 이후의 일이다. 백제 왕자가 이때 일본으로 건너간다는 것은 상상할 수도 없다.

설화에 나오는 지방행정단위인 안예국이나 일향국도 8세기의 그것이다. 그리고 백제에는 '태자'가 있었을 뿐, '황태자'는 존재하지 않았다. 현실감이 없다. 그러면 이는 허무맹랑한 민간설화에 불과한 것인가?

꼭 그렇게 볼 수만은 없다. 우선 이곳 주민들은 이 전설을 사실로 믿고 있다. 그래서 오랜 옛날부터 음력 12월에 「시하츠마츠리(師走祭)」라는 축제를 거행하여 왔는데, 이는 장남 복지왕이 부친 정가왕을 뵈러 찾아가는 것을 재현한 의식이다.

복지왕의 비목신사에서 출발하여 정가왕의 신문신사까지 약 90km의 거리를, 과거에는 9박 10일 동안 도보로 행군하였으나, 근래에는 자동차를 이용하여 2박 3일의 행정으로 간소화되었다 한다. 또한 이 일대에는 곳곳에 백제 왕족과 관련된 수많은 지명이 지금도 남아있다.

그리고 신문신사에는 수많은 고대의 유물이 보관되어있다. 청동거울 33면과 마탁(馬鐸), 마령(馬鈴), 스에키, 철검 등이 그것이다. 최근 유물 창고를 새로 지으면서, 「서쪽의 정창원」이라는 이름을 붙였다. 동쪽에 있는 동대사의 정창원과 비견될 정도로 고대의 보물이 많다는 의미이다.

규슈에서도 남쪽, 궁벽한 산촌에 이처럼 많은 고대의 진귀한 유물이 전해져 내려온다는 것은 아주 이례적인 일이 아닐 수 없다. 이러한 여러 가지 정황으로 보아, 이 전설을 산골 마을의 허무맹랑한 민간설화라고 치부할 수만은 없다.

전설의 수정

백제의 왕자가 도왜하였다고 하면서, 749년에 즉위한 효겸천황의 시대를 배경으로 한 것이 문제이다. 이때를 배경으로 하여서는 전설은 전혀 성립할 수가 없다. 그래서 백제의 왕자가 도왜한 것은 백제가 멸망한 직후라고 수정하였다. 위 논고에 나오는 수정된 전설은 다음과 같다.

「서기 660년, 백제왕조가 나당연합군의 공격으로 멸망하였다. 3년 후 백강전투에서도 패하게 되자, 백제의 왕족, 귀족들은 대화왕조(즉 왜국)에 의지하여 나라, 오사카 방면으로 피난하였다.

그러다 임신의 난(672년) 이후, 대화왕조 내의 정쟁에 휘말린 백제의 망명왕족의 일단이 난을 피하여 두 척의 배에 분승하여 북구주로 향하였다.

1척은 부친인 정가왕과 차남인 화지왕, 다른 1척은 장남인 복지왕과 모친인 왕비였다 …… 그러나 정가왕의 소재를 알아낸 추토군이 신문으로 공격하여 왔다 ……」

이 전설을 깊이 연구한 한국의 민속학자 임동권 선생도 이 견해를 따르고 있다(『일본 안의 백제문화. 2005. 민속원) 65쪽 이하』. 얼핏 이 견해는 그럴듯하게 보이지만 조금만 생각해보면 전혀 그렇지 않다.

우선 백제가 멸망한 이후부터 임신의 난 무렵의 일본 사정은 『일본서기』와 『속일본기』에 상세하게 기록되어 있다. 그 당시에 의자왕의 아들로서 부여풍의 아우인 선광의 일족 이외에 다른 백제 왕자가 있었다는 기록은 어디에도 존재하지 않는다.

백 보를 양보하여 몇 사람 더 있었다고 하더라도, 그들끼리 암투를 벌여 패한 쪽이 먼 곳으로 도주하였다거나, 다른 쪽에서 토벌군을 파견하여 공격한다는 것은 전혀 상상하기 어렵다. 나라가 멸망하여 겨우 일본으로 피신하여 왔는데, 거기에서 일족끼리 피비린내 나는 싸움을 벌였다는 것은 도저히 상상이 되지 않는다.

여기서 토벌군의 규모를 한번 생각하여 보자. 정가왕 일족의 세력, 그리고 이들을 도운 지역 주민의 의용군은 처음에는 토벌군에 의하여 간단하게 제압당하였다. 그 후의 싸움에서 겨우 그들을 물리칠 수 있었다. 이 토벌군의 규모는 최소한 수백 명 정도는 되었을 것이다. 백제가 멸망한 후 왜국으로 건너간 왕족이 있었다고 가정하여도, 그들이 왜국에서 이런 정도의 병력을 동원한다는 것은 상상하기 어렵다.

이렇게 본다면 이 전설은 백제가 멸망하기 이전에 있었던 일이 아닐까? 원래의 전설에 의하면 「추토군은 백제에서 왔다」고 하였다.

백제 멸망 이전, 백제 왕족 사이에 세력다툼, 권력투쟁 같은 사태가 벌어져, 패배한 왕족 일단이 왜국으로 도피하였던 것이 아닐까? 나중에 그 소재를 알게 된 반대파에서 토벌군을 보내었다고 보면, 전설은 충분히 생명력을 얻게 된다. 여기서 전설 등장인물들의 실존 여부에 관하여 검토하여 보자.

「정가」, 「복지」, 「화지」 등은 실존하였던 백제의 왕자였다고 생각된다. 인명 「복지」나 「화지」의 '지(智)'는 고대음이 '디'로서, 이는 백제에서 유행하던 인칭접미사였다. 「정가(楨嘉)」의 '가'도 백제인의 인명 말음에 종종 보이고 있으니, 이들은 실존 인물로 추정된다.

다만 그들을 도운 지방의 호족이라는 둔태랑(鈍太郎 돈타로)은 7세기의 인명이 아니므로 그는 실존 인물이 아니다. 아마도 주민들이 백제 왕족을 도왔다는 사실을 보다 실감 나게 만들기 위하여, 창작하여 집어넣었을 것이다. 이 전설에는 역사적 진실과 후세의 창작이 섞여 있다.

『일본서기』와 백제왕족 전설의 진실

『일본서기』 황극 원년(642년)조를 보면, 이 백제왕족 전설을 연상케 하는 기사가 있다. 원문에는 속국인 백제에서 보낸 사신이 왜측에 자국의 사정을 미주알고주알 일러바치는 형식으로 되어있다. 그러나 『일본서기』의 저자는 이런 형식을 빌려 백제의 사정을 기록하고 싶었던 모양이다.

① 황극 원년(642년) 정월조 : 백제에서 사신이 왔다. 그가 말하기를
　"백제에서는 지금 대란이 벌어지고 있습니다"라고 하였다.
② 그해 2월조 : 백제 사신의 종이 말하였다. "…… 왕의 아우인 교기 및
　그의 누이 넷, 내좌평 기미(岐味), 그리고 고명한 사람 40여 명이 섬으
　로 쫓겨났습니다"라고 하였다.
③ 그해 4월조 : 백제의 대사(大使) 교기가 종자를 거느리고 내조하였다.
　소아대신이 교기를 불러 대화하였다 …… 새상은 부르지 않았다.

　위 기록을 종합하여 보면 백제가 멸망하기 불과 18년 전인 642년, 백제에서 큰 난리가 벌어진 것을 알 수 있다. 그것은 신하의 반란이나 지방의 봉기 같은 변란이 아니라, 왕실 내부의 알력과 세력다툼으로 인한 것임을 짐작케 한다.

　②에 보이는 왕의 아우 교기와 누이 등 40여 명이 섬으로 쫓겨났다는 기사를 주목하여 보자. 이 섬은 어디일까? 백제 서해안의 여러 섬 중의 하나일 수도 있지만, 왜국일 가능성이 높다. 교기가 2월에 섬으로 쫓겨갔다고 하여놓고는, 4월에는 대사가 되어 왜국에 나타났다고 한 것을 보라.

　『일본서기』의 위 기사와 이 전설을 아울러 고려하여 보면, 다음과 같은 진실을 추출할 수 있다.

「642년, 백제 왕실 내부에서 큰 세력다툼이 있었다. 그 결과 패배한 왕
　족 정가와 그 아들 복지, 화지, 그 일족 등은 2척의 배에 분승하여 왜
　로 건너가 규슈에서도 머나먼 남쪽으로 피신하였다.
　정가와 차남 화지는 신문(神門)에, 장남 복지는 비목(比木)에 각각 자리
　를 잡았다. 그들은 미개한 토착민들에게 발달된 백제의 학문과 기술을
　가르치고 전파하였다.

몇 년 후 그들의 소재를 알게 된 백제 왕실의 반대파에서 추토군을 보내어 먼저 신문을 공격하였다. 그러자 비목에서 복지가 구원하러 달려가고 지역 주민들도 합세하였으나 대부분 전사하였다 ……」

정가, 복지, 화지 등 전설에 나오는 백제 왕족을 642년 무렵의 실존 인물로 본다면, 이 전설의 의문은 대부분 해소된다.

『일본서기』에는 앞서 보았듯이 수백 년에 걸쳐 백제의 왕자들이 여럿 도왜한 것으로 되어있으나, 압도적으로 많이 건너간 것은 바로 642년부터 백제가 멸망하기 직전까지로 되어있다. 이 백제왕족 전설도 바로 이러한 사실과 같은 맥락으로 이해할 수 있다.

백제 왕실 내부의 알력과 암투로 인한 도피, 추격과 토벌, 그러한 사태의 수습 등의 여러 이유로 인하여, 백제의 왕족들이 이전보다 훨씬 빈번하게 도왜하였던 것이 아닐까? 꼭 642년이 아니라 하더라도 7세기 전반에 일어난 사건인 것은 분명하다고 생각된다.

이렇게 본다면 백제의 정가 일족은 풍랑에 떠밀려 규슈의 남쪽 산골인 신문 일대에 표착한 것이 아니라, 백제에 있는 반대 세력의 눈을 피하기 위하여 일부러 멀리 떨어진 궁벽한 산촌을 선택하였을 것이다.

이 전설은 충분히 신빙성이 있고, 역사적 진실을 담고 있다고 생각된다. 그리고 여기서 생각해 볼 것은, 이 전설의 기록자가 효겸천황 시대의 일이라고 명기한 점이다.

기록자가 누구인지, 언제 기록한 것인지는 알 수가 없다. 그러나 기록자는 효겸의 시대가 백제가 멸망한 660년으로부터 거의 백년 가까운 세월이 지난 이후라는 사실을 몰랐을까? 그 사실을 진정으로 알지 못한 채, 효겸 시기에 백제 왕족 일행이 건너왔다고 적었을까?

한문으로 이 전승을 기록할 정도의 학식을 가진 인물이 백제 멸망이라는 중요한 역사적 사실이 언제 일어난 일인지를 몰랐다고 보기는 어렵다. 그는 백제 왕족이 멸망 이전에 건너간 것을 잘 알고 있었음에도, 왜가 백제의 속국이었다는 사실을 숨기기 위하여 일부러 효겸 시절로 적었다고 추정하는 것이 합리적일 것이다.

멸망 이전에 백제 왕족들이 왜국으로 피신하고 추격하는 등 큰 소동을 일으킨 것이라면 그것은 이상하다. 즉 『일본서기』에 의하면 백제는 왜의 속국이므로 그런 일이 일어날 수는 없다. 만일 사실을 그대로 밝힌다면 왜가 백제의 속국이었다는 사실이 밝혀질 우려가 있다. 그러한 이유로 기록자는 의도적으로 이 전설을 효겸의 시대로 끌어내린 것이라고 생각된다.

이렇게 본다면 앞서 본 임성왕자도 왕실 내부의 권력투쟁에서 패배한 결과 현실에 환멸을 느낀 나머지, 왜국으로 건너가 새로운 삶을 개척한 것이 아닐까?

6. 백제 멸망 시 왜국의 이변과 백제 구원정책

1) 백제 멸망 직전 백제에서의 이변

백제는 의자왕 20년(660년) 나당연합군의 공격으로 멸망하고 말았다. 그런데 『삼국사기』를 보면, 그 무렵 백제 멸망의 전조인 기이한 이변이 여러 차례 있었다 한다.

『삼국사기』를 편찬한 김부식은 철두철미 유학자였다. 대부분의 유학자들이 그렇듯이, 그도 이른바 괴력난신을 극히 싫어하였다. 따라서 『삼국사기』는 『삼국유사』와는 전혀 다르게 신비한 이상 현상이 극히 드물게 보이고 있다. 그런데 유독 백제 멸망 무렵에는 이런 현상이 무려 16회나 있었던 것으로 기록되어 있다. 이는 『삼국사기』 전편에서도 유일무이한 아주 특별한 사례라 하겠다. 몇 가지 예를 들어보자.

① 659년 2월, 여우 여러 마리가 궁중으로 들어갔다. 흰 여우 한 마리가 상좌평의 책상에 앉았다.

② 659년 5월, 수도 부여의 사비하에 큰 물고기가 나와 죽어있었다. 길이가 무려 세 발이나 되었다.

③ 659년 9월, 궁중의 느티나무가 울었다. 마치 사람의 곡성과 같았다. 밤에는 귀신이 궁성의 남쪽 길에서 울었다.

④ 660년 2월, 부여의 우물물이 핏빛으로 되었다. 사비하의 물이 핏빛으로 되었다.

⑤ 부여 사람들이 까닭 없이 놀라 달아났다. 마치 잡으러 오는 사람이라도 있는 듯하였다. 넘어져 죽은 자가 백여 명이나 되었고, 재물을 잃은 사람은 수도 없었다.

이런 신이한 현상이 실제 있었을까? 아마도 민중들 사이에 입에서 입으로 전해 내려온 전설이 아닌가 싶다. 어쨌든 김부식은 이런 전설, 설화를 버리지 않고 최대한 기록하여 둔 것을 알 수 있다.

그런데 고구려나 신라의 멸망 시에는 이런 신비한 전조현상이 보이지 않는다. 백제 멸망 시에는 무려 16건이나 되는 이상 현상이 발생하였음에도, 어찌하여 고구려나 신라 멸망 시에는 보이지 아니할까? 필자로서는 해결할 수 없는 수수께끼이다.

그런데 백제 멸망의 전조인 이상 현상이 『일본서기』에도 여러 건 기록되어 있다. 항을 바꾸어 자세히 살펴보자.

2) 백제 멸망 직전 왜국에서의 이변

『일본서기』에 의하면 백제는 왜의 속국이었다. 속국이 적국의 공격으로 멸망한 것은 안타까운 일일 것이다. 그러나 그것이 나라의 운명과 직결되는 대단한 사건이라고는 할 수 없다. 따라서 속국 멸망의 전조가 되는 신이한 현상이 종주국에서 여러 차례 일어났다는 것은 전혀 상상하기 어렵다.

그런데 멸망한 것이 속국이 아니라 종주국이라면, 그 전조현상이 속국에서도 일어날 수도 있을 것이다. 『일본서기』를 보자.

① 제명 원년(655년) 5월 1일, 허공에 용을 탄 사람이 있었다. 얼굴 모습이 당나라 사람과 흡사하였는데, 푸른 기름을 바른 갓을 썼다.

② 제명 4년(658년) 11월, 출운국 북해의 해안에 물고기가 죽어 쌓였다. 두께가 3척 가량으로 크기는 복어와 비슷하였다. 부리는 참새와 비슷하고, 비늘은 바늘과 같았다.　　　　　　　[출운국은 현재의 시마네현]

③ 제명 5년(659년), 출운국에서 신궁을 수리하였다. 여우가 일꾼이 가져온 자재용 칡을 물어뜯고 도망갔다. 또한 개가 죽은 사람의 팔을 물어다 신사에 두었다. 이는 <u>천자(天子)가 붕(朋)할 징조</u>이다.

④ 제명 6년(660년) 5월, 온 나라의 수많은 백성(擧國百姓)이 아무런 이유 없이 병기를 가지고는 도로를 왔다갔다 하였다. 늙은이가 말하기를 "백제가 나라를 잃을 모양인가?"라고 하였다.

⑤ 제명 6년 12월, 백제를 위하여 신라를 치려고 준하국에 명하여 배를 만들게 하였다. 다 만들어 끌고 왔는데, 밤중에 이유도 없이 이물과 고물이 거꾸로 되었다. 여러 사람이 전쟁에서 결국은 질 것이라 하였다.

　　　　　　　　　　　　　　　　　[준하국은 현재의 시즈오카현]

⑥ 그 무렵 과야국에서는 거대한 파리떼가 서쪽을 향하여 날아갔다. 크

기는 열 아름쯤이고, 높이는 하늘까지 닿았다. 어떤 사람은 구원군이 패할 징조인 괴변이라 하였다. 동요가 있었다.

[과야국은 현재의 군마현]

⑦ 제명 7년(661년) 7월 1일, 제명이 조창궁(朝倉宮)에서 죽었다. 8월 1일 저녁 조창산 위에 귀신이 있었다. 큰 갓을 쓰고 장례의식을 엿보고 있었다. 사람들이 이상하게 생각하였다.

[조창궁과 조창산은 현재의 후쿠오카현]

⑧ 천지 원년(662년) 4월, 쥐가 말의 꼬리에 새끼를 낳았다. 도현(道顯)스님이 점을 쳐서 말하기를 "북국(北國) 사람이 남국에 붙으려 한다. 고구려가 망하여 일본에 복속되려는가?"라 하였다.

[도현스님은 고구려에서 건너간 승려]

도합 8건의 신비로운 이상 현상이 기록되어 있다. 백제는 왜의 속국이었다. 속국 멸망의 전조현상이 종주국인 왜국에서 이렇듯 여러 건 일어난 것은 그야말로 미스터리가 아닐 수 없다.

그러나 『일본서기』의 이 기록 또한 전부 실제 있었던 일이라고는 보기 어렵다. 일부는 창작이고 일부는 실제 민중들 사이에서 전해내려 오던 전설이었다고 생각된다. ⑦항 제명 장례식의 귀신 운운은 제명이 가공의 왜왕이므로 이는 창작설화인 것이 명백하다.

그리고 앞서 본 『삼국사기』⑤항에 나오는 부여 사람들이 까닭없이 놀라 달아났다는 설화와 『일본서기』④항, 왜국 백성들이 이유 없이 무기를 들고 왔다갔다 하였다는 설화는 상당히 유사하다.

④항은 왜국 백성들이 백제의 안위를 진정으로 걱정하며 노심초사하였다는 의미이다. 종주국 왜의 백성이 속국의 안위를 그렇게 걱정하였다는 것은 전혀 상식에 맞지 않는다. 그러나 실제로는 왜가 속국이었다. 왜국

백성들이 모국의 안위를 진정으로 걱정하였다고 본다면, 전혀 이상한 일이 아니다.

③항 659년 출운국에서 있었다는 이변에 관하여 『일본서기』는 「이는 천자가 붕할 징조이다」라는 설명을 붙여놓았다. 「천자」는 원래 중국의 황제를 말한다. 그러나 백제 멸망의 전조가 되는 이상 현상을 설명하면서 천자가 붕할 징조라 하였으니, 이는 의자왕의 몰락을 의미한다고 보지 않을 수가 없다. 즉 의자왕을 「천자」라 호칭하였던 것이다. 왜국에서는 백제의 대왕을 「천자」라 부르기도 하였던 모양이다.

3) 왜국에서 이변이 일어난 이유

이런 여러 이변과 관련하여 생각나는 것은 『일본서기』 천지 2년(663년) 9월조에 나오는 왜국 지배층이던 백제인들의 비통한 탄식이다. 백제 부흥군의 마지막 거점이던 주류성이 드디어 함락당하였다.

> 「이때 나라 사람들이 서로 말했다.
> "주류성이 항복하였다. 어찌할 수가 없다. 백제라는 이름은 오늘로써 끊어졌다. 조상 묘소를 어찌 갔다 올 수 있겠는가(丘墓之所 豈能復往)?"」

모국 백제가 망한 것은 가슴 아픈 일이다. 참으로 통탄스러운 일은 이제 백제에 있는 조상의 묘소에 다녀올 수가 없게 되었다는 점이다.

『일본서기』는 왜국 지배층인 백제인들의 탄식을 일껏 잘 기록하여 놓고는, 이를 백제에 사는 백제인들의 그것인 양 처리하였다. 그러나 백제에 사는 백제인이라면 조상 묘소 참배는 전혀 문제 될 것이 없다. 신라군이라도 백제인의 조상 묘소 참배를 막지는 아니할 것이다.

"어찌 갔다 올 수 있겠는가(豈能復往)?"의 「갔다오다」라는 말은 왜국에서 바다 건너 멀리 백제에 다녀오는 것을 의미한다. 본고장의 백제인이 인근의 조상 묘소에 참배하고 오는 것을 뜻하는 말이 아니다. 다녀올 수 있는 길이 막히게 된 것은 왜국의 백제인에 국한된 일이다.

따라서 백제 멸망 이전까지는 왜국의 백제인들도 백제에 있는 조상 묘소 참배를 위하여 일상적으로 왕래하였다는 사실을 확인할 수 있다. 조상의 묘소 참배는 빠트릴 수 없는 의무라는 관념이 있었을 것이다.

또 한 가지 생각나는 것은, 12세기 일본에서 발간된 『부상약기(扶桑略記)』에 나오는 다음과 같은 대목이다. 최고의 권신 소아마자(蘇我馬子)가 왜국 최초의 절인 법흥사(法興寺, 후일의 비조사)를 창건하면서 절의 중심되는 기둥을 세우는 날, 성대한 의식을 거행하였다(번역은 재일교포 사학자 박종명(朴鍾鳴) 선생의 『奈良のなかの朝鮮(나라 가운데의 조선). 2000. 明石書店』 13쪽에 의함).

「…… 소아대신마자숙내 …… 아스카의 땅에 법흥사를 세웠다. 찰주를 세우던 날, 마자대신과 백여 명의 사람이 모두 백제옷을 입었다. 구경 하던 사람들도 모두 기뻐하였다」

법흥사는 비조사의 다른 이름이다. 이 뜻깊은 날, 소아마자를 위시하여 수많은 조정의 중신들이 참석하였던 모양이다. 그 사람들이 모두 백제 옷을 입었다 한다. 그들은 모두 백제인이었던 것이다.

구경하는 백성들도 구름처럼 모여들었다. 그들이 모두 기뻐하였다는 것은 그들 또한 백제인이었다는 의미이다. 아스카 인구의 대부분은 토착왜인이 아니라 백제인이었다는 또 하나의 방증이라 하겠다. 왜국의 수도 아스카의 백성들이 모국 백제의 안위에 대하여 예민하게 촉각을 곤두세우고 있었던 것은 오히려 당연한 일이라 할 것이다.

4) 질풍 같은 스피드로 진행된 백제구원군

왜국에서 백제 구원의 대군을 파병한 이유는 무엇인가? 상대는 당나라
와 신라의 연합군이다. 이 막강한 적과의 전투에서 승산은 거의 없다. 더
구나 적은 바다 건너 저 멀리에 있다. 이쪽은 전함을 타고 수개월의 장거
리 항해를 감내하여야 하지만, 적은 편안하게 기다리고 있다.

상식적으로 볼 때 속국 백제가 멸망하였다고 하여 전혀 승산 없는 싸움
에 대군을 보내어 국력을 소진할 이유가 없다. 왜국의 백제 구원군 파병에
관하여 간략하게 그 개요를 살펴보자.

① 660년 9월, 백제 멸망의 소식이 왜 조정에 전하여졌다.

② 10월, 백제부흥군에서 사신과 당의 포로 등을 보냈다.

   그러자 왜왕 제명이 백제에 구원군을 보내라는 조칙을 내렸다.

③ 12월 24일, 제명이 오사카의 난파궁로 갔다.

④ 661년 1월 6일, 제명이 탄 배가 처음으로 바닷길에 접어들었다.

⑤ 5월 9일, 제명이 현대의 후쿠오카에 도착하였다.

⑥ 7월, 제명이 죽었다.

   9월, 부여풍이 호위대 5천 병력을 이끌고 백제로 돌아갔다.

⑦ 662년 1월, 백제의 부흥군에게 화살 10만 개, 실 5백 근, 면 1천 근,

   베 1천 단, 다룬 가죽 1천 장, 씨나락 3천 석을 보냈다.

⑧ 3월, 백제 부흥군에게 베 3백 단을 보냈다.

⑨ 663년 3월, 백제구원군 본진 2만 7천 대군이 출진하였다.

우선 눈여겨볼 것은 660년 9월에 백제 멸망의 소식이 전하여졌는데, 바로 다음 달인 10월에 백제 구원의 조칙을 내렸다고 한 점이다. 나라의 명운을 좌우할 수도 있는 중요한 정책이 이토록 신속하게 결정된 점이 놀랍기만 하다.

그로부터 불과 두 달 뒤인 12월 24일, 왜왕 제명(실제로는 왜왕 부여풍)은 오사카 항구에 도착하였고, 불과 십수일 후에는 벌써 이들의 함대가 출항하였던 것이다. 그야말로 질풍 같은 스피드로 진행되었던 것을 알 수 있다.

적국의 공격으로 멸망해버린 속국을 구하는 일이 그렇게도 화급한 일이었단 말인가? 그 속국은 저 멀리 바다 건너에 있다. 조금의 손실은 있겠지만, 종주국인 왜의 입장에서는 그냥 내버려 두어도 별문제가 없는 일이다. 이러한 엄청난 스피드는 전혀 이해할 수가 없다.

그리고 ⑦항의 저 엄청난 보급물자를 보라. 이 물량만 하여도 대단한 것인데, 기록에 나오지 아니한 구원물자도 많았다고 생각된다. 이 엄청난 규모의 보급품을 백제까지 수송하기 위하여는 수송부대뿐만 아니라 호위부대, 그리고 수군 등 모두 합한 병력 규모도 상당하였을 것이다. 아마 수천 명은 되었을 것으로 추정된다. 멸망한 본국 백제를 구원하기 위하여, 왜국은 국력을 기울여 최대한의 지원을 아끼지 아니하였던 사정을 짐작할 수 있다.

그런데 『일본서기』를 보아도 어떤 과정을 거쳐 제명이 백제 구원의 조칙을 내렸는지 전혀 나오지 않는다. 중신들이 모여 회의를 하였다거나, 갑론을박이 벌어졌다는 등의 내용은 전혀 없다.

실제는 당시의 왜왕은 부여풍이었다. 과감한 성격의 그가 백제 구원의 단호한 결정을 내렸을 것이다. 신하들 또한 대부분 백제인이거나 그 후예들이었다. 모국 백제 구원이라는 대의명분에 그 누구도 반대하지 않았다고 생각된다. 그래서 왜국의 국력으로서는 힘에 부치는 여러 일들이 초스피드로 진행되었을 것이다.

그러나 결과는 백강구 전투의 대참패였다. 『일본서기』에는 이 전투에서 왜군의 인명손실이 어느 정도인지 나오지 않는다. 그러나 『삼국사기』를 보면, 나당연합군은 왜군과 네 번 싸워 모두 이겼다 한다. 전함 4백여 척을 불태우니 연기와 불꽃이 하늘마저 태웠고, 바다 또한 붉게 물들었다 하였다. 아마도 전멸에 가까운 대참패였다고 추정된다.

속국인 백제를 구원하기 위하여 엄청난 인원과 물자를 소모하였으나, 참혹한 대패전으로 끝났다. 이제는 오히려 나당연합군이 왜국 본토를 침공하여 올지도 모르는 상황에 내몰리고 말았다. 구원군을 보내지 않았다면 왜국이 공격당할 우려는 없었을 것이다.

따라서 "속국인 백제를 구원하기 위하여 엄청난 구원군을 보낸 결정이 과연 옳았을까?"라는 자성론과 책임론이 왜국 조정에서 불거지는 것이 당연한 일이다. 그러나 『일본서기』를 아무리 보아도, 왜 조정에서 그런 책임론과 같은 논의가 대두된 적은 없었다.

실제 백제는 왜의 모국이었다. 모국을 구원한다는 것은 너무도 당연한 대의였으므로, 그것이 실패하였다 하더라도 누구도 이의를 제기할 수 없는 상황이었을 것이다.

5) 당시의 왜왕은 부여풍

『일본서기』에 의하면, 위와 같이 엄청난 스피드로 백제구원군을 보낸 왜왕은 제명이었다 한다. 그런데 제명은 사망 나이가 68세 혹은 61세라 하였으므로, 이때 벌써 최소한 60은 되었을 것이다. 더구나 그는 남성이 아닌 여왕이다. 고령의 여왕이 이렇듯 번개 같은 스피드로 속국 백제를 구원하기 위하여 친히 출동하였다는 것은 전혀 상식과 맞지 않는다. 더구나 수개월에 걸친 장거리 항해의 고통을 감내하면서까지.

이런 일은 휘하의 용맹하고 혈기 왕성한 무장들에게 맡기면 된다. 왜왕은 수도 아스카의 궁전에서 지휘하여도 전혀 문제가 없다. 오히려 그것이 지극히 정상적인 일이다.

『일본서기』는 제명이 직접 머나먼 후쿠오카까지 간 것은 백제 부흥군의 우두머리인 「귀실복신의 애원에 따라서(隨福信所乞之意)」라 하였다. 그러나 이는 전혀 이해할 수 없는 일이다. 멸망한 속국 부흥군 측에서 종주국 왜왕에게, "수도 아스카를 떠나, 배를 타고 멀리 후쿠오카로 가서 진두지휘해 주세요"라고 감히 애원할 수가 있단 말인가?

그러나 당시의 왜왕이 제명이 아니라 부여풍이었다고 본다면, 모든 것이 이해가 되고도 남음이 있다. 백제구원군 측의 요청이 아니라, 부여풍 스스로 진두지휘하여 대군을 이끌고 나섰던 것이다. 그는 자신의 안위는 돌보지 않고 선두에 서서 "나를 따르라"라고 외치는 스타일의 지휘관이 었다고 생각된다. 또한 우물쭈물하지 않는 급한 성격의 소유자였을 것이다.

그런 부여풍으로서는 구원군을 한시라도 빨리 보내고 싶어 조급증이 났을 것이다. 오사카에서 후쿠오카로 가는 도중, 부여풍의 함대는 현재의 에히메현 니키타(熟田) 나루에 도착하여 숙영하면서 배가 출항할 수 있는 물때를 기다렸던 모양이다.

이때 부여풍이 지은 노래에 그의 성격이 잘 나타나 있다. 졸저 『천황가의 기원은 백제 부여씨』에서 자세히 보았으므로(241쪽), 여기서는 간략하게 살펴보자.

「니키타 나루에서 배 타려고 달 기다렸더니,

물때도 맞았네, 이제는 노 저어 나가자꾸나!」

이 노래는 만엽집 4천 5백여 수의 가요 중에서도 손꼽히는 명시이다. 일본의 고등학교 교과서에도 자주 등장하여, 인구에 널리 회자되고 있다. 필자가 개인적으로 가장 좋아하는 만엽가이기도 하다.

그런데 일본 사람들은 이 노래가 왜왕 제명이 세상을 떠난 남편 서명과의 추억을 회상하면서 지은 애상의 시로 알고 있다. 그러나 보라! 어느 구석에 애상이 있는가? 힘찬 진군가인 것이 분명하다.

아마도 물때가 맞지 않아 며칠 기다렸던 모양이다. 급한 성격의 부여풍으로서는 조급증이 일었을 것이다. 드디어 고대하던 달이 뜨고 물때가 왔다.

「자, 이제 힘차게 노 저어
 우리의 모국 백제로 나아가자꾸나!
 적을 무찌르고 짓밟힌 조국을 되찾자꾸나!」

부여풍은 661년 5월 후쿠오카에 도착하였고, 약 4개월의 준비 끝에 9월에 5천 병력을 이끌고 백제로 출발하였다. 본진 2만 7천 병력이 663년 3월 출진한 것에 비하여 1년 6개월이나 먼저 출발한 것이다.

급한 성격의 그로서는, 후쿠오카에서 전쟁 준비를 하는 것은 아들인 중대형에게 맡겨도 별문제가 없지만, 백제에서 부흥군을 지휘하는 것은 자신이 아니면 안 된다고 판단하였던 모양이다. 최소한의 준비가 갖추어지자 서둘러 백제로 돌아간 것이다.

후일 2만7천여 구원군 본진이 백강 입구에 도착하자, 부여에서 기다리던 그는 왜군의 전함에 직접 올라 진두지휘한 바 있다. 아마도 적의 눈을 피하기 위하여, 야음을 틈타 작은 배로 몰래 접근하여 올라타지 않았을까? 그의 과감하고 솔선수범하는 성격을 잘 말하여 주는 장면이다. 가장 위험한 순간에 앞장서서 진두지휘하는 과감한 리더십의 소유자였던 것이다.

3장 ————
왜왕 무(武)와
상표문

  중국의 사서 『송서』「왜국전」에 의하면, 478년 왜왕 무(武)가 송에 사신을 보내어 표문을 올렸다. 이 표문에는 당시의 왜국 사정과 백제와의 관계 등에 관한 중요한 정보가 담겨 있다. 『일본서기』나 『고사기』에는 전혀 보이지 않는 왜국사의 원풍경을 들여다볼 수 있다.

  한편 이에 앞서 472년, 백제의 개로왕은 처음으로 북위에 사신을 보내어 표문을 보냈다. 고구려의 남침에 대한 대비에 부심하던 개로왕은 북위와 대고구려 연합전선을 형성할 것을 기대하였던 것이다. 그리하여 북위가 고구려를 공격하면, 자신도 이에 호응하여 고구려를 치겠다고 언명하였다.

  그런데 개로왕보다 6년 후에 보낸 왜왕 무의 상표문도 개로왕과 전혀 다를 바 없다. 즉 무는 고구려에 대한 극심한 적개심을 나타내면서, 송 황제에게 고구려를 공격하여 줄 것을 강하게 요청하였던 것이다. 개로왕이나 무가 상표문을 올린 목적은 완벽하게 일치하였다. 이 점을 어떻게 보아야 할까?

왜왕 무가 상표문을 보낸 478년은 『일본서기』의 기년으로 웅략 22년에 해당한다. 그런데 『일본서기』에는 송에 사신을 보냈다거나, 상표문을 올렸다는 기사는 전혀 보이지 않는다. 중국의 여러 사서에 의하면, 413년부터 478년까지 65년의 세월 동안 최소한 5명의 왜왕이 여러 차례 사신을 파견하여 조공하였던 사실이 기록되어 있다. 그러나 『일본서기』에는 단 한 번도 이러한 사실이 나와있지 않다.

그리고 중국으로부터 왜왕 찬은 안동장군, 제는 안동대장군, 무는 정동대장군이라는 고위 장군호를 하사받았다. 이는 국제사회의 정식 멤버로서 인가를 받았다는 의미가 되니, 크게 자랑할만한 일이다.

무령왕릉에서 나온 묘지에도 「영동대장군 백제 사마왕」이라고 적혀 있다. 묘지에 이 장군호가 적혀있는 것은 백제 왕실에서 이를 큰 자랑으로 여겼다는 증거이다.

만일 『일본서기』의 저자가 진실된 역사를 기록하기로 마음먹었다면, 왜왕들의 이러한 조공과 자랑스런 장군호를 깡그리 누락하지는 아니하였을 것이다. 『일본서기』가 진실된 역사를 기록한 역사서가 아니라 창작설화집이라는 사실을 여기서도 확인할 수 있다.

우선 왜왕 무가 송의 순제에게 바친 상표문을 살펴보기로 하자. 이 상표문을 통하여 왜국 고대사의 수많은 숨은 진실을 찾아볼 수 있다. 원문과 번역은 주로 『倭國傳(왜국전). 藤堂明保 외. 1993. 學習硏究社』에 의하였다.

1. 상표문

「封國偏遠　作藩于外　自昔祖禰　躬擐甲冑　跋涉山川　不遑寧處
신의 나라는 구석지고 먼 곳에 있으나, 해외의 번국이 되었습니다.
조부와 부친의 시대부터 몸소 갑옷과 투구를 둘러쓰고 산을 넘고
강을 건넜기에, 편히 쉴 틈이 없었습니다」

왜왕 무는 왜국이 중국에서 멀리 떨어져 있으나, 중국의 병풍 같은 번국
이 되었다는 말로 시작하고 있다. 이어서 조부와 부친의 시대부터 자신의
시대에 이르기까지, 역대 왜왕들이 군대를 진두지휘하여 수많은 전투를
치러냈다는 사실을 말하였다.

이 기사대로라면 왜왕 무의 조부 시대부터 왜왕들의 편한 날 없는 분주
한 전쟁이 장기간 계속되었던 것이 된다. 무슨 전쟁인데 이렇듯 오랫동안
계속되었을까? 왜국의 통일전쟁이었다고 볼 수밖에 없다.

소국분립의 시대가 아직도 종식되지 않았던 모양이다. 「산을 넘고 강을
건넜습니다」라는 표현에서 왜왕들의 전투가 능동적이고 적극적인 공격작
전이었다는 것을 알 수 있다. 멀리 있는 적국을, 산을 넘고 강을 건너 찾아
가 공격하는 전투였던 모양이다.

그러나 뒤에서 보다시피 이 상표문은 전체가 혹심한 과장과 기만으로
일관하고 있으므로, 이 기사도 전부를 그대로 신뢰할 수는 없다. 소국분립
의 시대라 통일전쟁이 있었던 것은 사실이겠지만, 그것이 과연 왜왕 무의
조부 시대부터 있었던 것인지는 확실하지 않다.

「東征毛人五十五國　西服衆夷六十六國　度平海北九十五國
동쪽으로 모인(毛人) 55국을 정벌하고, 서쪽으로는 여러 오랑캐 66국을

복속시켰으며, 북쪽 바다 건너 95국을 평정하였습니다」

모두 합하면 216국을 정벌, 복속, 평정한 것이 된다. 일본의 통설은 북쪽
바다 건너 95국은 한국에 있었다고 보고 있다. 그렇다면 왜지의 121국, 한
국의 95국을 정복하였다는 것인데, 이것이 사실인가? 사실이라면 정말 대
단한 업적이 아닐 수 없다.

그러나 결론부터 말한다면 이는 사실이 아니다. 왜국의 사정을 알지 못
하는 송 황제를 의도적으로 기망하고, 혹은 극심하게 과장한 대목이다. 그
렇다면 무슨 이유로 송 황제를 기망하고 또한 과장하였을까?

이 상표문의 근본 목적은 송으로 하여금 고구려를 공격하여 달라는 부
탁이다. 송이 고구려를 공격하면 왜도 그에 호응하여 같이 칠 테니, 부디
고구려를 공격하여 달라는 취지인 것이다. 송의 고구려 공격을 이끌어내
기 위하여 왜왕 무는 왜국이 대단한 국력과 군사력을 가진 양, 엄청난 과
장과 아울러 의도적인 거짓말을 교묘하게 구사하였던 것을 알 수 있다.

이 상표문을 일관하는 키워드는 「기망과 과장」이다. 이 점에 관하여 뒤
에서 자세하게 검토하여 보자.

「王道融泰 廓土遐畿 累葉祖宗 不愆於世 臣雖下愚 忝胤先緒 驅率所統
왕도는 융성하여 태평하고, 영토의 외곽은 수도에서 멀어졌습니다. 대대
로 황제를 우르며 시절을 어긴 적이 없었습니다. 신은 비록 어리석지
만 황송스럽게도 선대를 이어 나라를 평안하게 통솔하고 있습니다」

역대 왜왕들이 이곳저곳을 정벌한 결과, 나라가 태평하게 되었다 한다.
앞서 본 모인 55국, 서쪽 오랑캐 66국, 북쪽 바다 건너 95국은 혹심한 과장
혹은 완벽한 기망이지만, 통일전쟁의 상당한 성과가 있었던 것은 사실일

것이다.

「영토의 외곽이 수도에서 멀어졌습니다」라는 대목은 시적인 표현이다. 영토가 멀리까지 확장된 결과 영토의 외곽, 즉 국경이 수도에서 멀어졌다는 의미가 된다.

「歸崇天極　道遙百濟　裝治船舫

(중국의) 황제를 받들어 모시려 하는데 백제로 가는 길은 멀어,

큰 배를 잘 정비하여야 합니다」

이 대목도 중요하다. 중국 황제를 받들어 모시기 위하여는 우선 백제로 가야 하는데, 그 길이 멀어 큰 배를 잘 정비하여야 한다고 하였다. 왜 여기서 백제가 나올까?

일본의 통설은 이 '道遙百濟(도요백제)'라는 구절을 '백제를 경유하여'라고 해석하고 있다. 그러나 '요(遙)'라는 한자는 멀다 혹은 아득하다는 의미일 뿐, 경유하다는 뜻이 아니다.

또한 일본 통설처럼 해석하면, 뒤에 이어지는 '큰 배를 잘 정비하여야 합니다'라는 구절과 연결이 쉽지 않다. 큰 배를 잘 정비하여야 하는 이유는 백제를 거쳐서 가야 하기 때문이 아니다. 백제로 가는 길이 멀기 때문이다. 백제까지 가는 길이 멀기 때문에 큰 배를 잘 정비하여야 한다는 의미인 것이 분명하다.

그런데 일본의 통설에 의하더라도 왜국 사신은 백제를 거쳐 중국으로 간 것이 된다. 무슨 이유로 중국으로 바로 가지 않고 백제를 경유하였을까? 백제와 모든 것을 조율하고, 지시를 듣기 위해서일 것이다. 바로 이 상표문도 왜 사신단이 백제에 기항하였을 때, 백제의 문장가가 작성하여 준 것으로 보인다. 뒤에서 자세히 보기로 하자.

「而句麗無道　圖欲見呑　掠抄邊隷　虔劉不已　每致稽滯　以失良風　雖曰進路　或通或不

그러나 고구려가 무도하여 집어삼키려 합니다. 변방을 침범하여 약탈하고, 살육을 멈추지 아니합니다. 매번 가는 길이(고구려 때문에) 막혀 (중국에 조공하는) 좋은 풍습을 잃었습니다. 비록 나아갈 길은 있으나, 혹은 통하기도 하고 혹은 통하지 아니합니다」

고구려가 왜국을 집어삼키려 하여, 변방을 침략하고 약탈과 살육을 멈추지 아니한다 하였다. 이 무슨 소리인가? 『일본서기』를 보면 고구려가 왜를 침공한 사실은 단 한 번도 나오지 않는다. 이와 반대로 왜가 고구려를 공격하였다는 창작기사가 보일 뿐이다. 고구려가 바다 건너 멀리 떨어진 왜를 집어삼키려 하였다는 것은 상상하기 어렵다.

그래서 일본의 통설은 고구려가 집어삼키려 한 대상을 왜가 아닌 백제로 보고 있다. 그러나 이는 사실을 호도하려는 잘못된 주장이다. 왜냐하면 왜가 중국에 보내는 상표문에서, 왜와 아무 관계도 없는 백제가 침략당한 사실을 적어 보냈다고는 생각되지 않기 때문이다.

그리고 왜가 이 상표문을 보낸 근본 목적이 송에게 고구려를 공격하여 달라는 요청이라는 점을 상기하여 보자. 고구려가 백제의 변방을 공격한다는 이유로, 왜가 송에게 고구려를 공격하여 달라고 부탁할 수는 없는 노릇이다. 자국이 아닌 남의 나라 일로 황제에게 이런 부탁을 한다는 것은 상상조차 할 수 없는 일이다.

그렇게 본다면 실제는 고구려가 왜를 공격한 적은 없었음에도, 이 상표문에는 마치 고구려가 왜를 침공하여 약탈과 살육을 일삼은 듯이 되어있다. 무슨 이유인가? 이 역시 기망, 즉 송 황제를 속이려는 의도일 것이다.

「우리 왜국은 고구려를 치려 한다. 고구려는 왜를 삼키려하고, 왜의 변방을 약탈하며 살육을 일삼는 불의의 무리이기 때문이다」

송 황제에게 고구려를 공격하여 달라는 부탁을 하기 위하여, 그 전제로서 고구려가 왜에게 무도한 행위를 일삼았다는 사실을 강조하는 구조이다.

「臣亡考濟　實忿寇仇　壅塞天路　控弦百萬　義聲感激
신의 죽은 아비 제(濟)는 고구려가 천자에게 가는 길을 가로막은 것을
실로 분하게 여겨, 백만 명이 활을 당기는 의로운 소리에 감격하였습니다」

왜왕 무는 부왕 제가 고구려에 대하여 실로 분하게 생각하였던 사실을 말하였다. 고구려가 왜의 변경을 침공하여 약탈하였을 뿐만 아니라, 왜가 중국으로 가는 길을 막았기 때문이라 하였다. 그래서 고구려를 공격하기 위하여, 크게 군사를 일으키려 결심하였다는 것이다.

왜가 고구려와 전쟁을 결심한 것은 사실일 것이다. 그러나 상표문에 나오는 두 가지 이유 때문이라고는 전혀 상상하기 어렵다. 그러면 무슨 이유인가? 바로 고구려가 백제를 침공하여 엄청난 피해를 입혔던 역사적 사건 때문일 것이다.

상표문을 보내기 3년 전인 475년, 백제는 고구려군의 기습공격으로 수도 한성이 함락당하고 개로왕이 패사하였던 일대 패전이 있었다. 그리하여 머나먼 남쪽 웅진으로 옮겨갈 수밖에 없었다. 『일본서기』를 보면 「왕과 대후, 왕자 등 모두 적의 손에 죽었다」라 하였다.

왜국의 고구려에 대한 깊고 깊은 원한은 바로 이 사건 때문일 것이다. 백제는 왜의 모국이다. 그러나 상표문은 이를 철저히 숨기고, 고구려의 왜국 침공과 사신 막은 이유를 내세웠다.

여기서 또 한 가지 주목할 것은 「백만 명이 활을 당겼다」라는 대목이다. 마치 왜가 백만 대군을 보유하고 있는 듯 암시한 대목이다. 그러면 과

연 당시 왜국은 백만 대군을 보유하고 있었을까? 전혀 불가능한 이야기이며 심한 과장이다. 앞서 「동쪽 모인(毛人) 55국, 서쪽 오랑캐 66국, 북쪽 바다 건너 95국을 정복하였습니다」라고 기망, 혹은 심하게 과장한 것과 같은 맥락이다.

이 상표문을 관류하는 두 키워드가 「기망과 과장」이라는 사실을 다시 한번 확인할 수 있다. 『송서』 등 중국의 사서에 의하면, 5세기에는 일방적으로 왜국에서 중국으로 사신을 여러 차례 보내었으나, 중국에서 왜로 사신을 보낸 적은 단 한 번도 없었다.

따라서 중국 사람들이 얻을 수 있는 왜에 대한 정보는 일방적으로 왜 사신의 진술에 의존할 수밖에 없었다. 그리하여 왜 측에서는 중국이 자신들을 전혀 모르는 상태이니, 아무리 과장과 기망을 일삼아도 그들이 진실을 알 수는 없을 것이라고 생각하였을 것이다.

> 「方欲大擧　奄喪父兄　使垂成之功　不獲一簣　居在諒闇　不動兵甲
>   是以偃息未捷

바야흐로 크게 군사를 일으키려 하였으나, 갑자기 아버지와 형을 잃어 (상을 당하여) 이룬 공이 한 삼태기도 되지 아니합니다.
신은 빈소에 있었기에 군사를 움직이지 못하였고, 그래서 그들을 무찌르지 못하였습니다」

상표문에서 왜왕 무는 「갑자기 부친과 형의 상을 당하여」 군사를 움직이지 못한다고 하였다. 「갑자기」 부친과 형의 상을 당하였다는데, 과연 부친과 형이 「동시에 그리고 갑자기」 죽었단 말인가?

『송서』에 의하면 왜왕 무의 부친은 제(濟)이고, 형은 흥(興)이다. 대명 6년(462년)조는

「제가 죽고, 세자인 흥이 사신을 보내어 조공을 바쳤다」

라 하였다. 뒤를 이은 승명 원년(477년)조를 보면

「흥이 죽고, 아우인 무가 즉위하였다」

라 하였다. 따라서 무의 부친인 제와 형인 흥은 십수 년의 시차를 두고 순차로 죽었지, 동시에 죽은 것이 아니다.

따라서 상표문의 「갑자기 아버지와 형의 상을 당하여」라는 이 구절은 전혀 이해가 가지 않는다. 이 대목 또한 기망인가?

의도적인 기망이 아니라, 실은 왜왕 무의 부친은 제가 아니라고 보는 것이 합당할 것이다. 실제 무의 부친이 제이고 형이 흥이라면, 이 두 사람이 동시에 죽을 수는 없다. 있을 수 없는 일이다. 그렇지만 무의 부친과 형은 실제로 동시에 죽었을 것이다. 그래서 무는 삼년상을 치렀던 사실을 상표문에 기록하였을 것이다.

또 한 가지 주목할 점은 왜왕 무가 「갑자기」 부친과 형을 잃었다(상을 당하였다)라고 한 점이다. 이 말은 부친과 형이 자연사한 것이 아니라는 사실을, 에둘러 표현한 것이 분명하다. 전쟁에서의 전사, 반란군에 의한 시해 등의 엄청난 변란이 아니라면 있을 수 없는 일이다. 이 여러 의문에 관하여 뒤에서 자세히 살펴보자(119쪽).

상표문에서 왜왕 무는 백만대군을 보유하여 능히 고구려를 정벌할 수 있지만, 상으로 인하여 어쩔 수 없이 중지한 척 중국 황제를 속이려 하였던 것을 알 수 있다. 심한 과장이며 기망이다.

「至今欲練甲治兵　申父兄之志　義士虎賁　文武效功　白刃交前

亦所不顧，若以帝德覆載　摧此强敵　克靖方難　無替前功

이제(상도 끝나) 무기를 연마하고 병사를 단련하여, 부친과 형의 의지를 펼치려 합니다. 의로운 군사들은 호랑이처럼 용맹하고, 문관과 무관 모두 공을 세우려 애쓰며, 눈앞에 흰 칼날이 번득이더라도 물러나지 않으려 합니다.

만일 황제의 덕을 입는다면, 이 강적을 꺾고 큰 어려움을 극복하여 앞서의 공을 바꾸지 않을 것입니다」

고구려 정벌에 대한 강력한 의지를 표명하고 있다. 문맥상으로 이제 상이 끝났으니 군대를 일으키겠다는 의미이다.

「황제의 덕을 입는다면」이라는 구절은 「황제가 고구려를 공격하여 무찔러주면」이라는 의미이다. 중국이 고구려를 공격하면 자신은 잘 훈련되고 용맹한 백만대군으로 호응하여, 고구려를 치겠다는 의지를 표명한 것이다. 상표문의 근본 목적이 바로 이 구절에 드러나 있다.

일본 역사학에서는 왜가 송에 조공한 목적을 여러 가지로 해석한다. 국내적으로 왜왕 권위의 확립, 대외적으로 한국 여러 나라에 대한 우위의 확보 등을 이유로 들고 있다. 그러나 이는 그들의 머릿속에만 있는 이유일 뿐, 사실과는 거리가 멀다.

상표문에 드러난 바로는 오직 하나. 「고구려에 대한 공격 요청」, 그것이 유일한 이유이다. 그런데 이는 왜국과는 아무런 관련이 없다. 오직 백제의 안위와 절실하게 관계될 뿐이다. 왜의 조공은 독자적으로 추진된 것이 아니라 백제의 지시에 의한 것임을 유추할 수 있다.

「竊自假開府儀同三司　其餘咸各假受　以勸忠節
신이 임시로 스스로를 개부의 동삼사라는 관직으로 제수하였고, 나머지에게도 임시로 관직을 부여하여 충절을 권하도록 하였습니다」

왜왕 무는 자신과 신하들에게 임시로 관직을 부여하니, 정식으로 승인하여 달라고 요청하고 있다. 여기서의 '삼사(三司)'는 삼공(三公)과 같은 의미이다.

「詔除武　使持節都督　倭新羅任那加羅秦韓慕韓　六國諸軍事　安東
　大將軍　倭王
황제가 무를 사지절도독, 왜, 신라, 임나, 가라, 진한, 모한, 육국제군사, 안동대장군 왜왕으로 제수하였다」

왜왕 무는 송의 순제로부터 길고도 긴 관직을 부여받았는데, 이에 관하여는 뒤에서 살펴보자. 이 상표문에는 여러 가지 의문이 많다. 이에 관하여 차례로 살펴보자.

2. 왜왕 정복의 허구성

1) 동쪽으로 모인 55국을 정벌하였을까?

상표문에는 왜왕이 「동쪽으로 모인(毛人) 55국을 정벌하였습니다」라 하였다. 이것이 과연 사실일까?

'모인'은 털이 많은 사람을 뜻한다. 현대 아이누인의 선조로서, 『일본서기』에서는 이들을 '에미시(遐夷)'라 불렀다. 기원전 4~5세기경 한국 남부지방 사람들이 집단도왜하기 이전까지 일본열도의 주인이고 원주민이라 할 수 있다. 이들은 문명의 혜택을 입지 못하여, 이 무렵 한국인들이 집단도 왜하기 이전에는 수렵과 채집 단계에 머물러 있었다.

따라서 이들은 고대에서부터 현대에 이르기까지 단 하나의 국가도 세운 바가 없었다. 그런데 모인 55국(國)은 무엇인가? 상표문은 마치 모인이 세운 수많은 국가가 존재하였는데, 왜왕이 그중 55개 국가를 정복한 양 기술하였다. 역사적 진실과는 전혀 거리가 멀다. 이는 송 황제를 속이려는 기망의 의도로밖에는 볼 수가 없다.

그런데 모인 55개 '국가'는 아니더라도, 그들이 살던 수십 개의 '마을'을 점령한 사실을 침소봉대하였을까? 그럴 가능성도 없다. 당시 하이는 본섬의 최북단인 현대의 아오모리현 일원과 북해도에 있었다.

당시 기내 즉 현대의 오사카 혹은 나라 언저리에 있었던 왜왕 무가, 그렇게 멀리 군대를 보내어 모인을 정벌한다는 것은 상상하기 어려운 일이다. 당시는 소국분립의 시대라, 현대의 관동지방에도 여러 독립국이 존재하고 있었기 때문이다.

결국 「동쪽으로 모인의 나라 55국을 정벌하였습니다」라는 구절은 과장이 아니라, 송 황제를 속이는 완벽한 기망인 것이 분명하다.

2) 한국의 95국을 평정하였을까?

왜왕 무는 상표문에서 「바다 건너 북쪽 95개국을 평정하였습니다(度平海北九十五國)」라 하였다. 왜국에서 바다 건너 북쪽에 있는 나라라면 상식적으로 한국이다. 그래서 일본 사학자들은 이 구절을 아주 사랑한다. 이 시대를 다룬 여러 저서나 논문에, 약방의 감초처럼 빠짐없이 등장하고 있다.

아마도 젊은 일본 사학도들은 이 구절에서 피가 뛰었을 것이다. "과연 우리 조상들이 고대에 한국에 출병하여 수많은 나라를 정복하고 식민지로 만들었구나! 『송서』에 이렇게 적혀 있으니, 이는 움직일 수 없는 진실이구나"라고 생각하였을 것이다.

지금도 일본의 통설은 이 바다 북쪽 95국을 한국이라고 보고 있다. 다만 95국이라는 표현은 약간의 과장이 섞였다 한다. 과거 임나일본부설의 중요한 근거 중의 하나가 바로 이 대목이었다. 그러면 왜는 한국의 95개까지는 아니라 할지라도 여러 국가를 평정하였단 말인가?

왜왕 무가 상표문을 올린 478년 당시 백제는 삼근왕 2년이었고, 신라는 자비마립간 21년이었다. 금관가야는 이미 강성하던 세력을 잃고 약소국이 되었으나, 대가야가 번성하였다. 또한 아라가야와 소가야 등은 상당한 강국으로 건재하고 있었다. 그 외 실체가 분명치 아니한 가야의 몇 개 나라, 영산강 세력 등을 모두 합쳐도 10개 미만이었다.

상표문이 사실이라면 한국에는 도합 1백수십 개의 국가가 있었는데, 그 중에서 95국을 왜가 정복하였다는 의미일 것이다. 따라서 95국을 한국에 있는 국가라 한다면, 이는 송의 황제를 기망하는 수작이다.

앞서 송 황제가 왜왕 무를 왜, 신라, 임나, 가라, 진한, 모한, 육국제군사로 제수한 것을 보았다. 한국의 5개 나라가 보일 뿐이다. 백제를 포함하여도 6개 국가이다. 송 측에서도 한국의 실정에 관하여는 상당히 정확한 정보를 가지고 있었던 것이다. 따라서 왜가 한국의 95국을 정복하였다고 거짓말하여도, 송 황제가 속을 가능성은 없다. 금방 들통날 거짓말을 상표문에 적을 수는 없을 것이다.

이렇게 본다면 왜왕 무는, 배를 타고 왜지 북쪽으로 가서 몇 개의 소국을 정복한 사실을 이렇게 과장하였다고 생각된다.

한편 송 황제는 왜지 사정에 대하여는 거의 아는 것이 없다. 따라서 왜 쪽의 사정에 관하여는 마음껏 거짓말하여도 무방하다고 생각하였던 모양이다. 55국, 95국, 66국은 이런 의도에서 나온 숫자일 것이다.

결론적으로 95국은 한국이 아니라 왜지에 있었던 것으로 볼 수밖에 없다. 왜지라 하더라도 95국은 너무도 심한 과장이다.

요즘 일본의 통설은 임나일본부설은 부정하면서도, 『송서』의 이 대목은 내심 흐뭇한 마음으로 긍정하고 있다. 왜가 우위에 있었다는 근거로 삼는데, 문제는 한국의 대다수 학자들도 이에는 별다른 이의를 제기하지 않고 있다는 사실이다.

3) 서쪽 오랑캐 66국을 복속시켰을까?

상표문은 「서쪽의 여러 오랑캐 66국을 복속시켰습니다」라 하였다. 이것은 사실일까?

서쪽에 있는 여러 오랑캐라 하였으니 현재의 서일본, 즉 규슈 일원에 있던 소국들을 의미할 것이다. 당시 기내의 왜왕은 규슈 일원마저도 완벽하게 수중에 넣지 못한 상태였던 것이 분명하다.

『송서』에 나오는 왜왕 진이 보낸 표문(438년)을 보면, 왜수 등 13명의 신하에 대하여 장군호를 내려줄 것을 요청한 바 있다. 그중의 하나가 「평서장군(平西將軍)」인데, 한자의 의미 그대로 '서쪽을 평정'하는 임무를 맡은 장군이다. 이 서쪽이 현대의 규슈 지역을 의미한다는 것은 일본의 통설이다. 이 무렵에는 규슈마저도 완전하게 장악하지 못하였다는 증거이다.

규슈에조차 수많은 독립왕국이 존재하고 있던 시기에, 바다 건너 한국의 95국을 평정하였다는 것은 더더욱 상식에 맞지 않는 거짓말이다.

그런데 과연 규슈 일대에 66의 소국이 있었던 것은 사실일까? 정복한 것이 66국이니, 아직 복속시키지 못한 소국도 여럿 있었을 것이다. 그렇다면 상표문의 시기인 478년을 전후한 무렵, 최소한 100여 개 정도의 소국이 규슈 일원에 존재하고 있었다는 의미가 된다. 전혀 사실과 부합하지 않는다.

규슈 일원 몇 개의 소국을 정복하였을 가능성은 있지만, 66국은 지나친 과장이다. 왜국의 사정을 전혀 모르는 송 황제를 속이려는 기망의 수작인 것이 분명하다.

3. 왜 5왕은 『일본서기』의 왜왕일까?

1) 왜왕 무는 웅략인가?

일본에서는 왜왕 무가 『일본서기』의 왜왕 웅략이라고 믿어 의심치 않고 있다. 그리고 이나리야마 고분의 철검에 새겨진 확가다지로(獲加多支鹵) 대왕, 역시 웅략으로 보는 것이 통설이다. 그리하여 「무=웅략=확가다지로」, 이 등식은 일본 사학계에서 물리학의 공식처럼 확고부동한 위치를 차지하고 있다.

그러나 무는 실존 인물이고 왜왕 웅략은 창작된 허구의 인물이므로, 동일 인물일 가능성은 전혀 없다.

『일본서기』에 의하면 웅략은 417년 출생하여 479년, 62세에 죽었다. 그렇다면 상표문을 올린 478년은 웅략이 61세가 되는 해이다.

그런데 『고사기』는 웅략이 기사년, 124세의 나이로 죽었다 한다. 이 기사년은 489년이다. 따라서 상표문의 시기인 478년은 113세가 된다. 상표문에서 왜왕 무는 「갑자기 부친과 형의 상을 당하여 고구려 공격을 부득이 중지하였다」라고 분명히 말하고 있다.

『일본서기』에 의하면 61세, 『고사기』로는 113세의 웅략이 부친과 형을 동시에 잃었다는 것인데, 이것을 믿을 수 있을까? 평균수명이 대폭 늘어난 현대인이라 하더라도, 이런 정도 고령의 사람이 부친과 형을 동시에 잃는다는 것은 상상하기 어려운 일이다.

뿐만 아니다. 『일본서기』에는 웅략의 부친 윤공은 453년에, 웅략의 형인 안강은 456년에, 각각 죽은 것으로 되어있다. 즉 3년의 시차를 두고 순차로 죽었지 동시에 죽은 것이 아니다.

한편 위에서 보듯 윤공과 안강이 죽은 것은 상표문을 보낸 478년으로부터 이십수 년 이전의 일이다. 왜왕 무가 갑자기 부친과 형의 상을 입어 군대를 움직이지 못하였다는 이유를 댈 수 있는 시기가 아니다.

또한 윤공과 안강은 둘 다 왜왕이었다. 그런데 어찌 두 왕이 동시에 죽을 수 있을까? 같은 시기에 두 사람의 왜왕이 존재하였단 말인가?

왜 5왕은 실존 인물이지만, 『일본서기』에 나오는 왜왕들은 창작된 가공 인물들이다. 무리하게 억지로 비정하다 보니 어처구니없는 일들이 벌어지게 되는 것이다. 『송서』의 왜 5왕과 『일본서기』의 왜왕들을 비교하여 보자.

① 『송서』 : 왜왕 찬이 421년과 425년, 2회 조공.

　『일본서기』 : 웅략의 부왕 윤공의 재위기간(412~453년) 중.

② 『송서』 : 찬이 죽고, 아우 진이 왕위에 올라 438년 조공.

　『일본서기』 : 아직 윤공의 재위 중.

③ 『송서』 : 왜왕 제가 443년과 451년에 각각 사신을 보냄.

　『일본서기』 : 아직도 윤공 재위 중.

④ 『송서』 : 462년 제의 세자인 흥이 조공

　『일본서기』 : 웅략 6년.

⑤ 『송서』 : 흥이 죽고 아우인 무가 477년 조공. 478년 상표문 보냄.

　『일본서기』 : 웅략 21년, 22년. 그는 479년 죽었음.

⑥ 『남제서』 : 479년 왜왕 무를 진동대장군으로 제수.

『양서』 : 502년 왜왕 무를 정동대장군으로 승격.

『일본서기』 : 청녕과 현종, 인현을 거쳐, 502년은 무열 4년.

『송서』에 의하면 421년에서 478년 사이, 57년의 기간 동안 5명의 왜왕이 조공하였다. 새로운 왕이 즉위하면 곧 사신을 보내었던 것을 알 수 있다. 그런데 위에서 보듯 『송서』의 기록은 『일본서기』와는 전혀 부합하지 않는다. 『송서』에서는 찬 → 진 → 제 순으로 왜왕이 바뀌고 있으나 『일본서기』로는 윤공 한 사람이고, 『송서』에는 흥 → 무로 바뀌었으나 『일본서기』는 웅략 혼자이다. 다시 한번 살펴보자.

① 『일본서기』의 왜왕 윤공의 시대(412~453년)에 찬이 2회, 진이 1회,

　제가 2회, 세 왜왕이 5회 조공하였다.

② 웅략의 시대(457~479년)에 흥이 1회, 무가 2회 각각 조공하였다.

　그 후 청녕과 현종, 인현을 지나,

③ 무열의 시기에 무가 정동대장군을 제수받았다.

『일본서기』와 『송서』의 기록은 전혀 부합하지 않는다. 『송서』에는 분명히 다섯 명의 왜왕이 사신을 보내었다고 되어있지만, 『일본서기』로는 이 시기에 윤공과 웅략, 2명의 왜왕이 있을 뿐이다. 왜 5왕이 아닌 「왜 2왕」에 불과하다.

왜왕 웅략은 재위 6년에는 '흥'이라고 하면서 조공하였다가, 15년이나 지난 후에는 이제는 '무'라고 하면서 조공을 한단 말인가? 어떻게 기교를 부려도 도저히 맞출 수가 없다. 진실된 역사와 비교하면, 『일본서기』는 마각을 드러내게 되고 파탄을 면할 수가 없다.

그러나 지금도 일본에서는 사학자나 고고학자, 국어(일본어)학자, 분야

를 가리지 않고 가공의 왜왕 웅략이 『송서』의 무라는 사실을 증명하는 온 갖 이론이 득세하는 중이다.

2) 왜왕 흥, 제, 진, 찬도 『일본서기』에는 없다

『송서』에 나오는 다섯 왜왕은 모두 실제 왜국을 다스린 실존 인물이다. 그런데 『일본서기』에는 이러한 이름을 가진 왜왕이 단 한 명도 존재하지 않는다. 그래서 일본의 사학은 어떻든 『일본서기』의 왜왕을 왜5왕과 맞추어 보려고 갖은 애를 쓰고 있다. 그래서 웅략을 무라고 하는 외에도,

① 인덕 [이름 오포사자키(大鷦鷯 대초료)] = 찬(讚)

② 반정 [〃 미두파와캐(瑞齒別 서치별)] = 진(珍)

③ 윤공 [〃 워아사투마와쿠고(雄朝津間稚子 웅조진간치자)] = 제(濟)

④ 안강 [〃 아나포(穴穗 혈수)] = 흥(興)

으로 각각 비정하였다. 그 근거로서 이름이 비슷하다는 등의 억지 이론을 내세운다. 가령 ①'오포<u>사</u>자키'의 '<u>사</u>'와 '찬(讚)'의 일본음 '<u>산</u>'이 비슷하다는 식이다.

그러나 음운상 '사'와 '산'은 다른 음이다. 백 보를 양보하여 비슷하다 하더라도, 다섯 음절이나 되는 '오포사자키'의 중간음 '사'와 외자의 이름 '산'이 비슷하다고 하여 동일 인물이라고 한다는 것은 억지이고 궤변이다. 학문이라는 이름을 붙일 수도 없다.

또한 재위기간도 대부분 일치하지 않고, 통일전쟁에 진력하였던 업적도 『일본서기』에는 단 한 줄도 보이지 않는다. 『일본서기』가 진실된 역사를 기록한 사서라면, 몸소 투구와 갑옷을 두르고 편한 날 없이 전장을 누비던

왜 5왕들의 빛나는 위업을 어찌 누락한단 말인가?

근본적으로 창작된 역사를 기록한 『일본서기』의 위 왜왕들은 하나같이 가공인물이므로, 실존 인물인 왜5왕과 일치될 리가 만무하다.

3) 성과 이름으로 본 왜 5왕의 국적

『송서』를 보면, 왜왕 찬은 425년 사마 벼슬의 조달(曹達)을 보내어 표를 올리고 방물을 바쳤다. 그 후 438년 왜왕 진이 조공하면서 왜수(倭隨) 등 13인의 신하에게 벼슬을 내려줄 것을 요청하였다.

『송서』에 나오는 왜인의 인명은 앞서 본 5명의 왜왕, 찬, 진, 제, 흥, 무와 조달, 왜수, 7명이 전부이다. 그런데 왜왕들은 이름만 있고 성을 기록하지 않았다. 여기서는 신하 두 사람의 이름을 검토하여 보자.

조달

조달은 성이 조(曹)씨이며 이름이 '달(達)'이다. 이 '조달'이라는 성과 이름으로 보아, 그가 왜인이 아닌 것은 분명하다. 일본에서는 이 인물을 중국인으로 보는 견해가 대세이다. 중국인이 왜국으로 귀화하여 고위 관직에 올랐을까? 그럴 가능성은 극히 희박하다.

당시 왜와 백제의 관계를 본다면 백제인으로 볼 수밖에 없다. 백제인들이 선호하던 외자의 한자로 된 이름을 보더라도 명백하다.

이와 달리 '사마'를 성으로 보고 '조달'을 이름으로 보아, '사마조달'이라고 보는 견해도 있다. 『일본서기』 민달 13년(584년) 9월조에 나오는 '사마달등(司馬達等)'이라는 백제인이 있으니, 이 견해도 일리가 있다. 이 경우라 하더라도 그가 백제인이라는 사실은 변함이 없다.

왜수

왜수(倭隨)라는 인물의 '왜'는 성이 아니라 국명이고 이름이 '수'이다. 이 '수' 또한 외자의 한자로 된 이름이니, 그를 백제인으로 보아도 별문제는 없을 것이다.

한편 421년 조공한 왜왕을 『송서』에서는 '왜찬(倭讚)'이라 하였다. '왜'가 성이 아니라 국명이라는 사실을 증명하여 준다.

왜왕 5명과 신하 둘 중에서 6명은 외자의 한자로 된 이름을 가졌다. 이런 이름은 고대 일본의 금석문에서 흔하게 볼 수 있다. 다음은 졸저 『천황가의 기원은 백제 부여씨』에서 본 외자의 한자로 된 이름을 가진 백제인이다.

① 지(旨)
② 위나경(威奈鏡)
③ 왕이(王爾)
④ 물부순(勿部珣), 흔(昕), 간(暕)
⑤ 장안(張安)

『일본서기』에는 전혀 나오지 않지만, 실제 고대의 왜국에는 이런 백제 풍의 이름을 가진 사람들이 다수 존재하였다. 『송서』의 다섯 왜왕, 그리고 신하 한 사람, 이들이 외자의 한자로 된 이름을 가진 것은 우연한 일이 아니다.

이러한 백제풍의 이름들은 3세기의 왜국 사정을 기록한 『삼국지』「왜인 전」에 나오는 다음과 같은 왜인들의 이름과는 전혀 다르다.

수승(師升), 비미호(卑彌呼), 태여(台與),
난승미(難升米), 도시우리(都市牛利), 액야구(掖邪狗)

이 이름들은 토착왜인의 그것이다. 이것이 왜인 이름의 원래 모습이다. 백제나 가야, 신라의 인명과는 다르다. 또한 왜 5왕이나 그 신하들의 이름과도 완전히 다르다.

왜 5왕의 시대에는 왕을 비롯한 최고 지배층의 이름이 종전과는 전혀 다르게 바뀐 것을 알 수 있다. 왜 이렇게 바뀌었을까? 세상이 완전히 바뀌었기에 지배층의 이름도 바뀌었다. 토착왜인이 왕이던 시기가 지나가고, 4세기 말 이후 가야와 백제에서 도왜한 세력이 왜국을 지배하였던 것이다.

『송서』의 왜왕 무 등 다섯 왜왕, 그리고 신하 두 사람은 이름만 보더라도 모두 왜인이 아니라 백제인이었던 것이 분명하다. 왜인을 가장한 백제인이었던 것이다.

왜 이름만 보이고, 성은 나오지 않을까?

그리고 『송서』의 다섯 왜왕과 신하 '왜수', 여섯 인물은 모두 이름만 있고 성이 보이지 않는다. '왜찬'과 '왜수의 '왜'는 마치 성처럼 보이지만, 성이 아니라 국명 표기인 것은 앞서 보았다.

반면 『송서』「백제전」을 보면, 백제왕 여영과 여비, 신하인 장위 등 등장하는 십수 명의 사람들의 성과 이름이 빠짐없이 기록되어 있다. 왜 『송서』는 백제인은 성과 이름을 빠짐없이 기록하였지만, 왜인의 경우는 이름만 적고 성은 기록하지 않았을까? 왜왕 찬, 진, 제, 흥, 무는 외자의 한자로 된 이름이니, 그들이 성이 없었을 리는 없다.

그렇지만 송으로 간 왜국 사신들이 성을 밝히지 않았기에, 즉 『송서』의 찬자도 그들의 성을 몰랐기에 기록할 수 없었다고 생각된다.

만일 자신들의 진실한 성을 드러낸다면, 그것이 백제풍이라는 사실을 송에서도 금방 간파할 수 있을 것이다. 왜국에서는 자신들의 정체를 숨기기 위하여 성을 일부러 기재하지 아니하였던 것으로 생각된다. 상표문의 키워드가 기망과 과장이라는 사실을 여기서도 절감할 수 있다.

4. 왜왕 무(武)는 한국 남부지방을 지배하였을까?

송 황제는 상표문을 보낸 왜왕 무에게 479년

> 「사지절(使持節) 도독 왜, 신라, 임나, 가라, 진한(秦韓), 모한(慕韓), 육국
>   제군사(六國諸軍事) 안동대장군(安東大將軍) 왜왕」

이라는 길고도 긴 작호를 하사하였다. 앞서 「북쪽 바다 건너 95국을 평정
하였습니다」라는 대목을 일본의 사학자들이 좋아한다는 사실을 본 바 있
다. 이 구절 또한 마찬가지이다. 고대 왜가 한국을 지배하였다는 움직일
수 없는 증거의 하나로 보고 있다.

왜가 실제로 신라와 가야 등 한국 남부지방을 지배하였으니, 송 황제가
왜왕에게 이러한 직함을 하사한 것이 분명하다는 시각이다. 그런데 왜왕
무는 상표문에서 스스로를

> 「사지절 도독 왜, 백제, 신라, 임나, 가라, 진한, 모한, 칠국제군사 안동
>   대장군 왜국왕」

이라고 자칭하면서 승인을 요청한 바 있다. 송 황제는 무의 자칭 작호에서
'백제'를 제외하고, 또한 '칠국'을 '육국'으로 줄여 무의 자칭 작호를 승인
한 것을 알 수 있다. 하나하나 살펴보자.

1) 작호의 의미와 작호 요청의 역사

「사지절(使持節)」의 '절(節)'은 부절(符節)이라는 의미이다. 황제가 신하에게 하사하는 신임의 증표이다. 사지절은 이러한 신임의 증표를 가진 고위 관리라는 의미이다.

「도독, 왜, 신라, 가라, 임나, 모한, 진한, 육국 제군사」는 왜 등 6국에 대한 군사권을 가진 도독이라는 의미가 된다. 왜왕 무는 상표문에서 백제를 포함한 7국에 대한 군사권을 승인하여 달라고 요청하였으나, 백제에 대한 부분은 거절당하고 나머지 6국에 대하여만 승인을 받은 셈이 된다.

그런데 왜왕 무의 앞선 왜왕들도 이런 작호를 자칭하면서, 중국의 승인을 요청한 바 있다. 시대순으로 살펴보자.

① 438년, 왜왕 진이 송에 사신을 보내어 조공하면서 스스로를
「사지절 도독, 왜, 백제, 신라, 임나, 진한, 모한, 육국 제군사, 안동대장군, 왜국왕」
으로 자칭하며 임명하여 주길 요청하였다. 그러나 송에서는 「안동장군 왜국왕」이라는 작호를 하사하였다. 왜가 요청한 「사지절 도독 …… 육국 제군사」와 '안동대장군'은 거부당한 것이다.

② 443년, 왜왕 제가 사신을 보내어 조공하자, 송에서 「안동장군 왜국왕」으로 삼았다.
451년, 왜왕 제가 다시 조공하므로, 송에서는 「안동장군」에 더하여 「사지절 도독, 왜, 신라, 임나, 가라, 진한, 모한, 육국제군사」 관직을 추가하였다.

③ 462년, 세자 흥이 조공하자, 「안동장군 왜국왕」을 하사하였다.

④ 477년, 왜왕 무가 사신을 보내어 앞서 본 바와 같이,
「사지절 도독, 왜, 백제, 신라, 임나, 가라, 진한, 모한, 칠국제군사, 안동

대장군 왜국왕」을 자칭하면서, 승인을 요청하였다.

⑤ 478년, 왜왕 무가 다시 사신을 보내어 앞서 본 상표문을 올렸다. 상표
  문에서 무는 스스로를 「개부의동삼사(開府儀同三司)」라고 자칭하면서,
  승인을 요청하였다. 송에서는
「사지절 도독, 왜, 신라, 임나, 가라, 진한, 모한, 육국제군사, 안동대장군,
  왜국왕」으로 승인하였다.

⑥ 479년, 남제에서 왜왕 무를 「진동대장군」으로 승격시켰다.

⑦ 502년, 양에서 왜왕 무를 「정동대장군」으로 승격시켰다.

2) 백제왕과 왜왕의 장군호

변방의 외국에서 조공을 하면, 송에서는 해당 국가의 왕과 중요한 신하
들에게 그 국력에 걸맞는 관직과 장군호를 하사하였다. 따라서 송에서 하
사한 이러한 관직명과 장군호를 보면, 여러 나라 사이의 강약과 서열관계
를 대략적으로 짐작할 수 있다.

왜왕 진은 앞서 보았듯이 438년, 스스로 「안동대장군 왜국왕」을 자칭하
면서 승인을 요청하였으나 그보다 훨씬 낮은 「안동장군 왜국왕」으로 승인
받았다.

그런데 백제의 전지왕은 그보다 26년 전인 416년, 동진으로부터 「사지
절, 도독, 백제 제군사, 진동장군 백제왕」 작호를 받았다. 4년 후인 420년
에는 다른 직책은 그대로이고, 장군호만 「진동대장군」으로 승격된 바 있
다. 그 후 백제왕들은 501년까지 82년간 이 장군호를 유지하게 된다.

왜왕 진은 428년 「안동대장군」을 자칭하였으나, 이 자칭 장군호마저도
전지왕이 받은 「진동대장군」보다 한 계급 낮은 등급이다.

왜왕 진이 백제의 전지왕이 받은 장군호를 익히 알고 있었을 것인데,

스스로 그보다 낮은 장군호를 자처하였다는 점을 주목하여 보자. 그럼에도 불구하고 막상 송에서 승인한 것은 그보다도 몇 단계 낮은 「안동장군」이었다.

그 후 478년 왜왕 무의 시절이 되어서야 겨우 「안동대장군」으로 승격하게 된다. 그런데 승격된 이 장군호마저도 416년 무렵 전지왕이 받은 「진동대장군」보다 한 단계 낮은 등급이었던 것이다.

그러다 479년 왜왕 무가 「진동대장군」으로 승격하여 이제는 백제왕과 같은 계급이 되었다. 그 후 502년 백제왕과 왜왕 무는 동시에 「정동대장군」으로 승격되어, 같은 계급을 유지하게 되었다.

그 후 백제에서는 521년 무령왕이 양으로부터 「영동대장군」으로 승격된 바 있어, 다시 왜왕보다 높은 계급이 되었다. 정리하여 보자.

① 왜는 438년부터 477년까지 「안동장군」

　백제는 416년부터 이보다 한 단계 위인 「진동장군」,

　420년에 「진동대장군」으로 승격.

② 왜가 478년, 「안동대장군」으로 승격.

　백제의 「진동대장군」보다는 하위.

③ 479년, 왜가 「진동대장군」으로 승격. 백제와 동급.

④ 502년, 왜와 백제가 동시에 승격. 같은 「정동대장군」이 됨.

⑥ 521년, 백제가 「영동대장군」으로 승격. 다시 백제가 우위.

이상에서 보듯이 왜가 백제보다 상위의 장군호를 부여받은 적은 단 한 번도 없다는 점을 주목하여 보자. 중국 측의 백제와 왜의 강약, 혹은 서열 관계에 관한 시각을 엿볼 수 있는 좋은 자료라 하겠다.

3) 왜가 한국 남부지방을 지배하였을까?

그러면 과연 당시 왜왕 무는 왜국뿐만 아니라 백제와 신라, 가라, 임나, 모한, 진한 등을 모두 지배하고 있었을까?

438년부터 왜왕 진이 「사지절도독, 왜, 백제, 신라, 임나, 진한, 모한, 육국 제군사, 안동대장군 왜국왕」을 자처하였으므로, 마치 왜가 백제를 비롯하여 신라 가야 등 한국 남부지방을 군사적으로 지배하고 있었던 것처럼 보인다.

마치 근세 일본 사학의 임나일본부설을 보는 듯하다. 그 가장 중요한 근거는 물론 『일본서기』였고, 두 번째 증거가 바로 『송서』의 이 대목과 앞서 본 '북쪽 바다 건너 95국을 평정하였다'는 구절이다.

일본의 통설은 임나일본부설은 부정하면서도 『송서』의 이 구절은 대체로 인정하고 있다. 즉 임나일본부설 정도는 아니라 하더라도, 왜가 한국의 어느 곳인가를 지배하였던 역사적 사실, 혹은 그러한 기억의 투영이라고 보고 있다. 그러나 임나일본부가 역사적 진실이 아니라 『일본서기』가 꾸며낸 창작설화에 불과한 것과 마찬가지로, 상표문의 이 구절 또한 왜 5왕이 송 황제를 기망하려는 창작소설이다.

진한, 모한

두 나라는 상표문을 보낸 5세기에는 존재하지 않았다. 진한(秦韓)은 진한(辰韓)이겠지만, 이는 신라의 전신이었을 것이다. 신라에 의하여 진작 병합당하였다.

모한은 어디인가? 어느 사서나 기록에도 나오지 않아 알 수가 없다. 마한일 가능성도 있으나 분명치 않다. 앞의 진한이 훨씬 이전에 이미 사라졌을 뿐만 아니라, 변한도 당시에는 존재하지 않았다.

이 모한도 마찬가지로 당시에는 사라진 나라였다고 보는 것이 옳을 것이다. 왜왕은 존재하지 아니한 국가에 대한 지배권을 주장하였는데, 이는 기망이다.

임나, 가라

여기서의 임나는 어디를 말하는가? 광개토대왕 비문에는 '임나가라'라고 되어 있는데, 금관가야를 의미하였다. 10세기대에 세워진 진경대사 탑비에는 '임나왕족'이 보인다. 이 임나 또한 금관가야를 뜻한다.

『일본서기』에는 임나라는 국명이 통일적으로 사용되지 않고 아주 복잡하다. 이른바 임나부흥회의에 나오는 임나는 대가야이다.

그런데 흠명 23년(562년) 정월조를 보면, '가라국' 등 도합 10국을 임나라고 하였다. 이에 의하면, 가라는 1개의 국명이고, 임나는 전체 10국을 총칭하는 명칭이 된다. 전혀 앞뒤가 맞지 않는다.

하지만 상표문의 임나가 금관가야를 의미하든 아니면 대가야를 뜻하든, 이 두 나라가 왜국의 지배를 받은 적은 전혀 없었다. 현대 일본 고고학의 통설은 왜가 금관가야 혹은 대가야를 지배한 것이 아니라, 대등하게 교류하였다고 보고 있다. 필자는 오히려 금관가야인들이 집단도왜하여 왜지를 정복하고 지배하였다고 생각한다.

신라, 백제

신라와 백제가 왜의 속국이 된 적이 없다는 점에 관하여는 재론의 여지가 없다. 왜 5왕의 시대인 5세기의 신라는 아직 국력이 강하지 못하였다. 『삼국사기』를 보면, 왜의 침략을 무수하게 받았던 사실을 알 수 있다. 격퇴한 적이 많았으나, 때로는 크게 패하기도 하였고 궁지에 몰린 적도 있었다.

그러나 이 사실에서 알 수 있는 것은 신라가 왜의 속국이 아니었다는 점이다. 만일 왜왕 무의 상표문에 나오는 것처럼 왜가 신라를 군사적으로 지배하였다면, 굳이 기를 쓰며 침공할 이유가 없었을 것이다.

백제는 오히려 왜를 통치하고 있었고, 왜가 백제의 속국이었다. 한국의 여러 나라를 지배하였다는 상표문의 이 구절은 완전한 기망이다.

진한, 모한 등은 왜지에 있었을까?

북한의 저명한 사학자 김석형 선생은 1960년대에 당시 일본 사학의 통설이던 임나일본부설을 정면으로 부정하고, 이른바 분국설을 주장하였다. 임나일본부는 존재하지 않았으며, 오히려 가야의 여러 나라들이 왜지로 진출하여 분국을 세웠다는 견해이다. 선생의 역저 『古代朝日關係史−大和政權と任那−(고대조일관계사−야마토정권과 임나−)』는 일본의 학계에 큰 충격을 안겨 준 바 있었다.

선생의 「삼한삼국의 일본렬도내 분국들에 대하여」라는 논문을 보면, 왜왕 무의 상표문에 나오는 진한, 모한, 임나, 가라, 백제, 신라는 모두 왜지에 있던 소국들이었다고 하였다(『북한의 우리 고대사 인식(Ⅱ). 김정배 엮음. 1991. 대륙연구소 출판부』 518쪽). 한국에 있던 본국이 세운 여러 분국이 왜지에 있었다고 보았던 것이다. 그러므로 왜 5왕이 이들 분국을 군사적으로 지배하고 있다고 주장한 것은 진실을 말한 것이 된다. 흥미로운 주장인데 이것이 사실일까?

그러나 상표문의 전체적인 내용, 즉 「동쪽으로 모인 55국을 정벌하였다」, 「서쪽으로 여러 오랑캐 66국을 복속시켰다」, 「바다 건너 95국을 평정하였다」라는 대목과 아울러 살펴보면, 이는 작심하고 송 황제를 속이는 기망인 것이 분명하다. 마치 한국 남부지방의 대부분을 군사적으로 지배하고 있는 양 엄청난 거짓말을 하고 있는 것이다.

상표문을 관류하고 있는 「기망과 과장」이라는 키워드로 본다면 이 대목은 기망이다.

4) 왜 송 황제는 왜왕 무의 요구를 들어주었을까?

송나라는 백제, 고구려, 신라나 왜보다도 훨씬 크고 우위에 있는 대국이다. 이러한 대국 송이 왜왕 무의 상표문을 승인하여 주었으니, 그래도 무언가 이유가 있지 않을까 하는 의심을 가질 수 있다. 즉 무언가 합당한 이유가 있었기에 송에서도 승인한 것이 아닐까라는 생각이 들 수도 있다. 그러나 전혀 그렇지 않다.

당시 송이라는 나라가 처한 형편을 보면, 왜왕 무의 요구가 이유가 있어 승인한 것이 아니라 앞뒤 고려 없이 승인하여 준 것이 분명하다. 이 점에 관하여 광개토대왕 비문 연구의 대가인 중국의 왕건군(王建群) 선생의 다음과 같은 지적은 아주 적절하다.

「『송서』「왜국전」에 의하면, 왜왕 무의 "도독, 왜, 백제, 신라, 임나, 가라, 진한, 모한, 칠국제군사"도 '자칭'한 것이 아주 명확한 바, 실제로 지배한 사실은 없었으며 다만 중국의 황제로부터 받은 봉호로서, 일방적인 욕망에 불과한 것이었다. 그러면 무엇 때문에 송은 또 왜왕 무가 승평 2년에 상표한 후 제정하였을까?

당시 송은 바로 망국 직전에 있었는데(1년이 안 되어 망하였다), 대권은 이미 남의 손에 들어갔고, 유송(劉宋) 왕실은 땅에 떨어진 계란같이 매우 위태로왔다. 순제 유준(劉准)은 자기 자신도 보호할 수 없게 되어 그런 일을 돌볼 겨를도 없었으며, 소도성(蕭道成)은 칭제하기 위하여 여러 세력에 환심을 사고 있는 시기였으므로, 이러한 상황에서 왜왕 무의 청구를 승낙하여, 그가 자칭한 봉호를 승낙하였던 것이다 ……

소망은 어디까지나 소망에 불과한 것이며, 결국 사실로 되지 않는다. 그러므로 『송서』「왜국전」에서도 여전히 왜국이 남선을 경영하였다는 결론을 얻어낼 수 없다」

(「廣開土王碑文中 "倭"의 실체」『廣開土好太王碑研究 100年』사단법인고구려연구회 편)

왕건군 선생은, 당시 송은 멸망하기 직전이라 번국인 왜의 상표문 따위에는 신경 쓸 겨를이 없어, 왜가 요구하는 그대로 승인하여 준 것이라고 하였다. 당시 송의 사정을 좀 더 자세히 알아보자. 송 말기 몇 차례의 반란이 있었는데 이를 진압한 사람이 소도성이었다. 실권을 장악한 그는 477년 황제인 유욱을 죽이고 이복동생인 유준을 옹립하였다. 그 후 479년 5월 유준을 몰아내고는, 양위 형식으로 왕위를 물려받아 남제를 건국하였다.

왜왕 무가 상표문을 보낸 479년 당시, 황제인 유준은 쫓겨나기 불과 몇 달 전이라 여러 외국의 제반 정황에 대하여 진위여부를 따져볼 겨를이 없었다. 또한 실권자 소도성은 여러 세력으로부터 환심을 얻기 위하여 그들의 웬만한 요구는 다 들어주던 시기였다. 왜왕 무의 상표문이 승인된 데에는 그러한 시대적 배경이 있었던 것이다.

5) 백제가 지시한 왜 5왕의 조공

왜왕 무는 상표문에서 왜뿐만 아니라 백제와 신라, 가라 등 6국을 지배하고 있다고 적었는데, 이는 순전한 거짓이고 기망이다.

그런데 왜왕 무는 무슨 이유로 이런 새빨간 거짓말을 하였을까? 앞서 보았지만, 무가 상표문을 보낸 근본 이유는 송 황제에게 고구려 공격을 부탁하는 것이었다. 왜왕 무는,

「우리 왜국은 100만 병력을 보유하며, 백제와 신라 등 한국 남부지방을 전부 지배할 정도로 강국입니다. 우리가 대군을 보내어 고구려를 침공할 테니, 우리 왜를 믿고 송에서도 고구려를 공격하여 주세요」

라는 메시지를 보냈던 것이다.

송의 고구려 공격을 이끌어내기 위하여, 왜가 한국 남부지방을 전부 지배하고 있는 양 기망하였던 것을 알 수 있다.

그런데 왜왕 무의 훨씬 앞인 왜왕 찬이 438년 보낸 상표문에도 백제, 신라, 임나, 진한, 모한을 군사적으로 지배하고 있다고 기망한 것은 어찌 된 일인가? 결론부터 말한다면, 왜왕 무가 송의 고구려 공격을 유도하기 위하여 기망한 것과 같은 맥락이다.

이 상표문 훨씬 이전부터 백제는 여러 차례에 걸친 고구려의 공격에 참패하여 곤경에 처한 바 있었다. 광개토대왕 비문에 의하면 아신왕 5년인 396년, 광개토대왕은 백제에 대한 남하공격을 감행하여 여러 성을 빼앗고 수도 한성을 포위하였다.

궁지에 몰린 아신왕은 노비 1천 명과 가는 베 1천 필을 바치고는 무릎을 꿇고 항복하였다. 그래서 광개토대왕은 58성과 700촌을 얻었으며, 왕의 아우와 대신 10명을 끌고 갔다.

백제로서는 이러한 치욕을 만회할 길은 중국과 연합하여 고구려를 공격하는 길밖에는 없다고 생각하였을 것이다. 그런데 고구려는 중국으로서도 함부로 대하기 어려울 정도로 강력한 군사력을 보유한 강적이다. 중국이라 할지라도 백제만을 믿고 공격하기에는 힘든 상대이다. 그렇지만 백제에는 왜라는 우방국이 있다.

「그 왜는 아주 강력하여 가야와 신라, 진한, 모한, 심지어 백제를 포함한 한국 남부지방 대부분을 군사적으로 지배하고 있다. 오히려 백제보다 훨씬 강국이다. 이토록 강력한 왜가 우리 백제와 합세하여 고구려를 공격하니, 황제 폐하는 안심하시고 고구려를 공격하여 주시라」

왜가 마치 한국 남부지방을 군사적으로 지배한 양 메시지를 보낸 것은 이러한 이유일 것이다. 중국으로 하여금 안심하고 고구려를 공격하도록 유도하는 효과를 노리고 있다. 실제로는 왜가 백제의 속국이지만, 반대로 왜가 훨씬 강력하다는 메시지를 계속하여 보낸 것은 이런 이유 때문일 것이다.

5세기 초반이나 중반 무렵의 왜지에는 수많은 소국이 분립하고 있었다. 그중에서 오직 왜 5왕의 왜국만 중국에 조공한 바 있다.

그런데 그 무렵의 왜지에는 가야 계통의 소국들이 숫자도 훨씬 많고 세력도 강하였지만, 그들은 중국에 조공하지 않았다. 본국 가야의 어느 나라도 중국에 조공한 바가 없었으므로, 왜지의 가야 계통 소국들로서는 중국에 대한 조공은 생각할 수도 없는 일이었을 것이다.

대가야의 왕 하지(荷知)가 남제에 조공한 것은 479년으로서, 이것이 가야의 여러 나라 중 최초이자 마지막 조공이었다. 왜 5왕의 조공은 백제의 지시에 의한 것으로 볼 수밖에 없다.

5. 왜 5왕은 누구인가?

『송서』에 나오는 왜 5왕이 『일본서기』의 웅략이나 윤공 따위, 창작된 왜왕이 아니라는 점은 위에서 보았다. 그들의 외자로 된 이름이나 상표문에 나오는 여러 사정을 종합하여 보면, 백제 계통인 것이 분명하다.

그러나 『삼국사기』는 백제가 왜왕을 파견한 사실을 기록하지 않았기에, 구체적으로 왜 5왕이 누구인지 알아내기는 지극히 어렵다. 하지만 왜왕 흥과 무는 『삼국사기』와 『일본서기』를 아울러 살펴보면 해답을 알 수가 있다. 누구인지를 가장 확실하게 알 수 있는 왜왕은 흥이다.

1) 왜왕 흥

왜왕 흥과 곤지

『송서』에 의하면 왜왕 제가 죽고, 462년 제의 세자 흥이 사신을 보내어 조공하였다 한다. 그리하여 안동장군 왜국왕을 제수받았다. 그 후 흥이 죽고, 477년에는 아우인 왜왕 무가 사신을 보내어 조공하였다.

『일본서기』 웅략 5년(461년) 4월조에서 바로 이 무렵, 개로왕의 동생인 곤지가 다섯 아들과 함께 도왜하였다는 사실을 본 바 있다(51쪽).

『삼국사기』는 문주왕이 476년 4월 곤지를 내신좌평으로 삼았으나, 7월에 별세하였다고 하였다. 하지만 『삼국사기』에 나오는 곤지에 관한 기사는 이것이 전부이다. 그 이전에 무엇을 하였는지는 전혀 보이지 않는다.

『삼국사기』와 『일본서기』를 종합하여 보면, 곤지는 461년 다섯 아들을 거느리고 도왜하여 15년간 왜왕으로 재임하다, 476년 귀국하여 내신좌평에 취임한 것으로 추정할 수 있다.

아들 다섯을 데리고 갔다는 것은, 그가 전 가족을 이끌고 왜국으로 건너 갔다는 의미이다. 즉 곤지는 가족 전원을 이끌고 왜국으로 건너가 15년이나 머물렀던 것이다. 이 사실만 보더라도 그는 인질도 아니고 친선사절도 아니었다. 왜왕이었던 것이 분명하다.

한편 곤지는 개로왕의 아우이므로, 형(개로왕)은 백제를 다스리고 아우(곤지)는 왜국을 다스린다는 일종의 공식과도 부합하고 있다. 이렇게 볼 때 왜왕 흥은 백제의 곤지인 것이 확실하다. 그는 왜왕 즉위 이듬해에 사신을 보낸 것이다.

또한 『일본서기』 웅략 23년(479년) 4월조에 나오는

「곤지왕(昆支王)의 다섯 아들 중 둘째 말다왕(末多王)

　(昆支王五子中　第二末多王)」

이라는 표현으로도 입증된다. '말다'는 후일의 동성왕이다.

곤지와 말다의 뒤에 붙은 '왕'이라는 표기를 주목하여 보자. 이 표현은 둘 다 왜국에서는 왕이었다는 사실을 암시하고 있다.

아좌왕자를 「아좌왕(阿佐王)」이라 하였던 것과 같은 맥락이다(58쪽).

'곤지'와 '말다'는 모두 백제풍의 이름이다. 백제풍의 이름 뒤에 '왕'을 붙였다. 이는 무령왕릉의 지석에 기록된 '사마왕(斯麻王)'이라는 표기와 완벽하게 일치하고 있다. 무령왕은 외자의 한자로 된 '융(隆)'이라는 이름이 있지만, 지석에는 고유어 이름인 '사마'의 뒤에 왕을 붙였다.

백제 당대 사람들은 일상적으로 '사마왕'이라 칭하였다고 생각된다. '무령'은 사후 신하들이 올린 시호이다. 당대의 왜국 사람들은 곤지를 「곤지왕」, 말다를 「말다왕」으로 호칭하였다고 추정할 수 있다.

① 곤지왕(昆支王)

② 말다왕(末多王)

③ 사마왕(斯麻王)

④ 아좌왕(阿佐王)

모두 고유어로 된 이름의 뒤에 왕을 붙였다. 백제의 풍습이었던 것을 알 수 있다.

앞서 웅략 5년 4월조 곤지의 도왜 기사에서는 곤지를 「군군(軍君)」 혹은 「곤지군(昆支君)」이라 표현하였다. 이 '군(君)' 역시 왕이라는 의미이다.

같은 기사에서 백제의 개로왕을 「가수리군(加須利君)」이라 하였는데, 이 '군(君)'이 왕을 의미하는 것으로 보아도 그러하다. '가수리'는 개로왕의 백제풍의 이름으로 생각된다. 그의 재위 중에 백제 사람들은 일상적으로 「가수리왕」으로 칭하였을 것이다.

곤지에 대한 칭호인 「군군(軍君)」이라는 표현을 좀 더 생각하여 보자. 상식적으로 생각할 때, 이 호칭은 '군대의 왕'이라는 의미이다. 왕은 군대를 총지휘하는 사람이다. 따라서 이는 「탁월한 군사지휘관인 왕」 혹은 「용병에 뛰어난 왕」이라는 의미일 것이다. 직접 병력을 이끌고 전장을 말 달리며 진두지휘하는 왕이 연상된다.

앞서 보았듯이 왜왕 무는 상표문에서 「조부와 부친의 시대부터 몸소 갑옷과 투구를 둘러쓰고 산을 넘고 강을 건넜기에, 편히 쉴 틈이 없었습니다」라 하였다. 이 구절과 「군군」은 아주 잘 어울리고 있다.

뒤에서 보겠지만 왜왕 무는 후일의 동성왕으로서, 그는 곤지의 아들이다. 왜왕 무가 상표문에서, 자신의 부친 곤지의 왜왕 재임시절의 모습을 이렇듯 박진감있게 표현한 것이 아닐까?

이렇게 볼 때 「군군」이라는 표현은 군사적으로 탁월한 역량을 보였던 곤지에 대한 찬사였다고 생각된다. 『일본서기』에서 곤지가 아주 비중 있게 등장하는 것도 바로 이러한 이유 때문이라고 생각된다.

그런데 왜왕 자리에 있던 왕자들은 귀국하여 백제의 왕으로 등극하는 사례가 많았다. 곤지는 좀 이례적인 경우가 아닌가 싶다. 무슨 사연이 있었던 것일까? 바로 한해 전인 475년, 고구려군의 기습공격으로 한성이 함락당하고 개로왕이 패사한 미증유의 국난이 있었다.

왜왕인 곤지가 백제왕이 아니라 내신좌평에 임명된 것은 종전에 경험하지 못한 국난을 극복하기 위한 아주 특별한 조치 중의 하나였다고 이해할수 있다. 한편 생각하면 우리가 백제와 왜의 관계에 관하여 알고 있는 것은 빙산의 일각에 불과하다. 왜왕으로 근무하던 왕자가 귀국하여서는 고위관직에 임명되는 경우도 종종 있었는지도 모른다.

왜왕 곤지의 사신파견

461년 왜왕으로 등극한 곤지는 이듬해인 462년, 스스로를 앞선 왜왕인 제의 왕세자 흥이라고 자칭하면서 송에 사신을 보내었다. 왜왕이 즉위 이듬해에 중국에 사신을 보낸 것은 아주 자연스런 일이라 하겠다. 즉위 그해에 사신을 보냈다 하더라도 워낙 원거리 항해이므로, 그다음 해에 중국에 도착하였을 가능성도 있다.

그런데 『송서』에 의하면 이보다 2년 전인 460년에도 왜왕이 사신을 보냈다고 되어 있는데, 그 이름이 나오지 않아 누구인지를 알 수 없다. 그러나 일본의 통설은 이 왜왕을 제라고 보고 있다. 타당한 견해라고 생각된다. 왜왕 제는 송에 마지막으로 사신을 보낸 460년 그해, 혹은 이듬해인 461년 초에 별세하였을 것이다. 그 뒤를 이어 461년, 곤지가 왜왕으로 즉위하였던 것으로 이해할 수 있다.

그러다 15년 후인 476년, 곤지는 본국인 백제로 귀국하여 내신좌평에 취임하였으나 몇 달 뒤 세상을 떠났다. 그러자 이듬해인 477년, 새로운 왜왕 무가 송에 사신을 보내어 조공한 바 있다. 새로운 왜왕 무는 476년 귀국한 곤지의 뒤를 이어 즉위한 것이 분명하다. 즉위 다음 해에 송에 사신을 보내어 조공하였을 것이다.

곤지를 왜왕 흥으로 본다면, 『송서』와 『삼국사기』 그리고 『일본서기』의 모든 기록이 톱니바퀴가 맞물려 돌아가듯 잘 맞아 돌아가는 것을 알 수 있다.

왜왕 흥은 왜왕 제의 세자인가?

왜왕 흥이 송에 대하여 스스로를 왜왕 제의 '세자'라고 자칭한 점을 살펴보자. 『삼국사기』에 의하면 곤지 즉 왜왕 흥은 개로왕의 아들이다. 『일본서기』는 개로왕의 아우라 하였으므로, 곤지는 비유왕의 아들이다. 그렇다면 왜왕 제는 개로왕 혹은 비유왕이란 말인가?

재위연도를 비교하여 보면, 비유왕(427~455년)과 개로왕(455~475년)은 모두 왜왕 제(『송서』에 의하면 443년부터 460년까지 조공)와 재위기간이 겹친다. 따라서 왜왕 제를 위 두 백제왕 중 어느 한 사람과 동일 인물로 볼 여지는 없다. 이 '제' 또한 외자의 한자로 된 이름으로 보아 백제에서 건너간 것은 분명하지만, 구체적으로 누구인지는 알아낼 길이 없다.

그런데 왜왕 흥은 스스로를 왜왕 제의 '세자'로 자처하였다. 『일본서기』나 『고사기』에는 시조 신무의 시대부터 '천황'이 있었고, '황태자'를 책봉하였다고 되어있다. 참으로 가소로운 거짓이다.

실제로는 역대 왜왕이라는 존재는 백제의 대왕이 임명하였으므로, '태자'라는 제도는 존재하지 않았다(졸저 『천황가의 기원은 백제 부여씨』 489쪽). '세자' 또한 마찬가지이다. 따라서 이 '세자'라는 칭호도 송 황제를 속이는 기망으로 볼 수밖에 없다. 왜왕 무의 상표문은 기망과 과장으로 일관하고 있는데, 이 세자 칭호 또한 같은 맥락이라 하겠다.

곤지가 자신의 본명을 숨기고 '흥'이라 한 것도 역시 송 황제를 속이는 기망이다. 어떻든 자신을 숨기려는 의도인 것을 알 수 있다.

『송서』「백제전」에 나오는 개로왕의 상표문을 보면 「정로장군 좌현왕 '여곤(餘昆)'」이 있다. 한국과 일본의 통설은 이 여곤을 곤지로 보고 있다. 백제풍의 이름은 곤지(昆支)이고, 한풍의 이름은 '곤(昆)'이었던 모양이다. 그렇지만 왜왕 곤지는 자신의 원래 이름을 숨기고 '흥(興)'으로 자칭하였다.

왜 이렇듯 왜왕 흥 즉 곤지는 자신의 정체를 숨기려 하였을까? 앞서도 보았듯이, 왜국이 속국이라는 사실이 드러나는 것을 극도로 꺼려하였기 때문일 것이다.

2) 왜왕 무

왜왕 무는 말다왕

왜왕 흥의 뒤를 이은 왜왕을 『송서』에서는 '무(武)'라 하면서, 흥의 아우라 하였다. 왜왕 무는 477년 처음으로 사신을 보내어 조공하였다가, 이듬해인 478년 앞서 본 상표문을 올린 바 있다.

『삼국사기』는 곤지가 476년 4월 내신좌평에 취임하였으나, 그해 7월 별세하였다고 전한다. 왜왕 흥 즉 곤지는 이때 왜왕 자리에서 물러나 귀국하였던 것을 알 수 있다. 그것을 왜왕 흥이 죽고, 아우인 무가 즉위하였다고 거짓말한 것이다.

그러면 흥의 뒤를 이은 왜왕 무는 누구인가? 앞서 『일본서기』 웅략 23년(479년) 4월조에서 동성왕의 귀국 기사를 본 바 있다(51쪽). 천황이 「말다왕(末多王)」 즉 후일의 동성왕 머리를 쓰다듬으며 백제왕으로 임명하고는, 5백 명의 호위대를 붙여 귀국하게 하였다는 그 기사이다. 동성왕이 이때 귀국한 것은 역사적 사실일 것이다.

479년 5백 명이라는 대규모 호위부대를 거느리고 귀국하여 백제왕으로 등극한 동성왕, 그는 왜국에서는 어떠한 존재였을까? 아무리 보아도 그는 왜왕이었을 것이다. 즉 부친인 곤지가 귀국한 476년부터 479년까지의 왜왕은 바로 후일의 동성왕이었다고 볼 수밖에 없다.

왜왕 무의 부친상

『송서』「순제기」에 의하면, 왜왕 무는 순제 원년인 477년 처음 조공하였다. 다음 해인 순제 2년, 앞서 본 상표문을 보내었다.

후일의 동성왕은 476년 왜국에서 말다왕으로 즉위하였다. 477년 송의 순제에게 조공한 왜왕은 바로 이 말다왕이었을 것이다. 부친인 왜왕 흥 즉 곤지가 461년 즉위하고는 이듬해 조공한 것과 흡사하다.

그리고 왜왕 무가 상표문에서 「바야흐로 크게 군사를 일으키려 하였으나, 갑자기 아버지와 형의 상을 당하여 이룬 공이 한 삼태기도 되지 아니합니다」라고 한 점을 주목하여 보자. 상표문은 기망과 과장으로 일관하고 있으나, 이 대목은 그렇지 아니하다.

여기서 말하는 아버지의 상은 바로 왜왕 무(후일의 동성왕)의 부친인 곤지의 별세에 따른 장례인 것이 분명하다. 476년 곤지가 별세하였으므로, 무가 상표문을 보낸 478년은 3년상이 끝나는 해이다. 그래서 상표문에서 「이제(상도 끝나) 무기를 연마하고 병사를 단련하여 부친과 형의 의지를 펼치려 합니다」라고 하였던 것이다.

또한 왜왕 무는 「갑자기」 아버지와 형의 상을 당하였다고 하였다. 이 점도 주목을 요한다. 부친인 곤지가 476년 4월 귀국하여 내신좌평에 취임하였다가 불과 석 달 뒤인 7월에 별세하였으므로, 이는 갑작스런 죽음이라 하겠다. 따라서 상표문의 '갑자기'라는 말은 이 경우에는 잘 어울리고 있다.

그리고 왜왕 무는 부친과 아울러 형의 상도 당하였다는데 형은 누구인가? 『일본서기』에 의하면 말다왕 즉 동성왕은 곤지의 둘째 아들이라 하였다. 장남이 누구인지는 나오지 않는다. 이 장남의 사망을 말하는 것이 아닐까?

『삼국사기』에 의하면 곤지는 4월에 내신좌평에 올랐다가 7월에 세상을 떠났다고 되어있으나, 그 이유는 나오지 않는다. 그러나 평화로운 자연사로는 보이지 않는다. 다음 해인 477년, 문주왕이 재위 불과 3년 만에 서거하였고, 뒤를 이은 아들 삼근왕도 역시 재위 3년에 서거한 바 있다. 모두 자연사라고 보기는 어렵다. 곤지와 그의 장남 또한 모종의 변란에 휘말려 동시에 별세한 것이 아닐까?

아니면 곤지의 장남은 그에 앞서 귀국하여 백제에 체재하다, 475년 고구려군의 공격으로 한성이 함락당할 당시 적군의 칼에 죽었을 가능성도 있다. 그런 이유로 둘째인 동성왕이 왕위에 올랐는지도 모른다.

말다 즉 후일의 동성왕이 왜왕이던 시절, 백제에서는 문주왕이 왕위에 있었는데 그는 동성왕의 사촌 형님이 된다. 이때에도 백제왕과 왜왕은 형과 아우 관계였다. 일종의 공식과도 잘 부합하는 것을 알 수 있다.

조공의 중단

왜왕의 중국에 대한 조공은 무가 상표문을 보낸 478년을 끝으로 중단되었다. 송에 대하여 요청한 고구려 공격이 이루어지지 않자, 실망 끝에 더 이상 조공할 필요가 없다고 생각하였던 것일까?

『삼국사기』를 보면, 개로왕이 472년 상표문을 북위에 보내어 고구려 공격을 요청하였으나 거절당하자, 원망하면서 조공을 끊어버렸다고 하였다. 고구려 공격 요청이라는 목적이 불발되자 조공을 끊었다는 점에서, 왜국의 조치는 백제의 그것과 완벽하게 일치하고 있다.

백제는 472년, 직접 북위에 고구려 공격을 부탁하였으나 거절당하였다. 그러자 478년에는 속국인 왜로 하여금 송에다 같은 요청을 하도록 지시하였다고 추정된다. 그러한 요청 역시 실현되지 않자, 왜국에 더 이상 조공하지 말 것을 지시한 것으로 이해할 수 있다.

왜국의 중국에 대한 첫 번째 조공은 413년 동진에 보낸 것인데, 『진서』에 왜왕의 이름이 나오지 않아 누군지 알 수가 없다. 그러다 421년 이후 왜왕 찬이 두 차례 조공하였던 것은 앞서 본 바 있다.

그런데 413년 시점에서도 조공을 보낸 왜국은 백제의 속국이었다. 당시 왜지에는 여러 소국이 분립하던 시절이었다. 왜왕 무가 상표문을 보낸 478년의 시점에서도 아직 완전한 통일이 이루어지지 못하고, 통일전쟁이 계속되던 사정을 살펴 보았다.

그리고 백제의 속국인 이 왜국이 5세기 초반 처음 중국에 사신을 보낼 무렵에는 왜지 전체를 대표할 정도로 강대한 세력이었다고는 생각되지 않는다. 여러 소국 중의 하나였던 것이 분명하다. 그러다 점점 성장하고 세력이 확장되어, 왜왕 무가 상표문을 보낼 무렵에는 왜지 전체의 통일을 바라보는 최고의 강국이 되어있었던 게 아닐까?

3) 무의 후임 왜왕과 인물화상경

왜왕 무는 곤지의 아들 말다로서 그는 479년 귀국하여 동성왕으로 등극하였다. 후임 왜왕은 누구인가? 이를 직접 알려주는 자료는 없다.

그런데 곤지에게는 다섯 아들이 있었다. 말다는 둘째였으니, 말다의 세 아우 중 한 사람이 왜왕으로 등극하였을 가능성을 생각해 볼 수 있다. 말다의 이복동생인 후일의 무령왕이었을 가능성도 있다.

무령왕은 461년생이므로 479년에는 만 18세의 나이였다. 좀 이른 느낌이 든다. 그런데 『일본서기』에 의하면, 무령왕이 왜국의 외딴섬 각라도에서 태어났기에 그를 「도군(島君)」으로 불렀다 한다. 이는 섬의 임금이라는 뜻이다. 그런데 여기서의 섬은 각라도가 아니라 섬나라인 왜국을 의미하는 말로 보아야 한다. 즉 이 도군은 그가 후일 왜국의 왕이었다는 의미이다. 그러나 동성왕이 귀국한 직후, 후일의 무령왕이 그 뒤를 이어 왜왕으로 올랐는지의 여부는 분명하지 않다.

무령왕은 동성왕이 서거하자 501년 백제왕으로 등극하였는데, 그 앞의 행적은 전혀 알 수가 없다. 『삼국사기』나 어디에도 보이지 않는다.

하지만 그가 백제왕으로 즉위하기 직전의 직책은 왜왕이었다고 생각된다. 즉 그가 언제 왜왕으로 부임하였는지는 알 수 없으나, 501년 백제왕 즉위 직전에는 왜왕이었을 것이다. 이는 지금까지 백제왕과 왜왕의 관계로 보더라도 자연스러운 현상이다. 즉 형인 동성왕은 백제왕, 아우인 무령왕은 왜왕이었던 것이다.

그러면 무령왕이 귀국한 이후, 왜국 왕위를 물려받은 인물은 누구였을까? 스다하치만 신사에서 발견된 인물화상경에 그 해답이 있다. 거울에 나오는 「사마(斯麻)」가 바로 무령왕이다.

그가 「남제왕(男弟王)」 즉 남동생왕에게 거울을 준다 하였으니, 이 왜왕이 무령왕의 아우였던 사실을 알 수 있다. 누구인지 구체적으로 알 수 없으나, 곤지의 아들이었던 것은 분명하다.

이 거울에 나오는 계미년은 503년으로서, 무령왕과 아우인 왜왕 모두 즉위한지 3년이 되는 해였다. 무령왕은 왜왕인 아우에게 신임의 증표로 이 거울을 하사한 것을 알 수 있다. 따라서 이 무렵 왜왕의 계보는 다음과 같다.

「곤지 → 말다(후일의 동성왕) → (?) → 사마(후일의 무령왕) → 무령왕의
아우(인물화상경의 남제왕)」

말다부터 남제왕까지 4회 연속하여 형제 사이의 왜왕들이 즉위하였던 것이다. 졸저 『천황가의 기원은 백제 부여씨』에서 『일본서기』에 등장하는 왜왕들의 형제상속에 관하여 본 바 있다(262쪽). 17대 왜왕 이중부터는 부자상속보다 형제상속이 거의 두 배의 빈도로 극히 빈번하게 이루어진 것으로 되어있다.

왜왕 계체(26대)의 세 아들이라는 「안한 → 선화 → 흠명」, 흠명(29대)의 네 자녀인 「민달 → 용명 → 숭준 → 추고」 등이 대표적인 사례이다. 『일본서기』의 왕위 형제상속은 물론 창작된 것이지만, 실제 존재하였던 위와 같은 사례를 모델로 하여 꾸며내었다고 생각된다.

4) 왜 5왕의 왕릉은 카와치(河內)에 있을까?

일본 사학에서는 『송서』의 왜왕 무가 『일본서기』의 웅략이라는 것을 물리학의 공식처럼 여기고 있다. 그러면서 왜 5왕의 무덤은 오사카 가와치(河內)의 후루이치(古市)고분군과 모즈(百舌鳥)고분군에 있는 거대한 전방후원형 고분들이라고 믿어 의심치 않고 있다.

그리고 『송서』의 앞서 본 대목들을 근거로 하여, 왜 5왕이 바다를 건너한국 남부지방을 정복하였고 사후 이 거대한 무덤군에 잠들어 있다고 보고 있다. 시가현의 아즈치(安土城)박물관에서 2015년 가을, 위 두 고분군에 관한 특별전을 개최하였는데 그 제목이 「왜 5왕, 바다를 건너다」였다. 과연 왜 5왕은 바다를 건넜을까?

왜 5왕은 지금까지 보았듯이 백제에서 파견한 왕들이다. 그러나 카와치에 산재한 거대고분들의 주인공은 백제 계통이 아니다.

주지하다시피 이들 고분의 현저한 특징은 무기의 다량 매납이다. 무덤에다 엄청난 양의 칼과 화살촉, 갑옷, 투구 등의 무기를 부장하였던 것이다. 시신을 묻은 주곽과는 별도로, 무기 등 부장품 매납 전용의 부곽을 따로 만든 무덤도 있다. 김해 대성동 고분군에도 다량의 무기가 묻혀있다. 이 고분군에도 물론 이러한 부곽이 있다.

그런데 가와치에는 여기에서 더 발전하여, 시신이 없이 무기만을 매납한 별도의 무덤도 있다. 이는 김해에서도 찾아볼 수 없는 현상이다. 가와치의 거대한 무덤들은 무기의 다량 매납이라는 점에서 보면, 대성동 고분군의 모습을 거의 극한으로 확대한 것과 같은 느낌이다.

그런데 백제의 왕릉급 고분에서는 이러한 무기의 다량 매납이라는 현상을 찾아볼 수 없다. 무기의 다량 매납은 백제인들의 풍습이 아니다. 가야 사람들의 현저한 특징이고, 풍습이었던 것이다.

그리고 카와치의 전방후원분에서 출토된 갑옷들은 대부분 판갑(일본에서는 단갑이라 함)이다. 판갑은 가야인들의 갑옷이지 백제의 갑옷이 아니다. 경상도를 넘어선 지역에서 판갑은 거의 발견되지 않고 있다.

백제의 갑옷은 어떤가? 백제의 고분에서는 갑옷이 거의 출토되지 아니하여, 백제 갑옷의 실태는 잘 알려져 있지 않다. 그러나 판갑이 백제의 갑옷이 아니라는 점은 의문의 여지가 없다.

이러한 점으로 보아 가와치 거대고분의 주인공은 가야에서 건너간 우두머리들이다. 이들이 도왜하여 왜지의 사마대국, 노국 등 수많은 소국들을 무너뜨렸던 것이다. 에가미(江上波夫) 선생의 「기마민족정복왕조설」은 바로 이러한 역사적 현실에 바탕을 두고 있다. 따라서 이 거대고분들이 백제 계통인 왜 5왕의 무덤일 가능성은 전혀 없다.

그러면 왜 5왕의 무덤은 도대체 어디에 존재하는가? 현재로서는 알 수가 없다. 장래 일본 역사학이나 고고학이 현재의 낡은 껍데기를 깨트리고 획기적으로 발전하지 않는다면 도저히 찾을 수가 없을 것이다.

5) 왜왕이 중국에 보낸 조공품 「인삼」

이제까지 『송서』에 나오는 왜왕들을 보았는데 왜왕 찬이 보낸 최초의 조공은 421년, 그 후 425년에도 사신을 보낸 바 있다. 그런데 『진서』「안제기」를 보면 이보다 8년 앞선 413년, 왜국에서 사신을 보냈다 한다. 『남사』에 의하면 당시의 왜왕은 역시 찬이었다. 그렇다면 찬은 도합 3회 조공한 셈이 된다.

『진서』는 이때 왜가 바친 공물이 담비의 가죽과 「인삼」이라 하였다. 담비는 일본에도 자생하지만, 인삼은 습도가 높은 일본에서는 자라지 못한다. 한국에서만 자생하는 식물이다. 한국 특산인 인삼을 왜왕이 중국 황제에게 선물로 바쳤던 것인데, 이를 어떻게 해석하여야 할까?

인삼은 백제산이었을 것이다. 적대국인 고구려나 신라의 인삼이었을 리는 없다. 왜의 사신 선단이 중국으로 가는 길에 먼저 백제에 들러 인삼을 실었던 것이 분명하다. 어찌하여 왜는 자국산이 아닌 백제 인삼을 중국 황제에게 선물하였던 것일까? 이는 왜왕의 아이디어일까?

백제나 신라 등 주변국에서 중국에 사신을 보낼 때에는 주로 중국에서는 나지 아니하고 자국에서 산출되는 진귀한 물건을 선물로 보냈다. 그런데 자국에서 나지 않는 외국산을 보낸다는 것은 극히 이례적이다.

당시 왜국을 통치하던 백제인들이 선물을 백제산 인삼으로 정하였던 것이 분명하다. 왜국의 백제인들은 "왜국산 문물은 변변찮다"라는 고정관념 같은 것이 있었던 모양이다. "수준 낮은 하등품인 왜국산 물건을 중국 황제에게 보낼 수는 없다. 백제산이 아니면 안 된다"라고 생각하였을 것이다.

만일 토착왜인이 왜왕이었다면 백제 인삼을 보내지는 아니하였다고 생각된다. 자존심이 상하여서라도 그렇게 할 수는 없었을 것이다.

인삼과 함께 담비 가죽을 보냈는데, 담비는 왜국에도 살고 있다. 그러나 중국에 보낸 담비도 백제산이 아닌가 싶다. 왜국산을 낮추어 보던 백제인들이 왜산 담비를 보내지는 아니하였다고 생각된다.

왜의 중국에 대한 조공은 독자적인 외교가 아니었다. 백제의 지시를 충실하게 따랐을 뿐이다. 조공품인 인삼을 통하여도 확인할 수 있다.

6. 개로왕의 상표문

1) 상표문의 내용

왜왕 무가 송에 보낸 상표문을 보면, 백제의 개로왕이 북위에 보낸 상표문이 대비된다. 재위 18년인 472년, 개로왕은 북위에 사신을 보내어 조공하면서 상표문을 보낸 바 있다. 이 상표문은 478년에 왜왕 무가 송에 보낸 상표문과 아주 비슷하다. 두 상표문이 의도한 근본 목적이 고구려에 대한 공격을 요청하는 것이라는 점도 동일하다.

여기서 개로왕의 상표문을 대략적으로 살펴보자. 이 상표문은 아주 긴 문장이라 필요한 부분을 발췌하여 살펴보기로 한다.

> 저의 나라가 동쪽 끝에 있으므로, 이리와 승냥이(즉 고구려)가 길을
> 막아, 비록 대대로 황제의 교화를 받았으나 번국 신하의 도리를 다할
> 수 없었습니다. 멀리 구름 속 천자의 궁궐을 바라보며, 한없는 정성이
> 달려갈 뿐입니다 ……

개로왕 상표문의 서두는 얼핏 보기에도 왜왕 무의 상표문과 흡사하다. 무의 상표문 첫머리는 「신의 나라는 구석지고 먼 곳에 있으나, 해외의 번국이 되었습니다」라는 대목으로 시작하였다.

이어서 개로왕은 「고구려가 길을 막아, (백제가) 번국 신하의 도리를 다할 수 없었다」라 하였다. 이는 무의 상표문 나오는 「매번 가는 길이 (고구려 때문에) 막혀, (중국에 조공하는) 좋은 풍습을 잃었습니다」라는 구절과 흡사하다. 고구려가 중국 가는 길을 막았다는 발상이 동일한 것을 알 수 있다.

...... 저의 나라는 고구려와 더불어 그 뿌리가 부여에서 나왔습니다. 선세에는 옛정을 두텁게 하여 지냈으나, 그의 조부 쇠(釗, 즉 고국원왕)가 경솔하게 우호를 깨트리고 직접 군사를 이끌고 저의 국경에 침범하여 왔습니다.

신의 조상 수(須, 즉 근구수왕)가 군사를 정돈하여 번개처럼 내달아, 기회를 포착하여 잠시 교전 끝에 쇠의 머리를 베어 매달았습니다 ......

백제는 고구려와 함께 그 뿌리가 부여에 있다고 하였다. 이것은 사실이다. 그런데 이어지는 문장은 진실하지 않다.

첫째, 고구려의 고국원왕이 백제의 국경을 침범하여 왔다고 하였다. 그러나 이는 사실이 아니다. 『삼국사기』에 의하면 근초고왕과 태자 근구수는 371년, 3만 대군을 이끌고 고구려로 침입하여 평양성을 공격하였다. 고구려가 백제 국경을 침범한 것이 아니라, 반대로 백제가 고구려 국경을 넘어가 평양성을 공격하였던 것이다. 고구려가 백제의 국경을 침범하였다는 이 구절은 진실을 왜곡한 거짓이고 기망이다.

둘째, 상표문은 「잠시 교전 끝에 고국원왕의 머리를 베어 매달았다(矢石暫交 梟斬釗首)」라 하였다. 이는 고국원왕이 백제군과 직접 교전하다가 죽었고, 백제군이 그의 머리를 베어 높이 매달았다는 의미이다.

그러나 이 또한 사실이 아니다. 『삼국사기』에는 고국원왕이 흐르는 화살에 맞아 전사하였다고 되어있기 때문이다. 고국원왕은 평양성 안에서 지휘하다, 성 밖의 백제군이 난사한 화살에 맞아 전사하였다. 백제군은 고국원왕이 죽었다는 소식을 듣고는 곧 퇴각하였으므로, 그의 머리를 효수한 적은 없었다.

상표문의 이 대목은 완전한 기망은 아니지만 심한 과장이다. 왜왕 무의 상표문에서 보이는 극심한 과장, 기망과 일맥상통하고 있다.

> …… 만일 폐하의 인자하신 마음이 멀리 이곳까지 미쳐서 속히 한 장수를 보내어 저의 나라를 구해주신다면, 저의 딸을 보내어 후궁에서 모시게 하겠습니다. 아울러 자식과 아우들까지 보내어 마구간에서 말을 기르게 하겠으며 ……

북위의 황제에게 고구려 공격을 간절하게 요청한 것을 알 수 있다. 왜왕 무가 송 황제에게 고구려 공격을 요청한 것과 같은 맥락이다.

> …… 지금 연(璉, 즉 장수왕)은 죄가 있습니다. 자기 나라를 어육으로 만들고, 대신과 세력 있는 친족들의 살육행위가 끝이 없어 백성들은 허물어지고 흩어져 그들이 멸망할 시기이니, 폐하께서 손을 쓸 때입니다 ……

장수왕 시절의 고구려는 전성기를 구가할 때이다. 이 무렵의 고구려가 이처럼 멸망 직전의 처참한 상태에 있었을까? 전혀 그렇지 아니하였을 것이다. 고구려의 국내 사정을 묘사한 이 대목 또한 심한 과장인 것이 분명하다.

> …… 한 번 황제의 위엄을 보이신다면 싸우지 않고도 정복할 수 있습니다. 저는 비록 민첩하지 못하나, 지혜와 힘을 다하여 제가 통솔하고 있는 군대를 거느리고 위풍을 받들어 호응하겠습니다 ……

상표문의 「저는 비록 민첩하지 못하나, 지혜와 힘을 다하여 제가 통솔한 군대를 거느리고(臣雖不敏 志效畢力 當率所統)」라는 구절은 어디서 본 것 같은 느낌이다.

왜왕 무 상표문의 「저는 비록 어리석으나, 선대를 이어 나라를 평안하게 통솔하고 있으며(臣雖下愚 忝胤先緒 驅率所統)」라는 구절과 흡사하다. 그래서 개로왕의 이 상표문과 왜왕 무의 상표문은 동일 인물이 작성한 것이 아닌가 하는 의심이 든다. 이에 관하여 살펴보자.

2) 두 상표문의 작성자는 동일 인물인가?

개로왕의 상표문은 472년, 왜왕 무의 상표문은 478년에 각각 보냈으므로 그 시간차는 6년에 불과하다. 그리고 앞서 본 것처럼 비슷한 구절이 여럿 보인다. 따라서 이 두 상표문은 같은 사람이 쓴 것이 아닐까라는 의문이 생기는 것은 당연한 일이다.

우치다(內田淸) 선생은 「百濟·倭の上表文の原典について(백제·왜 상표문의 원전에 관하여)」(『東アジアの古代文化(동아시아의 고대문화) 1996년 冬號. 大和書房』 91쪽)라는 유명한 논문에서, 여러 가지 근거를 들어 두 상표문의 작자는 동일 인물이라고 단정하였다. 이에 관하여 일본 학계에서는 별다른 반론이 보이지 않고, 대체로 수긍하는 분위기이다.

그리고 선생은 중국 황제에게 보내는 상표문을 작성하는 작업이 참으로 어려운 일임을 말하고 있다. 중국의 여러 서적을 통달하는 깊은 교양과 예민한 정치감각, 국제감각이 없으면 안 된다고 한다.

만일 붓을 잘못 놀린다면, 나라를 위태로움의 구렁텅이에 빠트리게 된다. 그런데 어찌하여 이런 얻기 어려운 인물이 백제를 떠나 왜국으로 갔을까? 라는 의문을 제기하고 있다.

아마도 475년, 고구려군의 기습공격으로 한성이 함락당하고 개로왕이 전사하는 참변을 당하여, 이 유능한 인물이 왜국으로 망명한 것일까? 아니면 왜국의 원병을 구하기 위하여 백제가 이 인물을 왜왕에게 헌상한 것일까? 라는 상상의 날개를 펴고 있다.

　필자는 이 대단한 논문을 쓴 우치다 선생마저 이런 황국사관에 찌든 생각을 하였다는 점을 참으로 아쉽게 생각한다. 수도 한성이 함락당한 이후, 백제 사람들은 문주왕의 지휘하에 남쪽 웅진, 즉 현재의 공주로 내려갔다.

　이 패전으로 인하여 왜국으로 간 백제인은 목협만치 이외에는 보이지 않는다. 무장인 그가 왜국으로 간 이유는 왜국의 병력을 동원하기 위한 목적으로 추정된다. 마치 성왕이 전사한 관산성 패전 이후, 혜 왕자가 왜병을 징발하기 위하여 도왜한 것과 같은 맥락일 것이다.

　일본의 사학자들은 한성이 함락당한 이후, 수많은 백제인들이 보트피플이 되어 왜국으로 피난한 것으로 보고 있다. 그러나 이는 전혀 사실이 아니다. 백제인들은 웅진으로 이주하였지 왜지로 피난가지 않았다.

　이 상표문의 작성자도 마찬가지로 이 패전으로 도왜하였을 가능성은 극히 희박하다. 그 역시 다른 백제인과 동일하게 웅진으로 이주하였을 것이다. 그러면 그는 어디서 이 상표문을 작성하였을까? 상표문에 나오는대로 왜국의 사신은 우선 백제에 먼저 들렀을 것이다. 따라서 그는 편안하게 웅진에 앉아서 이 상표문을 작성하였다고 생각된다.

7. 『수서』「왜국전」의 왜왕

　왜왕 무가 478년 상표문을 올린 것을 마지막으로 왜와 중국의 사신 왕래는 중단되었다. 그러다 무려 122년이나 지난 수의 개황 20년(600년), 왜가 사신을 보내어 조공한 사실이 『수서』「왜국전」에 기록되어 있다. 왜의 역사를 알 수 있는 중요한 자료이므로 검토하여 보자.

앞서 왜왕 무의 상표문을 관류하는 키워드가 「기망과 과장」이라는 사실을 보았는데, 이 기록 또한 마찬가지이다. 미리 이 사실을 염두에 두고 읽어보는 것이 좋을 듯하다. 불필요한 부분을 제외하고, 중요한 부분을 자세히 살펴보자.

원문과 번역은 주로 토리고에(鳥越憲三郎) 선생의 『倭人. 倭國傳 全釋(왜인. 왜국전 전석). 2007. 中央公論新社』에 의거하였다.

> …… 개황 20년(600년) 왜왕이 보낸 사신이 궁궐에 이르렀다. 왜왕의 성은 아매(阿每), 자는 다리사북고(多利思北孤), 호는 아배계미(阿輩鷄彌).

1) 왜왕의 성 「아매」

이 왜왕은 성과 자, 그리고 호는 있으나 이름은 없는 것으로 되어있다. 왜의 사신이 수의 관리에게 자국 왕에 관한 사실을 이렇게 전하였기에, 『수서』에 이렇듯 기록되었을 것이다. 『송사』의 왜왕들은 성은 없이 무(武) 등 외자의 한자로 된 이름이었던 점과 비교된다.

일본의 천황가는 고대에서부터 현대에 이르기까지, 성이 없는 특이한 가문으로 되어있다. 그러나 여기에는 그 성을 '아매(阿每)'라 하였다. 이는 하늘을 의미하는 일본어 '아매(天)'인 것이 분명하다. 일본의 통설이기도 하다.

그러면 왜왕의 성은 '아매씨'란 말인가? 『일본서기』나 『고사기』, 『신찬성씨록』, 어디에도 이런 성은 보이지 않는다. 따라서 왜왕의 성 '아매'는 왜왕의 실제 성이 아니다. 아마도 이 하늘은 백제를 의미하는 말일 것이다. 고대 일본에서 하늘은 백제였다.

왜왕의 꾸며낸 성 '아매(天)'는 『일본서기』에 나오는 「높은 하늘 벌판」

즉 「고천원(高天原)」을 연상케 한다. 천황가의 조상인 천조대신을 비롯한 수많은 신들의 원향인 「고천원」, 이는 백제를 의미하는 말이었다. 졸저 『천황가의 기원은 백제 부여씨』에서 자세히 본 바 있다(365쪽).

『수서』에 나오는 왜왕의 성 '아매'를 보면, '고천원' 설화의 맹아가 7세기 초인 이때부터 싹트고 있었던 것을 알 수 있다.

그리고 『수서』 이후 왜국의 역사를 전하는 『구당서』 「왜국전」도 역시 「왜왕의 성은 '아매'씨이다(其王姓阿每氏)」라 하였다. 왜국에서는 이 무렵 중국에 대하여 계속하여 왕성을 '아매'씨라 하였던 모양이다.

이 왜왕의 실제 성은 왜 5왕과 마찬가지로 부여씨였으나, 그것을 밝히면 바로 정체가 드러나게 된다. 이를 꺼린 나머지 백제라는 의미를 담아 '아매'라는 성을 창작하였다고 생각된다. 왜 5왕들은 자신들의 성을 숨기고 이름만 밝혔는데, 여기서는 창작된 성을 알린 점에서 차이가 있다.

2) 자 「다리사북고」

왜국 사신은 왜왕의 실제 성을 숨기고 창작된 성을 밝혔다. 그러면서 왜왕의 기나긴 자와 호를 알렸다.

'다리사북고(多利思北孤)'의 '북(北)'은 '비(比)'의 오기로 보는 것이 일본의 통설이다. 그러면 '다리사비고'가 되는데, 고대의 존칭인 '타라시피코(足彦)'로 보았다. 『일본서기』와 『고사기』에 나오는 왜왕의 이름에 이러한 존칭이 사용된 바 있다.

① 12대 경행 : 오포타라시피코어시러와캐(大足彦忍代別)
② 13대 성무 : 와카타라시피코(稚足彦)
③ 14대 중애 : 타라시나카투피코(足仲彦)

물론 이 왜왕들은 전부 창작된 가공인물들이다. 그렇지만 이러한 존칭이 고대에 일반적으로 사용되었다는 점은 믿어도 좋을 것이다.

따라서 이 '타라시피코'는 어느 개인의 자가 아니라, 일반적으로 사용되는 존칭으로서 보통명사이다. 그럼에도 불구하고 왜의 사신은 이를 왜왕의 '자'라고 알렸던 것이다. 이는 기망이다.

『일본서기』에 나오는 40명의 왜왕 중에서 자를 가진 왜왕은 24대 인현(재위 488~498년)이 유일하다. 그는 자를 「도랑(島郎 시마노이라투코)」이라 하였는데, 「섬나라의 젊은 남자」라는 의미이다. 왜가 섬나라라는 사실을 강조하는 표현이다. 토착왜인이 붙이거나 사용할 자가 아니다. 이러한 자를 가진 사람은 실존하였던 어느 재왜 백제귀족이었다고 생각된다. 왜왕이었을 가능성도 있다.

3) 호 「아배계미(阿輩鷄彌)」

이는 왜왕의 호라 하였다. 일본의 정설은 이를 '아파캐미' 혹은 '아포캐미'로 읽고는, 왕을 뜻하는 일본어 '오포키미(大君)'의 표기로 본다.

'아배계미'의 발음을 생각하여 보자. '아배(阿輩)'는 'o-po(大)'가 아니라 a-be의 표기인 것이 분명하다. 뒤에서 보듯이 왜왕의 신하 '아배태(阿輩台)'라는 인명이 있다. 이 '아배'는 왜국에서 흔한 '아배(阿倍)'라는 씨명이다.

'계미'는 일본 통설에서 말하는대로 ke-mi의 표기일 것이다. 그러면 '아배계미'는 a-be-ke-mi인데, 이는 대군(大君) 즉 왜왕을 뜻하는 고대 일본어 '오포키미(ə-pə-ki-mi)'와는 발음이 상당히 다르다. 이 말이 '오포키미'의 표기일 가능성은 극히 희박하다.

왜국의 고유어 '오포키미'에서 힌트를 얻어 '아배캐미'라는 말을 창작하고는, 이를 왜왕의 호라고 기망한 것으로 생각된다.

4) 왜왕은 해를 아우로 여겼을까?

> 황제가 담당관리를 시켜 그 나라의 풍속을 물어보게 하였다. 사신이
> 말하기를
> 「왜왕은 하늘을 형으로 삼고 해를 아우로 삼습니다. 하늘이 밝아지기
> 전에 나아가 정사를 듣고는 가부좌하여 앉습니다. 해가 돋으면 곧 물
> 러나 말하기를 "내 야우(즉 해)에게 맡긴다"라 합니다」
> 고조(高祖)가 말하였다. "그것은 참으로 의리가 없구나". 왜국의 이러한
> 점을 가르쳐 고치도록 하였다.

 왜왕은 하늘을 형으로 삼고 해를 아우로 삼는다 하였다. 종전 『송서』에
서 본 왜왕 무의 상표문에서 연상되는 아주 세련되고 절제된 문사 이미지
의 왜왕과는 전혀 거리가 멀다. 마치 초원에서 말 달리던, 용맹은 하지만
좀 무식한 느낌을 주는 흉노의 선우를 연상케 한다.
 그런데 여기에는 모순점이 있다. 하늘을 형으로 삼는다는 것은 그런대
로 이해가 가지만, 해를 아우로 삼는다는 것은 고대 왜국의 전통사상과는
전혀 거리가 멀다는 점이다.
 앞서 '다리사비고(多利思比孤)'의 '비고'는 '피코(彦)'라는 고대 일본어이
다. 이를 『고사기』 등에서는 '일자(日子)'라고도 표기하였는데, '해의 아들'
이라는 의미이다.
 그리고 『일본서기』는 천황가를 '천조대신'의 후예라 하였다. 이 신은 다
름 아닌 해의 신이다. 따라서 해는 왜왕의 직계 선조가 된다. 고대의 왜국
에서 '해'라는 존재는 신성한 것으로서, 왜왕들의 아버지 혹은 먼 선조의

이미지였다. 즉 숭배의 대상이었던 것이다. 그런데 『수서』의 왜왕은 전혀 다르게 해를 자신의 아우로 삼는다 하였다. 해에 대한 관념이 『일본서기』와 『수서』는 전혀 다른데 어느 것이 진실일까?

『일본서기』는 창작사서이지만 해에 대한 이러한 관념은 믿을 만하다. 일본의 천조대신이나 천손강림 설화는 창작설화이긴 하지만, 고대 한국의 전통사상, 혹은 시조 설화의 요소가 강하게 배여 있다(졸저 『천황가의 기원은 백제 부여씨』 381쪽).

이렇게 본다면 『수서』에서 왜왕이 해를 자신의 아우로 삼았다는 것은 전혀 믿기 어렵다. 왜 사신의 거짓 수작인 것이 분명하다.

그리고 왜왕은 해가 뜨기 전에 나아가 정사를 듣고는 가부좌하여 앉았다가, 해가 뜨면 "내 아우(해)에게 맡긴다"라 하면서 물러났다는 것은 사실인가? 이 또한 믿기 어렵다.

고대의 한국이나 중국에서는 조정의 신하들이 해가 뜨자마자 출근하여, 황제 혹은 왕과 모여서 정사를 의논하였다. '조정(朝廷)'은 원래 '아침 마당'이라는 의미이다. 고대에서부터 해가 뜬 이른 아침, 궁궐에 모여 정사를 논의하던 데에 그 기원이 있다.

그런데 왜국에서는 해가 뜨기도 전인 캄캄한 밤중에 군신이 모여 정사를 논하다가, 해가 뜨면 마쳤다는 것은 전혀 믿기 어렵다. 이 또한 기망이다.

5) 왕의 처 「계미」와 후궁

왕처(王妻)의 호는 '계미(鷄彌)'. 후궁 6,7백 인이었다.

왕의 처 즉 왕비를 왜어로 '계미'라 한다는 것이다. 앞서 왜왕의 호 '아배계미(阿輩鷄彌)'를 본 바 있는데, '계미'는 동일하다. 일본 통설은 이를 ke-mi로 읽고는 일본어 ki-mi(君)라 한다. 사실일까?

졸저 『천황가의 기원은 백제 부여씨』에서 왜국에는 '왕비'에 해당하는 고유어가 없었던 사실을 본 바 있다(490쪽). 굳이 찾자면 mi-me(妃)가 있지만, 이는 왕비라기 보다는 일반적으로 고귀한 여성이라는 의미이다.

『일본서기』에서는 여왕, 혹은 고귀한 여성을 pi-me(姬)라 하였다. ki-mi는 일반적으로 남성에 대한 경칭이다.

따라서 일본 통설의 견해대로 왕처의 호 '계미'가 일본어 ki-mi(君)라면, 이 또한 기망에 해당한다. 아마도 일본어 ki-mi에서 힌트를 얻어 왕처의 호를 창작하였을 것이다.

그리고 왜왕의 후궁이 6, 7백 인이라 하였으므로 이 왜왕은 남성이다. 『일본서기』에 의하면 이때의 왜왕은 여왕인 추고이니, 전혀 부합하지 않는다. 일본에서는 이 왜왕을 성덕태자로 보는 견해가 유력하다.

그러나 만고의 대성인이라는 성덕태자가 후궁이 이렇게 많다는 것도, 전혀 납득하기 어렵다. 그가 이렇게 많은 후궁을 거느리고 있었다면, 대성인이라 불리울 자격이 없을 것이다. 또한 성덕태자는 섭정일 뿐 왕이 아니다. 섭정인 그가 이렇게 많은 후궁을 둔다는 것은 더욱 상상하기 어렵다.

이 왜왕은 여왕인 추고도 아니고, 대성인이라는 성덕태자도 아니다. 『수서』의 이 대목에서 두 인물이 창작의 소산이라는 사실을 분명하게 간파할 수 있다. 어떻게 보더라도 『일본서기』는 파탄을 면할 수가 없다. 창작된 역사서라는 사실이 드러날 뿐이다.

그러면 왜왕이 누구이든 이처럼 수많은 후궁이 있었던 것은 사실일까? 위의 졸저에서, 왜왕의 궁전이라는 것은 새로운 왜왕이 즉위할 때마다 한 번씩 옮겼다는 사실을 본 바 있다(502쪽). 일본 사학자들은 이를 「일대일궁(一代一宮)의 원칙」이라 이름지었다. 그러므로 궁전은 전혀 웅장하거나 화려하지 않고, 아주 작고 간소한 것이었다. 기와지붕이 아니었던 점으로도 이는 명백하다. 왜왕이란 백제의 대왕이 파견한 존재였기 때문이다.

　왜왕에게 이토록 많은 후궁이 있었다면, 그보다 더 많은 수의 시종하는 여성들, 그리고 관리들이 있었을 것이다. 따라서 그 궁전은 어마어마하게 크고 웅장하지 않으면 안 된다. 일대일궁의 원칙이 적용되던 고대의 왜국에서는 전혀 상상도 할 수 없는 일이다. 『일본서기』를 보더라도, 역대 왜왕들은 왕비 이외에 불과 수명의 후비나 차비 혹은 빈(嬪)을 두었다고 되어 있을 뿐, 「후궁」이라는 제도가 존재하지 않았던 것이다.

　「6, 7백 명의 후궁」이 있었다는 왜국 사신의 진술 또한 전혀 사실과는 다른 기망이다.

6) 태자 「리가미다불리」

> 태자는 '리가미다불리(利歌彌多弗利)'라 하였다. 성곽은 없다.

　태자인 '리가미다불리'. 통설은 '리(利)'를 '화(和)'의 오기로 본다. 그래서 '화가미다불리(和歌彌多弗利)'인데, 일본어 wa-ka-mi-ta-bu-ri의 표기이지만 무슨 의미인지는 알 수 없다 한다.

　만일 고대의 왜국에 이러한 용어가 있었다면 당연히 『일본서기』나 『고사기』 등에 보여야 마땅하지만, 어디에도 나오지 않는다. 왜 보이지 않을까? '태자'를 뜻하는 고유어가 존재하지 않았기 때문이다(위 졸저 489쪽). 왜왕을 백제에서 파견하였으므로 태자를 의미하는 고유어가 존재할 리가 없었던 것이다. 이 일본어 역시 수 황제를 속이려는 기망인 것이 분명하다. 여기서 정리하여 보자.

① 아매 : 왜왕의 성

② 다리사비고 : 〃 자

③ 아배계미 : 〃 호

④ 계미 : 왕비의 호칭

⑤ 화가미다불리 : 태자의 〃

이 모든 것이 진실과는 전혀 거리가 멀다. 『일본서기』나 『고사기』, 『만엽집』 등 어디에도 이러한 왜왕의 성과 자, 호를 볼 수가 없고, 왕비나 태자에 대한 이러한 호칭을 찾을 수가 없다. 하나의 예외도 없이 모든 것이 창작이며 또한 기망이다. 철저하게 수 황제를 속였던 것을 알 수 있다.

왜 이렇듯 진실을 숨기고 거짓으로만 일관하였을까? 당시의 왜는 백제의 속국이었기 때문일 것이다. 그 사실이 드러나는 것을 극도로 두려워하여, 이렇듯 모든 것을 거짓으로 꾸며내었다고 추정할 수 있다. 앞서 『송서』에서 본 왜왕 무의 상표문이 거짓으로 일관하였던 것과 같은 맥락이다.

『일본서기』나 『고사기』는 37명이나 되는 허구의 왜왕과 창작된 역사를 기록하였다. 역사 날조의 뿌리는 참으로 깊고도 깊은 것을 알 수 있다.

7) 12 관등

> 내관(內官)에는 12 관등이 있다. 대덕, 소덕, 대인, 소인, 대의, 소의, 대례, 소례, 대지, 소지, 대신, 소신이다. 인원수의 정함은 없다.
> 군니(軍尼) 120인이 있다. 중국의 목재(牧宰)와 같다. 80호에 1 이니익(伊尼翼)을 둔다. 지금의 이장(里長)과 같다. 10 이니익이 1 군니에 속한다
> ……

> 군대는 있어도 전쟁은 없다. 왕은 조회를 하면 반드시 의장을 펼치고,
> 국악을 연주한다. 호(戶)는 10만이다.

『일본서기』를 보면 추고 11년(603년), 12관등을 정하였다고 되어있다. 왜국 최초의 관위제였다. 그런데 순서는 위와는 좀 다르다. 아마도 왜국 사신이 수의 관리에게 전달하면서 착오가 있었던 모양이다.

왜국의 지방장관에는 '군니(軍尼)'와 '이니익(伊尼翼)'이 있다 하였다. 일본에서는 '군니'를 '국조(國造 쿠니노미야투코)'로 보고 있다. 그런데 600년을 전후한 무렵에, 무려 7음절이나 되는 일본어 '쿠니노미야투코'를 '국조'라는 단 두 글자의 한자로 표기하였을까?

이 무렵에는 그런 표기법이 존재하지 않았다. '국조'라는 한자표기는 이보다 수십 년 이후의 일이다. 만일 이 시기에 '국조'라는 용어가 있었다면, 왜 사신은 수나라 관리들에게 지방장관으로 '국조'가 있다고 하였을 것이다. '국조'라는 한자표기는 중국 사람에게 내놓아도 손색이 없는 품위 있는 용어이다.

그러나 왜 사신이 '군니'라는 어색하고 야만스러운 한자로 표기하였던 것을 보면, 당시에는 '국조'라는 말이 존재하지 않았던 것을 알 수 있다. 그런데 『일본서기』에는 시조인 신무의 시대부터 '국조'가 존재하였다고 되어있다. 그 허구성을 다시 한번 확인할 수 있다.

'이니익(伊尼翼)'은 존칭의 하나인 '이나키(稻寸)'로 보는 것이 통설이다. '익(翼)'을 '기(翼)'의 오기로 보았다. 그러나 이 당시에는 '도촌'이라는 한자표기 또한 존재하지 않았다.

그런데 『수서』의 이 대목에 의하면 당시 왜국에는 도합 96,000호가 있었던 것이 된다. 백제 멸망 당시의 76만 호에 비교하면 너무 적은 느낌이다. 당시의 왜지는 아직 통일을 이루기 전이라 이 왜국의 인구가 적었던 것일

까? 아니면 전달과정에서 무슨 착오가 있었던 것일까?

그런데 이어지는 대목에서 '호는 10만(戶可十萬)'이라 하였으므로, 앞의 9만 6천 호와 맞아떨어진다. 수에 사신을 보낸 이 왜국은 10만 호 정도의 호구 수를 가진 소국이었던 모양이다.

8) 백제풍의 풍습

> ······ 문자가 없다. 다만 나무에 새겨 새끼에 묶는다. 불법(佛法)을 숭상한다. 백제에 가서 불경을 구하여 온다. 처음으로 문자가 나타났다. 점치는 것을 알고 무격을 믿는다. 매년 정월 초하루에는 반드시 활쏘기를 하고, 술을 마신다. 그 외의 명절은 중국과 동일하다. 바둑과 쌍륙, 윷놀이(樗蒲)를 즐긴다.

원래 왜국에는 문자가 없었는데, 백제에서 불교를 전래한 이래 문자를 알게 되었다 한다. 그리고 백제로 가서 불경을 구하여 온다 하였다.

왜인들이 즐긴다는 바둑과 쌍륙, 윷놀이는 모두 백제 사람들이 가져간 것이다. 『북사』「백제전」을 보면, 백제인들이 쌍륙, 윷놀이, 투호 등 여러 가지 놀이를 즐기는데, 그중에서 바둑을 가장 좋아한다 하였다. 또한 그들은 말 달리고 활 쏘는 것을 중하게 여긴다고도 하였다.

이렇듯 바둑, 쌍륙, 윷놀이를 즐기던 왜인들은 왜국의 귀족이었다. 그들은 토착왜인이 아니라 백제에서 건너간 백제인들이었다.

점과 무격, 활쏘기, 바둑, 쌍륙, 윷놀이, 『수서』에 보이는 이 모든 풍습은 고대 한국인의 그것과 아무런 차이가 없다. 지배층은 백제인들이었고, 그들이 모국의 풍습을 왜국에 그대로 가져갔던 것이다.

뿐만 아니다. 백제인들이 즐기던 투호도 나라시대의 일본에서 유행한 바 있다. 또한 백제인들이 매사냥을 왜국에 가져간 것은 앞서 보았다(41 쪽). 왜국의 윷놀이와 축국(蹴鞠)에 관하여는 항을 바꾸어 살펴보자.

8~9세기 일본 귀족들의 활쏘기 풍습에 관하여는 졸저『일본열도의 백제 어』에서 본 바 있다(293쪽).

음력 1월 17일, 궁중에서 천황이 참석한 가운데 고위 관리들이 활쏘기 대회를 하였는데, 이를 '사례(射禮)'라 하였다. 다음날 역시 천황이 임석한 자리에서 좌우 근위부 등의 하급관리들이 참석하여 궁술의 기예를 겨루었 으니, 이 행사를 '노리유미'라 하였다. 한자로는 '(賭弓 도궁)'이라 표기하였 는데, '도박 활'이라는 의미가 된다. 좌근위부와 우근위부로 편을 갈라 시 합을 하면서, 이긴 쪽에는 푸짐한 포상을 주고 진 쪽은 벌주를 마셔야 하 였으므로, 일종의 도박으로 본 모양이다.

노리 [한국어] 놀다의 명사형
유미 弓 [일본어] 활

활쏘기 시합의 명칭인 '노리유미'의 '노리'는 일본어가 아니라 백제어이 다. '놀다'에는 여러 의미가 있는데, 도박하다는 뜻도 있다. 중세 한국어에 서는 노름을 '노름노리'라 하였다.

따라서 활쏘기 시합의 이름인 '노리유미'의 의미는 '놀이(도박) 활'이다.

천황이 직접 참석하는 궁중행사의 명칭을 백제어로 지은 것을 알 수 있 다. 천황을 포함한 일본의 지배층이 백제의 후예였다는 또 하나의 증거라 하겠다.

도박하다는 의미의 고대 일본어 no-ru는 중세에는 사라져 사어가 되 고 말았다. 아마도 이 말은 귀족들의 전유물이었고 평민들에게는 보급되 지 않았던 모양이다. 이렇게 일본에서 사라진 백제어가 무수히 많다.

9) 고대 일본의 윷놀이와 축국

만엽집을 보면, 고대의 일본인들이 윷가락 4짝으로 윷놀이를 즐겼던 사실을 알 수 있다. 네 짝 중 몇 개가 엎드리고 일어나 있는지에 따라 도, 개, 걸, 윷, 모를 정하고, 윷판에다 말을 움직였던 것이다.

① 一伏三起 일복삼기 [만엽집 2988] kə-rə : 윷놀이의 걸

「一伏三起(일복삼기)」는 윷가락 네 짝 중에서 하나는 엎드려 있고, 셋은 일어나 있다는 뜻이다. 윷놀이의 '걸'이다.

이 「일복삼기」를 때를 의미하는 고대 일본어 kə-rə(頃)의 표기로 사용하였다. 고대의 일본에서 윷놀이의 '걸'을 kə-rə라고 하였던 것을 알 수 있다. 바로 '걸'이다. 백제인들도 이 상태를 '걸'이라 하였고, 이를 일본으로 그대로 가져갔다.

② 三伏一向 삼복일향 [만엽집 1874] tu-ku : 윷놀이의 도

위 만엽가에서는 이 반대, 즉 셋은 엎드려 있고 하나는 일어나 있는 상태를 tu-ku라 하였다. 한국에서는 '도'라 한다.

'도'를 의미하는 고대 일본의 tu-ku. 이 역시 백제어인 것이 분명하지만 그 어원을 찾기가 쉽지 않다. 그런데 윷놀이 용어 중에 '둑'이 있다. 윷말 두 동을 의미한다. 고대에는 '도'를 '둑'이라 하였을까?

③ 諸伏 제복 [만엽집 743] ma-ni-ma-ni(隨) : 윷놀이의 모

위 노래에 나오는 「諸伏」은 윷가락 4짝이 모두 엎드려 있다는 뜻이니,

이는 '모'를 의미한다.

　일본어 ma-ni-ma-ni(隨)는 행동의 결정을 타인에게 맡긴다는 의미이다. 즉 자신의 의지가 아니라 신이나 천황 등 타인의 의지대로 움직인다는 뜻이다. 윷놀이의 '모'는 윷짝 넷 다 엎드려 있으므로, 이는 완벽하게 굴복한 상태이다. '모'의 엎드린 형태로서 일본어 ma-ni-ma-ni를 나타낸 것은 아주 그럴듯하다.

　그런데 이는 '모'의 엎드린 상태를 일본어로 표현한 것이지, '모'라는 윷놀이 용어는 아니다. '모'를 고대의 일본에서 어떻게 불렀는지는 알 수가 없다. 앞서 '걸'을 kə-rə, '도'를 tu-ku라 한 것을 보았다. 그러나 '개', '윷', '모'는 알 수가 없다. 필자 역량의 한계로 인하여 찾지 못한 점이 아쉽다.

　④ ka-ri　[만엽집 948] 윷가락 4짝
　　솔가리 : 땔감용 소나무 가지
　　졸가리 : 잎이 떨어진 나뭇가지
　　마들가리 : 잔가지로 된 땔나무

　고대의 일본에서는 윷가락 4짝을 ka-ri(加利)라 하였다. 이는 일본어가 아니다. 일본에는 고대에도 이런 말이 존재하지 않았다.

　위에서 보듯이 한국어 '~가리'는 나무토막, 혹은 작은 나뭇가지를 의미한다. '가리' 단독으로는 사용되지 않고 접미사로만 명맥을 유지하고 있으나, 고대에는 단독으로 쓰이면서 작은 나무토막을 뜻하였던 모양이다. 고대에 일본으로 건너가서는 윷가락 4짝을 의미하게 되었다.

　⑤ ka-ri-u-ti　樗蒲 저포 [고대 일본어] 윷놀이

u-ti 打 타 [일본어] 치기

도를 <u>치다</u> [윷놀이 용어] 도가 나오게 하다

윷놀이를 ka-ri-<u>u</u>-ti라 하였다. u-ti(打)는 치다는 의미의 동사 u-tu의 명사형이다. 따라서 이 말은 '가리 <u>치기</u>'라는 의미가 된다. '가리' 즉 윷가락을 가지고 노는 것을 '가리 <u>치기</u>'라 하였는데, 이 또한 백제에서 건너간 말이다.

『표준국어대사전』을 보면, 윷놀이할 때 「개를 <u>치다</u>」 혹은 「도를 <u>치다</u>」 라는 표현이 있다. '도나 개를 나오게 하다'는 의미이다. 또한 「화투를 <u>치다</u>」라고도 한다. 이 '<u>치다</u>'는 윷놀이나 화투 등 재미있는 놀이를 하다는 의미이다.

요즘은 '윷을 놀다'라 하지만 백제 사람들은 「가리를 <u>치다</u>」라고 하였고, 윷놀이는 「가리 <u>치기</u>」라 하였던 모양이다.

그것을 일본으로 가져가 '가리'는 그대로 <u>ka-ri</u>(加利)라 하였으며, '치기'는 일본어로 번역하여 u-ti(打)라 하였던 것이다.

윷놀이를 한자로는 '저포(樗蒲)'라고 표기하였다. 원래 저포는 중국에서 유래한 놀이이다. 윷놀이와 비슷하나, 다섯 개의 나뭇조각을 던지는 점을 비롯하여 약간의 차이가 있다. 고대 일본에서의 '저포'는 중국 놀이가 아니라 한국의 윷놀이를 의미하였다.

한편 고대 일본 귀족들은 '축국(蹴鞠)'을 즐겼다. 『일본서기』 황극 3년 정월조를 보면, 법흥사 느티나무 아래에서 벌어진 '타구(打毬)' 놀이 장면이 있다. 태자 중대형의 가죽신이 공을 따라 벗겨지자, 겸족이 주워 손에 들고 무릎을 꿇으면서 공손하게 바쳤다 한다.

원문에는 '타구'로 되어있으나, 가죽신이 공을 따라 벗겨졌다고 하였으므로 이는 공을 발로 차는 놀이인 축국인 것이 분명하다.

『구당서』「고구려전」을 보면, 「고구려인들이 축국에 능하다」라는 대목이 있다. 『삼국유사』에는 김유신이 자신의 집 앞에서 김춘추와 축국을 하였다 한다. 일본의 축국은 백제 사람들이 가져간 것이다.

다시 『수서』로 돌아가자.

10) 장례습속

> …… 사람이 죽으면 관과 곽으로 염한다. 친한 손님은 시체 곁에서
> 춤추고 노래한다. 처자와 형제는 흰 천으로 옷을 만든다.
> 귀인은 3년간 밖에서 빈(殯)을 한다. 서민은 하루가 지나면 묻는다.
> 장례에 이르러서는 시체를 배(船) 위에 두고 육지에서 끈다. 혹은
> 작은 상여를 사용한다.

『삼국지』「왜인전」에 의하면 관은 있으나 곽이 없다 하였는데, 여기서는 관과 곽을 사용한다 하였다.

「친한 손님은 시체 곁에서 춤추고 노래한다」라는 대목을 주목하여 보자. 장례의식에서 춤추고 노래한다는 것은 아주 이례적인 일이 아닐 수 없다. 그런데 이와 흡사한 풍습은 『삼국지』「왜인전」에도 보인다. 즉 「상주는 곡하여 울고, 타인은 곁에서 춤추고 노래하며 술을 마신다」라고 하였다. 이는 바로 고대 한국인의 장례 풍습이기도 하다. 『북사』「고구려전」을 보자.

> 「사람이 죽으면 빈소를 집 안에 둔다. 3년이 지나면 길일을 택하여 장례
> 를 지낸다. 부모나 남편의 상에는 3년 동안 상복을 입고, 형제는 3개월
> 이다. 시작과 끝은 곡하여 울고, 매장할 때에는 북치고 춤추며 풍악으

로 고인을 보낸다(始終哭泣 葬則鼓舞作樂以送之)」

사람이 죽은 후 장례 과정에서 춤추고 노래하며, 풍악으로 고인을 보내는 것은 한일 공통의 의례라 할 수 있다. 아마도 기원전 4~5세기, 한국 남부지방 사람들이 집단으로 도왜하여 야요이문화를 일본열도에 가져갔을 무렵에 전하여진 풍습으로 생각된다.

흰 천으로 상복을 만드는 것은 한국의 경우도 마찬가지이다. 현대에도 이 전통은 지켜지고 있다.

귀인이 3년간 밖에서 빈을 한다는 것은 백제의 풍습이기도 하다. 공주의 정지산 유적을 무령왕의 빈소로 보는 견해가 한국 고고학계의 대세이다. 무령왕의 사후 3년간 궁궐을 떠나 이곳에서 빈소를 차렸다고 보고 있다.

11) 백제와 신라가 왜를 대국으로 여겼을까?

> …… 신라와 백제는 모두 왜국을 대국(大國)으로 여겼다. 진귀한 물건이 많아 모두 존경하며 우러러보았다. 항상 사신이 왕래하였다.

신라와 백제 사람들이 모두 왜국을 대국으로 여기고는 존경하며 우러러보았을까? 이는 왜 사신의 기망이라고 단정할 수 있다.

고대에서부터 현대에 이르기까지, 어느 시기이건 한국인들이 왜를 존경하며 우르러 보았던 시절은 단 한 번도 없었다.

일본의 위상이 가장 높고 한국이 가장 낮았던 시기는 근세의 일제강점기였던 것이 분명하다. 심지어 이때에도 한국인들은 일본인을 존경하거나 우러러보지 않았다. 일본인들이 서양문물을 좀 더 빨리 받아들였던 탓에 한국이 이 지경이 되었다고 한탄하면서도, 일본인들을 '왜놈', 일본 경찰을 '왜경', 일본 간장을 '왜간장'이라 하는 등, 그들을 멸시의 호칭으로 불렀던 것이다.

요즘은 '일제강점기'라는 용어가 정착되었지만, 불과 얼마 전까지만 하여도 한국 사람들은 이 시대를 「왜정시대」라고 호칭한 바 있다. 60대 이상의 한국인에게는 이 「왜정시대」가 익숙한 용어일 것이다.

심지어 이 시절의 한국인들마저도 전혀 일본을 두려워하거나 존경하지 않았다. 따라서 모든 면에서 앞섰던 고대의 한국인들이 왜를 존경하였다는 것은 전혀 상상도 되지 않는다. 그들은 멸시의 대상이었다.

고대 이래 전통적인 한국인들의 왜국에 대한 관념을 정리하면, 「작은 섬나라에, 열등한 문화를 가진 키 작은 사람들이 사는 곳」일 것이다. 한국인들은 왜국을 좁은 섬나라, 왜인을 키 작은 열등한 종족으로 보는 것이 일반적인 관념이었다.

이런 왜인에게 진다는 것은 참으로 부끄럽고 창피한 일이다. 현대의 한국인들이 스포츠 경기나 모든 면에서 일본에게는 절대 질 수 없다고 이를 악무는 것도, 따져보면 이러한 고대에서부터의 관념에 기인한 것이다. 왜가 대국이라 존경하고 우러러본다는 것은 전혀 상식 밖이다. 이 왜는 백제의 속국이었으나, 이를 감추기 위하여 이렇듯 거짓말을 한 것으로 생각된다.

왜국에 진귀한 물건이 많다고 한 것 또한 기망이다. 『일본서기』에는 백제의 대왕이 왜왕에게 진귀한 물건을 선물한 사례가 여럿 보이고 있다. 동대사의 정창원에는 백제와 신라에서 보낸 진귀한 보물들이 다수 소장되어 있다.

백제와 왜 사이에는 항상 사신이 왕래하였겠지만, 신라와 왜 사이에 사신이 자주 왕래하였는지는 의문이다.

12) 야만스러운 왜왕의 국서(國書)

> …… 대업 3년(607년) 왕 다리사비고가 사신을 보내어 조공하였다.
> 사신이 말하기를 「해서의 보살천자가 불법을 중흥한다고 들었습니다.
> 그래서 저를 보내어 배알하도록 하였습니다. 겸하여 승려 수십인을
> 보내어 불법을 배우려 합니다」
> 왜의 국서에서 말하기를 「일출처의 천자가 일몰처의 천자에게 글을
> 보낸다. 무양하신가? 운운」
> 황제가 읽고는 불쾌하여 담당관리에게 말하기를 「오랑캐의 글이
> 무례하구나. 다시 듣고 싶지 않다」

왜의 사신이 건너간 대업 3년, 즉 607년은 『일본서기』에 의하면 왜왕 추고 15년이다. 이때에도 『수서』의 왜왕은 남성이지만, 『일본서기』는 여왕인 추고이다.

『일본서기』에도 이때의 사신 파견 기사가 있다. '대당(大唐)'으로 사신을 보냈다 하였으나, 실은 '수'이다. 소야매자(小野妹子 워노노이모코)를 사신으로, 안작복리(鞍作福利 쿠라투쿠리노푸쿠리)를 통역으로 하였다.

그런데 사신 '소야매자'를 수나라 사람들이 '소인고(蘇因高)'로 불렀다는 기사가 있다. 어느모로 보나 이 사신의 성명은 원래 '소인고'였다고 생각된다. 즉 그의 성은 「소」씨이고, 이름이 「인고」였을 것이다. 성명으로 보아 백제인인 것이 분명하다. 뒤에서 자세히 살펴보자(287쪽).

통역관인 「안작복리」, 이름의 말음 「리(利)」에서 그가 백제인인 것을 알수 있다. 토착왜인이 중국어를 알 리가 없다. 사신과 통역, 모두 백제인이었던 것이다. 왜 5왕의 사신인 「조달」과 「왜수」가 모두 백제인이었던 사실과 같은 맥락이다.

왜의 국서에 나오는 「일출처의 천자」 운운은 외교상의 크나큰 결례가

아닐 수 없다. 『일본서기』에 의하면 당시의 왜왕은 추고여왕이었지만, 만사를 성덕태자에게 맡겨 그가 국정을 총괄한다고 하였다. 유교와 불교에 통달한 만고의 대성인 성덕태자가 통치하는 왜국에서 보낸 국서가 이렇듯 야만스럽다는 것은 전혀 상상이 되지 않는다.

『일본서기』에 의하면, 이때 왜국에서는 학문을 배우는 왜한직복인(倭漢直福因) 등 학생 4명과 불법을 공부하는 학문승 신한인일문(新漢人日文) 등 4명, 도합 8명을 수나라에 보냈다 한다.

그런데 그들의 공통점은 모두가 '한인(漢人)'이라는 점이다. '한인'은 원래는 아라가야 사람을 뜻하였는데, 의미가 발전하여 백제인을 의미하기도 하였다. 이 한인은 모두 백제인으로 추정된다. 토착왜인은 단 한 사람도 없었다.

13) 진왕국(秦王國)

> …… 이듬해(608년) 황제가 문림랑(文林郎)인 배청(裵淸)을 사신으로 왜국에 보냈다. 백제를 지나 죽도(竹島)에 이르렀다. 남쪽으로 탐라국을 바라보며 도사마국(都斯麻國)을 지나, 넓은 대해 중에서 다시 동쪽으로 가서 일지국(一支國), 죽사국(竹斯國)에 다다랐다.
> 다시 동쪽으로 가 진왕국(秦王國)에 이르렀다. 그 사람들은 중국과 같았다. 오랑캐의 고장이라는 것이 의심스러웠으나, 분명히 알 수가 없었다.

도사마국은 현대의 쓰시마섬이다. 일지국은 현대의 후쿠오카 앞바다의 이키섬, 죽사국은 현대의 규슈섬 전체이다. 수나라 사신의 경로가 잘 나와 있다.

「진왕국(秦王國)」은 어딘지 알 수가 없다. 「그곳 사람들은 중국과 같아,

오랑캐의 고장이라는 사실이 의심스럽다」라고 한 것은 그들의 문화가 중국과 대등한 정도로 수준이 높았다는 의미일 것이다. 다른 곳에서 본 수준 낮은 일반적인 왜인들의 모습과는 달리, 고도로 발달된 문명사회의 모습에서 중국과 별 차이가 없다고 느꼈던 모양이다.

일반 왜인과는 다르며 중국과 차이가 없는 사람들. 그렇다면 이곳은 토착왜인들보다 문화수준이 월등한 한국인들의 집단거주지가 아닐까? 오오와(大和岩雄)선생의 『秦氏の研究(진씨의 연구). 2010. 大和書房』를 보면, 이에 관한 일본 학자들의 견해가 잘 나타나 있다(91쪽 이하).

① 히라노(平野邦雄)선생은 진왕국을 신라의 재판으로 보았다.

② 나오키(直木孝次郎)선생은 현재의 후쿠오카현 하카타(博多)에서 오이타현 나카츠(中津)에 이르는 일대에, 이른바 '조선계귀화인'이 많은 지역이 있었던 것이 아닐까? 라고 하였다.

③ 오오와(大和岩雄)선생도 이 일대에 진씨 왕국이 있었다고 보았다.

모든 것이 중국과 같아서 과연 여기가 오랑캐 땅인지 의심스러울 정도로 문화가 발달하였던 진왕국. 신비의 진왕국이 과연 어디인지 참으로 궁금하지만, 알 수가 없다. 한국인들의 왕국이었다고 생각되나 어디에서 건너간 사람들이 세운 것인지, 어디에 있었는지 등 여러 의문점을 풀 수 없는 점이 아쉽다. 추후의 자료발굴과 연구를 기다려보자.

14) 왜국은 아직 통일왕국이 아니었다

다시 10여 국을 지나 해안에 도착하였다. 죽사국(竹斯國)의 동쪽은 모두 왜국의 부용(附庸)이다(自竹斯國以東 皆附庸於倭).

이 구절은 참으로 의미심장하다. 「부용」을 『표준국어대사전』에서 찾아보면 「작은 나라가 큰 나라에 의탁하여 지내는 일」이라 한다. 독립국이긴 하지만 큰 나라에 의지하여 명맥을 유지하는 국가를 말한다.

죽사국은 왜국의 '부용'이 아니고, 그 동쪽으로는 전부 왜의 '부용'이라는 의미이다. 이 말을 해석하여 보면,

① 죽사국 즉 현재의 규슈섬 전체는 왜의 부용이 아닌 독립국이다.
② 10여 국을 지나 도착한 해안은 현재의 오사카 항구일 것이다.
  북규슈의 어느 항구에서 출발하여 오사카까지 가는 도중에 여러
  소국이 있는데, 이들은 왜의 부용이다.

수 사신은 자신이 지나온 경로에 있는 수많은 나라들이 대부분 독립국이었다고 말하고 있다. 다만 북규슈에서 오사카까지 사이에 있는 소국들은 부용, 즉 독립국이긴 하지만 왜에 의지하여 유지하고 있다고 하였다.

『수서』의 이 대목에 의하면, 이때의 왜지는 통일을 이루지 못하고 「소국 분립」의 시기였던 것이 분명하다. 그러나 강대국 왜국의 통제를 받는 많은 부용국이 있었다. 이들은 왜국에 의하여 일차 정복을 당한 상태였다고 볼 수 있다. 통일이 그리 멀지는 아니한 상태였다고 생각된다.

그러나 『일본서기』에 의하면 왜국은 시조 신무의 시절부터 통일국가였던 것으로 되어있다. 그 허구성을 다시한번 절감할 수 있다.

15) 아배태와 가다비

왜왕은 소덕 아배태(阿輩台)를 보내 수백 인으로 의장을 펼쳤다. 북을 치고 나팔을 불며 환영하였다. 열흘 후 다시 대례 가다비(可多毗)가 이

끄는 이백여 기를 보내어 노고를 치하하였다.

왜왕의 지극한 환대를 알 수 있는 대목이다. 왜의 접대사는 '아배태'와 '가다비'였는데, 이 둘의 이름은 백제풍이다.

① 아배태 阿輩台
② 가다비 哥多毗

①은 성이 '아배(阿輩)'이고, 이름이 '태(台)'이다. 성은 지명으로서 왜풍이지만, 이름은 백제풍인 외자의 한자이다.

②는 성은 없이 이름만 기록하였다. 말음 '비(毗)'가 백제풍인 것이 분명하다. 이 기록은 600년을 전후한 무렵의 왜국 사정인데, 이때에도 역시 백제인들이 왜국을 통치한 것을 알 수 있다.

『일본서기』에도 이때의 수 사신의 도착과 접대에 관한 상세한 기록이 있다. 『수서』의 내용과 큰 차이는 없다. 그러나 접대한 왜국 신하에 관하여는, 상당한 차이가 있다. 『일본서기』에는 액전부련비라부 등 접대사의 이름이 보이지만 아배태와 가다비, 두 사람의 이름은 보이지 않는다. 『일본서기』에 보이는 인명은 가공인물일 가능성이 크다.

16) 왜왕은 『일본서기』의 추고가 아니었다

드디어 왜국의 왕도에 도착하였다. 왜왕은 배청(裵淸)과 만나자 크게 기뻐하며 말하기를,
「나는 바다 서쪽에 대수(大隨)라는 예의의 나라가 있다고 들었습니다. 그래서 조공을 보냈지요. 나는 오랑캐 사람이고 바다 한귀퉁이 변방

에 사는지라 예의를 모릅니다. 지금은 우리나라에 머물러 계시지만 곧 만나지 못하게 됩니다. 그래서 도로를 청소하고 객관을 장식하여 대사를 맞이하는 것입니다 ……」라고 하였다 ……

　수의 사신 배청은 왜왕과 만나 직접 대화를 나누었다. 『일본서기』에도 '천황'이 '황자' 등과 함께 수의 사신을 만났다고 되어 있다. 이 천황이란 물론 여왕인 33대 추고이다.

　그러면 배청이 만난 왜왕이 여왕이었을까? 당시에도 여왕은 지극히 희귀한 존재였으므로, 그는 여왕을 만났다고 분명하게 기록하였을 것이다. 그러나 『수서』에는 그러한 내용이 전혀 없다. 배청이 만난 왜왕은 '다리사비고'였고, 그는 남성이었던 것이 분명하다.

　혹시 이 왜왕은 당시 섭정으로서 만기를 총람하던 성덕태자일까? 왜왕은 "나는 오랑캐 사람이고 바다 한귀퉁이 변방에 살기에 예의를 모른다"고 하였다. 대성인인 성덕태자가 이처럼 야만스럽게 말하였다고는 상상조차 되지 않는다. 성덕태자는 『일본서기』가 창작한 허구의 대성인이다. 『수서』에 의하여 33대 여왕 추고 뿐만 아니라, 성덕태자 또한 허구의 가공인물임이 더욱 명백하게 되었다.

　『일본서기』에는 나오지 않지만, 실제 7세기 초에 왜국을 통치하였던 남성인 '다리사비고'왕. 그런데 이 왜왕은 스스로 무식하고 야만스럽다는 사실을 일부러 과장하였다. 실제로 왜왕이 이렇게 무지하고 야만스러웠을까?

　당시의 왜국은 불교가 전래된지도 70여 년이 지났다. 곳곳에 사원이 세워지고, 수도 아스카는 백제에서 전래된 온갖 문물이 넘쳐나며 찬란한 문화의 꽃이 피던 시기였다. 이를 '아스카문화'라 한다. 이때의 왜국은 결코 야만스러운 나라가 아니었다.

17) 거짓으로 일관한 왜국 사신

여기서 왜왕 무의 상표문을 되돌아보자. 왜왕 무는 왜국이 강국이라고 기망하였다. 동쪽으로 모인 55국, 서쪽으로 여러 오랑캐 66국, 북쪽 바다 건너 95국을 정복하였다고 혹심하게 기망 혹은 과장하였다. 백만대군을 보유한 양 속였다. 또한 한국 남부지방의 대부분을 군사적으로 지배하는 양 거짓말하였다.

『수서』의 왜왕은 과장하여 무식하고 야만스러운 척하였다. 그리고 왜왕의 성이나 호, 자, 왕비나 태자의 호 등 모든 것을 거짓으로 일관하였다.

이렇듯 왜 사신은 중국 측에게 모든 것을 거짓으로 대하였는데, 그러한 사실을 중국 사람들도 충분히 간파하고 있었던 모양이다. 『구당서』의 다음 구절을 보자.

> 일본 사람들이 중국에 입조하면, 대부분 자기 나라가 큰 것을 자랑하였다. 진실로서 대하지 않았다. 그래서 중국 사람들은 일본 사신들의 말을 의심하였다(其人入朝者 多自矜大 不以實對 故中國疑焉).

일본 사신들은 자신의 나라가 크고 강하며, 문화도 발전하였다는 식의 기망을 일삼았던 모양이다. 얼마나 거짓말을 많이 하였으면 정사인 『구당서』에 이런 구절이 있을까?

『송서』나 『수서』『구당서』, 왜왕이나 사신들이 모두 기망과 과장으로 일관한 것은 동일하다. 중국으로 간 왜 사신들이 거짓말을 일삼았던 것은 뿌리 깊은 풍토병이었던 모양이다.

그렇게 거짓말을 하게 된 단초는 바로 백제 때문일 것이다. 『송서』나 『수서』, 두 사서의 여섯 왜왕은 120여 년의 시차가 있으나 실제는 백제의 속국이던 시기였다. 이 사실을 은폐하려 하다 보니 온갖 거짓말을 할 수밖에 없었던 것이다. 백제 사람들이, 왜가 자신들의 속국이라는 사실이 중국 측에게 알려지는 것을 극도로 꺼려하였던 데에 근본원인이 있었다고 생각된다.

날조된 역사를 기록한 『일본서기』와 『고사기』는 바로 이러한 풍토에서 배양된 독버섯이라 하겠다. 문제는 이렇듯 역사를 날조하고 왜곡하는 습성은 천수백 년이나 지난 현대에도 이어지고 있다는 점이다.

태평양 전쟁에서 여러 나라를 침공하여 수많은 사람을 살상하고 엄청난 고통을 주었음에도, 오히려 일본이 피해자라고 강변한다.

역사의 날조와 왜곡은 천수백 년간 이어져 내려와, 현대를 살아가는 일본인들의 유전자에 깊숙하게 각인되어 고질병이 된 느낌이다.

8. 여왕 비미호(卑彌呼)와 신공왕후

지금까지 중국 사서에 나오는 왜왕들을 살펴보았다. 『일본서기』의 왜왕들과는 전혀 다른 것을 알 수 있다. 중국 사서에 등장하는 최초의 왜왕은 '비미호'이다. 『삼국지』와 『양서』를 아울러 살펴보자.

> …… 그 나라는 본래 남자가 왕이었다. 7, 80년이 지나자 왜국에서 대란이 일어났다. 서로 공격하기를 여러 해가 지났다. 그래서 공동으로 한 사람의 여자를 왕으로 세웠다. 이름이 '비미호'였다. 귀도(鬼道)를 섬기며, 능히 사람들을 혹하게 하였다. 나이가 들었으나 남편이 없었다. 남동생이 있어 도와 나라를 다스렸다.
> 경초 2년(239년) 6월, 왜 여왕이 대부 난승미를 대방군에 보내어 아뢰

> 기를 천자를 배알하고 싶다고 하였다. 그래서 태수 유하가 관리를 보
> 내어 함께 경도까지 가도록 하였다 ……

> …… 비미호가 죽었다. 남자 왕을 세웠다. 나라 사람들이 불복하여 다
> 시 서로 주살하였다. 그래서 비미호의 종녀(宗女)인 태여(台與)를 왕으
> 로 세웠다 ……

『일본서기』에 의하면, 이때의 왜왕은 여왕인 신공(재위 201~269년)이었
다. 그러면 신공은 위에서 본 비미호와 동일 인물일까? 여왕이라는 점만
빼고는 둘은 전혀 다른 존재이다. 아무런 공통점이 없다.

① 비미호는 서로 죽고 죽이는 이른바 '왜국대란' 이후 왕위에 올랐다.
　　그러나 신공은 남편인 왜왕 중애가 죽은 후 섭정으로 정무를 집행하
　　였다. 신공 집권 이전, 죽고 죽이는 큰 난리는 일어나지 않았다.
　　지극히 평화롭게 권력을 잡았다.
② 비미호는 귀도를 섬기며 능히 사람들을 혹하게 하였다. 무당과 흡사
　　한 존재였던 모양이다.
　　그러나 신공은 이런 면이 전혀 보이지 않는다. 정상인이었다.
③ 비미호는 나이가 들었으나 남편이 없었다. 남동생이 있어 도와 나라를
　　다스렸다.
　　신공은 남편이 있었다. 남편인 왜왕 중애가 재위 9년 만에 죽자, 섭정
　　이 되어 나라를 통치하였다. 신공을 도운 남동생은 존재하지 않았다.
④ 비미호는 239년, 대부 난승미와 도시우리 등의 사신을 중국에 보내어
　　조공하였다.
　　『일본서기』에는 사신을 보낸 기사가 없다. 실존하였던 사신 두 사람의

이름이나, '대부(大夫)'라는 관직명도 보이지 않는다. 즉 신공은 중국에 사신을 보낸 바가 없었다.

다만 신공 39년(239년)조에 「위지」를 인용하여, 왜 여왕이 '난두미(難斗米)' 등의 사신을 파견하였다는 기사가 보일 뿐이다. 후대의 창작기사로 추정된다.

일본의 역사서에서 자국의 왕이 중국으로 사신을 보낸 사실은 전혀 기록하지 않고, 중국의 사서를 인용하여 그 소식을 단편적으로 전한다는 것 자체가 상식 밖의 처사이다. 『일본서기』는 실존 인물 비미호를 모델로 하여 여왕 신공을 창작하였던 것이 분명하다.

⑤ 비미호가 죽은 후 남자왕이 서자, 나라 사람들이 불복하여 다시 서로 죽였다. 그래서 종녀인 태여를 왕으로 세웠다. 문맥으로 보아 남자왕은 비미호의 아들은 아닌 것이 분명하다.

『일본서기』는 신공이 죽은 후에 아들인 응신이 즉위하여 무려 41년 간 평온하게 통치하였다. 나라 사람들이 불복하여 서로 죽이는 일은 없었고, 다시 신공의 종녀인 여왕이 집권하지도 않았다. 응신의 평화로운 치세가 계속되었을 뿐이다.

⑥ 정리하여 보면 중국 사서는

「왜국대란 → 비미호 → 남자왕 → 대란 재발 → 여왕 태여」이지만,

『일본서기』는

「중애 → 신공 → 응신」이다.

여기서 확실하게 알 수 있는 것은 『일본서기』에 나오는 신공뿐만 아니라, 그 앞뒤의 중애와 응신마저도 모두 창작된 가공인물이라는 사실이다.

중국 사서와 대조하여 보면 그들이 실존 인물일 가능성은 전혀 없다. 따라서 가공인물인 응신과 그의 아들 인덕, 손자인 이중, 반정, 윤공, 모두 실존하지 아니한 가공인물들이다. 윤공의 아들인 안강, 웅략 또한 마찬가지이다.

앞서 『송서』의 왜 5왕이 『일본서기』에 나오는 어떤 왜왕과도 일치하지 않는다는 점을 상세하게 보았다. 일본 학자들은 왜 5왕을 어떻게 하든 『일본서기』의 왜왕과 맞추어 보려고 온갖 묘기를 부리며 애를 쓰고 있으나, 성공 가능성은 전혀 없다.

중국 사서에 나오는 왜왕은 비미호, 왜 5왕, 그리고 '다리사비고', 도합 7명이다. 그러나 이들 7 왜왕은 『일본서기』의 어느 왜왕과도 전혀 부합하지 않는다. 『일본서기』가 창작된 사서이기 때문이다.

4장 ─────

새로운 국호 「일본」은
백제를 의미

1. 획기적인 대사건이 있었나?

『삼국사기』 문무왕 10년(670년)조는 왜국이 국호를 변경하였다 한다.

「왜국이 국호를 일본으로 바꾸었다. 스스로 말하기를 해 뜨는 곳에
 가까이 있기에 이름으로 삼았다 한다」

『신당서』에도 흡사한 구절이 있다. 왜가 국호를 변경한 670년은 왜왕 천
지 9년이다. 그 3년 전인 667년, 수도를 아스카에서 아푸미(近江)로 옮긴 바
있다. 왜국은 무슨 이유로 이때 국호를 변경하였을까?

그런데 국호의 변경이란 지극히 중요한 국가의 의사결정이다. 한국의
경우는 신라 → 고려 → 조선 → 대한민국 순으로 이어졌다. 왕조의 교체
이외에는 단 한 번도 국호가 변경된 적이 없었다.

이러한 사정은 중국의 경우도 마찬가지이다. 왕조가 교체되어 한번 국호가 정해진 뒤에 그것을 바꾼 경우는 거의 찾기 어렵다. 일본의 경우도 다를 바 없다. 위와 같이 바뀐 일본의 국호는 단 한 번의 변경도 없이 지금까지도 그대로 이어져 내려오고 있다.

왕조가 바뀌지 않으면서 국호를 변경한 유일한 사례는 백제이다. 즉 성왕이 국호를 '남부여'로 변경한 적이 있었다. 왜 국호를 변경하였을까? 고구려의 기습으로 인하여 개로왕이 전사하고 수도 한성이 함락당하여, 남쪽으로 쫓겨 내려간 엄청난 충격 때문이었다. 길이 역사에 남을 획기적인 대사건이다.

그런데 왜국은 무슨 이유로 이때 국호를 변경하였을까? 『일본서기』를 아무리 살펴보아도 길이 역사에 남을만한 획기적인 대사건이 일어난 흔적을 찾을 수 없다. 7년 전 2만 7천여 백제구원군이 백강전투에서 대패한 것이 원인일까? 이 전투는 왜국 고대사에서 보기 드문 대사건이었던 것은 분명하다. 그렇지만 그 이유로 국명을 바꾸었을까?

『일본서기』에 의하면 당시 백제는 속국이었다. 속국 구원 전투에서 참패한 것이 국호를 바꿀만한 획기적인 대사건이 될 수는 없을 것이다. 왜국 본토에는 손톱만큼의 영향도 없었고, 식민지를 상실한 정도에 불과하기 때문이다.

일본의 역사를 살펴보면, 백강전투보다 비중이 훨씬 큰 획기적인 대사건들이 여러 차례 일어난 바 있다. 그러나 국호는 바뀌지 않았다.

2. 왜 백제멸망 직후 국호를 바꾸었나?

1) 백제의 속국에서 독립국으로!

왜가 국호를 바꾼 670년은 백제 멸망(660년) 10년 후, 백강전투에서의 참패(663년) 7년 후, 고구려 멸망(668년) 2년 후이다.

백강전투에서 대패하였을 뿐만 아니라, 마지막으로 희망을 품고 있던 고구려마저 나당연합군의 공격에 무너졌다. 고구려에 피신하였던 부여풍도 당군에 사로잡혀 압송되고 말았다. 이제 모든 희망이 사라졌다. 이제 왜국은 백제의 속국이 아니라 독립국으로 자립하는 수밖에는 다른 선택의 여지가 없다. 국호의 변경은 백제의 속국에서 독립국으로 새로운 출발을 한다는 사실을 만방에 널리 선포하는 일이었다.

「백제의 속국에서 독립국으로!」

이것은 일본의 역사에 길이길이 남을 획기적인 대사건이 아닐 수 없다. 일본으로의 국호 변경은 이렇듯 크나큰 의미가 있는 대사건인 것이 분명하다.

그러나 일본의 정사라는 『일본서기』는 국호 변경에 관하여 아무런 기록이 없다. 불과 50여 년 전에 있었던 획기적인 사실인데, 이에 관하여 아무런 언급이 없는 것이다. 왜 하필 이때 국호를 바꾸었는지, 그 이유를 합리적으로 설명할 방법이 없었기 때문이 아닌가 싶다.

다만 천지 9년(670년) 9월조에 밑도 끝도 없이 「아담련협수를 신라에 보냈다」라는 단 한 구절이 보이는데, 아마도 국호 변경 사실을 통보하러 보낸 사절이었을 것이다.

2) 신라의 침공에 대한 두려움

왜가 국호 변경을 서두른 데에는 또 다른 중요한 이유가 있다. 바로 신라의 침공에 대한 두려움이다. 이 무렵 왜국은 신라의 침공을 극도로 두려워하고 있었고, 그에 대한 대비에 전력을 기울이고 있었다.

신라의 침공로로 예상되던 대마도와 북구주, 기내의 요소요소에 백제식 산성을 여럿 축조하였다. 그리고 규슈 섬 전체의 군사권과 행정권을 통할하는 태재부를 후쿠오카에 창설하였다. 수도를 아스카에서 아푸미로 이전한 것도 그러한 방비의 일환이었다. 국호를 변경하기 한 해 전인 669년 8월, 왜왕 천지는 직접 오사카 인근의 고안령(高安嶺) 봉우리에 올라가 성 쌓는 일을 독려한 바 있다.

졸저 『천황가의 기원은 백제 부여씨』에서 이 당시 왜국은 신라가 「혹시 침공할지도 모른다」가 아니라, 「반드시 침공하여 올 것이다」라고 판단하였던 것으로 보았다(622쪽).

신라의 침공에 대한 대비로 온 나라가 극도로 긴장하고 있었고 또한 전쟁 준비에 바쁘게 돌아가던 시기에, 난데없이 국호를 바꾸고는 이를 당과 신라에 통보하였던 것이다. 이 무슨 엉뚱한 조치인가? 왜 하필 왜는 이때 국호를 변경하였을까? 국호를 변경하는 작업은 곧 전쟁이 터질듯한 긴박한 상황에서 할 게 아니라, 좀 여유가 있을 때 하는 게 상식이 아닐까?

그러나 이는 엉뚱하거나 한가한 조치가 아니고, 신라의 침공에 대한 긴급한 예방책이었을 것이다. 왜국이 국호를 바꾸면서 의도한 것은 신라에게 다음과 같은 메시지를 전달하는 것이라고 생각된다.

「종전의 왜국은 백제의 지배하에 있던 속국이었으나, 백제 멸망 이후 그 관계가 단절되었습니다. 이제 국호도 왜국에서 일본으로 바꾸어 백제와는 무관한 새로운 국가로 출발하려 합니다.

독립국으로 새로이 출발하는 일본은 백제에 대한 복수를 위하여 귀국
(신라)을 공격할 의도가 없습니다. 따라서 귀국도 후환을 제거하기 위하
여, 굳이 일본을 침공할 필요는 없다는 점을 알려드립니다」

국호를 바꾸어 백제의 속국이 아닌 새로운 독립국으로 출발한다는 사실
을 통보함으로써 신라의 왜국에 대한 경계심, 적대감을 누그러뜨리려는
속셈이었을 것이다.

이렇듯 국호를 바꾼 조치는 결과적으로 대성공을 거둔 것이 분명하다.
신라가 일본을 공격하지 않았기 때문이다. 『삼국사기』를 보아도 이 무렵
신라가 일본을 공격하기 위하여 어떤 준비를 하였다는 기사는 보이지 않는
다. 왜국이 재빨리 국호를 바꾼 조치가 큰 영향을 미쳤던 게 아닌가 싶다.

3. 국호 「왜」는 고대 한국인들이 붙인 멸칭

1) 키 작은 사람을 뜻하는 「왜」

'왜(倭)'라는 한자는 순종하는 모습, 꾸불꾸불한 모습, 보기 흉한 모습 등
의 의미를 가지고 있다. 별로 좋은 의미가 아니다. 그런데 이 '왜'는 키가
작은 난장이라는 의미를 가진 '왜(矮)'와 발음도 같고 글자의 모양이 흡사
하다.

이 '왜'라는 나라 이름은 고대 한국인들이 남쪽 섬나라에 사는 키가 작
은 족속을 일컫는 호칭이다. 즉 키가 작은 '왜인'들이 사는 곳이라는 의미
로 이 섬 지역을 '왜'라고 칭하였을 것이다.

키가 작은 족속이란 일본의 고고학에서 말하는 죠몽인이다. 이들은 기

원전 4~5세기, 한국 남부지방 사람들이 집단으로 건너가 문명을 전파하기 이전, 일본열도의 원주민이었다. 그들은 도작과 금속문명을 몰랐고 수렵과 채집경제 수준에 머물러 있었다. 현대 아이누인들의 선조로서, 5세기 이후 일본에서는 이들을 털이 많다는 의미로 '모인(毛人)'이라 불렀다.

이들은 당시의 한국인들과는 여러 면에서 큰 차이가 있었는데, 가장 중요한 차이가 바로 신장이었다. 이들의 평균신장은 남성이 약 159㎝, 여성이 약 149㎝였다(『日本人の誕生(일본인의 탄생). 埴原和朗. 1998. 吉川弘文館』129쪽).

한국에서는 토질이 산성이라 신장을 측정할 수 있을 정도로 양호한 상태의 고인골은 거의 발견되지 않았기에, 이 무렵 한국인의 평균신장을 알 수 있는 자료는 많지 않다.

시대는 좀 내려오지만, 가야시대의 고분인 김해 예안리 고분군에서 약 201구의 인골이 발견되었다. 여기는 조개껍질이 많이 섞인 특이한 토질이라 출토된 인골의 상태가 양호하였다. 측정결과 평균신장이 남성이 164.7㎝, 여성이 150.8㎝였다. 죠몽인들과 비교하면 아주 큰 차이인 것을 알 수 있다. 큰 키를 가진 한국 사람들이 키가 훨씬 작은 남쪽 섬나라 사람들을 '왜'라 불렀던 것이다. 키 작은 사람들을 멸시하는 호칭이다.

그런데 기원전 4~5세기경, 한국 남부지방 사람들이 도작과 청동기 문명을 가지고 집단으로 도왜하여 종전의 죠몽인들을 밀어내고 일본열도의 주인이 되었다. 이 사람들의 문화를 일본에서는 야요이(彌生)문화라 한다. 그리하여 이제 한국 남부지방에서 집단으로 건너간 사람들이 일본열도의 주류가 된 것이다.

따라서 이 사람들의 평균신장은 한국 사람들과 거의 차이가 없게 되었다. 일본열도의 주인이 한국 남부지방에서 도왜한 사람들, 즉 야요이인으로 바뀌면서 신장 차이가 사라졌던 것이다. 따라서 이제는 왜지에 산다고 하여 야요이인을 키가 작다는 의미의 '왜인'이라 부르는 것은 잘못된 일이 되었다. 그러나 그 이후에도 한국 사람들은 습관적으로 '왜'라는 멸칭을 계속하여 사용하여 왔다.

삼국시대나 통일신라, 고려, 조선시대에도 계속하여 한국인들은 일본열도에 사는 사람들을 '왜인'이라고 습관적으로 호칭하여 왔었다. 근세 일제 강점기를 겪으면서도 일본사람을 '<u>왜</u>놈', 일본 간장을 '<u>왜</u>간장', 일본 무를 '<u>왜</u>무'라고 하였던 것이다.

2) 「왜국」은 백제에서 붙인 속국의 국호

기원전 4~5세기경, 한국 남부지방에서 건너간 야요이인들이 일본열도의 새로운 주인이 되었다. 그들의 사회는 점점 발전하여 기원후 3세기경에는 백여 개의 국가를 이루고 있었다. 『삼국지』「왜인전」은 그중 30여 개 국가의 국명을 소개하고 있는데, '왜'가 들어가는 국명은 단 하나도 없다.

「대마국, 일기국, 말로국, 노국, 이도국, 투마국, 사마대국」 등 널리 알려진 국명 이외에도,

「사마국, 기백지국, 이사국, 도지국, 미노국, 호고도국 ……」

어느 나라 이름에도 '왜'가 보이지 않는다. 그런데 이들은 모두가 토착 왜인이 세운 나라이다. 토착왜인들이 나라를 세우고 국명을 지으면서 '왜'를 넣을 리는 만무하다. 그것은 한국인들이 사용하는 멸칭이기 때문이다.

그런데 5세기의 역사를 전하는 『송서』에는 「왜국왕」, 「왜국왕 진」, 「왜국」 등으로 되어있다. 다른 국명은 전혀 보이지 않는다. 따라서 이 시기에 송에 사신을 보낸 국가는 정식 국호가 「왜국」이었던 사실을 알 수 있다. 3세기에는 보이지 않던 「왜국」이 5세기 초부터 중국에 사신을 보내고 조공

하였던 것이다.

이 「왜국」은 무엇인가? 5세기 초부터 나타난 이 「왜국」이라는 국호는 역사의 퇴행인 것이 분명하다. 만일 토착왜인이 세운 나라였다면, 결코 '왜'라는 멸칭을 국호로 채택하지는 않았을 것이다.

그러나 왜 5왕인 찬, 진, 제, 흥, 무는 백제에서 파견한 왕이었다. 백제인들은 왜지에 세운 속국의 이름을 익숙하면서도 습관적인 호칭인 「왜국」으로 정하였던 것이다. 그들은 백제가 멸망한 후에야 이 전통적인 호칭을 바꾸었다.

3) 아름답지 아니한 국호 「왜국」

왜국 국호 변경의 소식을 기록한 『구당서』를 보자. 여기에는 역사의 진실이 담겨있다.

「① 일본국은 <u>왜국의 별종</u>이다.

 ② 그 나라는 해 뜨는 곳에 있다. 그래서 일본으로 이름을 삼았다.

 ③ 혹은 말하기를, 왜국은 스스로 그 이름이 아름답지 못하여 <u>싫어하였</u><u>으므로</u> 새로이 일본으로 바꾸었다 한다.

 ④ 혹은 말하기를, 일본은 그전에는 소국이었는데 왜국의 땅을 <u>병합하</u><u>였다</u> 한다……」

먼저 ③항에 나오는 왜국이 「스스로 그 이름이 아름답지 못하여 싫어하였으므로」라는 대목을 주목하여 보자. '왜'는 한국인들이 사용하던 멸칭이다. 그것이 아름답지 못하다는 것은 당연한 상식이다.

그런데 무슨 이유로 아름답지 못한 '왜'를 국명으로 채택하였단 말인가? 그리고는 무려 수백 년이나 계속하여 이 아름답지 아니한 국호를 사용하여 왔단 말인가? 그러다가 왜 하필 백제가 멸망하자 서둘러 이를 바꾸었단 말인가?

왜국의 지배층이 토착왜인이었다면 도저히 있을 수 없는 일이다. 백제인들이 5세기 초반에 왜지에 속국을 세우고는, 국호를 새로 정하면서 '왜국'이라 하였던 것이다. 그런데 660년 백제가 멸망하고 663년 백강구 전투에서도 대패하자, 이제 왜국은 본의 아니게 독립하게 되었다. 왜국 지배층인 백제인들에게는 이제 본의 아니게 왜가 본국이 되어버렸다.

지금까지 자신들이 속국에 대한 멸칭, 혹은 비칭으로 사용하던 '왜'. 그것을 어엿한 독립국의 국호로 삼을 수는 없다. 식민지의 국호로서는 관습적인 멸칭 '왜'가 당연하지만, 독립국의 국호로서의 '왜'는 부끄럽고 창피하다. 「스스로 그 이름이 아름답지 못하여 싫어하였다」는 구절은 바로 이러한 의미이다.

①항 「일본국은 왜국의 별종(別種)이다」라는 대목은 일본의 지배층이 토착왜인이 아니라 백제인이었다는 사실을 말하는 것이리라. 인구의 대부분을 차지하는 토착왜인과는 별종인 백제인이 지배층이었다는 의미일 것이다.

④항 「일본은 그전에는 소국이었는데 왜국의 땅을 병합하였다」라는 구절은 무슨 의미인가? 백제의 속국인 왜국이 처음에는 소국이었으나, 과감한 통일전쟁을 수행한 결과 여러 나라를 병합하여 국토통일을 이루어냈다는 뜻으로 이해할 수 있다. 국호변경의 소식을 전한 『구당서』의 기록은 역사적 사실과 상당히 부합하고 있다.

또한 백제인들은 속국의 문물에다 '왜'라는 국호를 접두사처럼 습관적으로 붙였다.

왜경 : 왜국의 수도

왜대후 : 왜국의 왕비

왜시 : 왜국의 시

왜금 : 왜국 고유의 현악기

등에서 보는 바와 같다. 이와 같은 용어들은 백제인들이 왜국의 문물을 비하하는 느낌으로 일컫는 말들이다. 백제나 신라인들이 자국의 수도를 '백제경', '신라경' 따위로 표기하지 않았고, 왕비를 '백제대후'나 '신라대후'로 칭하지 않았던 사실과 대비된다.

뿐만 아니다. '왜(야마토)'는 수도의 지명으로도 사용되었다. 처음에는 좁은 지역의 지명이었으나, 나중에는 지금의 나라현 전체를 '대왜국'이라 하였다. 여기서의 '국(國쿠니)'은 광역 지방행정단위이다.

백제나 고구려, 신라, 고려, 조선, 어느 나라도 자국의 국호로서 지명으로 삼은 사례가 없었다. 왜국의 지명 '왜'는 토착왜인이 붙인 지명이 아니다. 백제인들이 속국의 수도에 이런 지명을 붙였던 것이다.

현대에도 널리 사용되는 일본의 미칭 '대화(大和)'는 '대왜'의 변형이다. '대왜'의 '왜(倭)'를 '화(和)'로 바꾼 것인데, 두 한자 모두 일본음으로는 '와'였다. 아름답지 못한 '왜'를, 같은 발음이면서 의미가 좋은 '화'로 바꾸었던 것이다.

4) 새로운 국호 「일본」은 원래 백제를 의미

새로운 국호 「일본」은 원래는 백제의 미칭이었다. 백제의 좌평이던 예군(禰軍)이라는 인물의 묘지명에 기록되어 있다. 최근 발견되었다. 왜국의 백제인들은 자국의 미칭으로서 왜의 국호로 삼았던 것이다.

예군은 백제 멸망 당시 당에 항복하였고, 이후 당으로 건너가 고위직을 역임하였다. 백제의 고토에 설치된 웅진도독부에 근무하기도 하였으며, 왜국에 사신으로 파견되었던 바도 있다. 678년 중국 장안에서 별세하였다. 다음은 그의 묘지명의 한 대목이다.

「① 일본의 유민들이 부상(扶桑)에 의거해 토벌로부터 달아났고,
　② 풍곡(風谷)의 유민들이 반도(盤桃)를 의지해 견고했다.
　③ 1만 기병을 들판에 펼치니, 개마와 함께 먼지가 어지러이 올랐다.
　④ 천척의 배가 파도를 가로질러 함대를 도와 막혔던 물길이 풀어졌다」

　　①항 뒷부분의 '부상'은 왜국에 대한 미칭이다. 의문의 여지가 없다. 왜를 의지하여 토벌로부터 달아났다는 「일본의 유민」. 이 유민은 백제의 유민인 것이 명백하다. 따라서 이 '일본'은 백제일 수밖에 없다. 이 무렵 유민이 발생한 나라도 백제뿐이다. 어느모로 보나 이 일본은 백제이다. 한국과 일본의 학계에서도 대부분 이렇게 보고 있다.
　　전체를 읽어 보면 ②항의 '풍곡'은 백제, '반도'는 왜국을 가리키는 것은 분명하지만, 구체적으로 풍곡이나 반도가 무엇인지는 알 수가 없다.
　　③항은 황산벌 전투, ④항은 백강구 전투를 의미하는 듯하다. 문장 전체로 보더라도 ①항의 일본이 백제라는 사실을 확인할 수 있다.
　　일본이라는 호칭은 중국과 비교하여 해가 빨리 뜨는 백제의 지리적 특성을 나타낸 말이다. 하지만 이를 중국인들이 만든 것인지 아니면 백제인들의 자칭인지는 확실하지 않다.
　　670년 국호를 일본으로 변경할 무렵 왜국의 지배층이 토착왜인이었다면, 타국의 미칭을 자국의 국호로 채택할 리가 만무하다. 그러나 왜왕 천지는 부여풍의 아들로서 의자왕의 손자였다. 중신겸족을 비롯한 고위 귀

족은 대부분 백제 출신이었다. 모국의 미칭을 국호로 채택하였던 것이므로 이는 전혀 이상한 일이 아니다.

5장

속국 「왜국」에서
독립국 「일본」으로

고구려와 백제가 부족연맹 단계를 넘어 중앙집권적 귀족국가의 형태를 갖춘 것은 각각 소수림왕(재위 371~384년)과 고이왕(재위 234~286년) 무렵이다. 신라는 좀 늦어 법흥왕(재위 514~540년) 때부터라고 보는 것이 통설의 견해이다. 그 징표는 무엇인가?

① 율령을 반포하여 법체계 마련
② 관위와 관제의 정비
③ 지방행정제도의 정비
④ 고등교육기관의 설치
⑤ 국가의 역사서 편찬

등을 들 수 있다. 이러한 일들이 대체로 삼국 위 왕들의 시대에 일어났으므로, 이때부터 중앙집권적 고대국가의 형태가 정비되었다고 보았던 것이다.

　그런데 고대의 왜국에서는 백제 멸망 이전에는 이러한 중앙집권적 귀족국가의 징표가 거의 보이지 않는다. 정상적인 고대국가가 아니었던 것이다. 구체적으로 살펴보자.

1. 율령

1) 고대 한국

　중앙집권적 귀족국가의 징표로서 가장 먼저 살펴볼 것은 율령의 반포이다. 현대식으로 말하면 율령의 율(律)은 형법이고, 령(令)은 행정에 관한 법규이다. 고대의 중국에서 발생하여 시대에 따라 꾸준하게 발전하여 온 성문법 체계이다.

　고대국가에서 율령을 반포하였다는 것은 사람에 의한 자의적인 지배가 아니라 법에 의한 법치가 이루어진다는 의미가 된다. 상당히 발달된 단계의 국가가 아니면 이런 일은 불가능하다.

　고구려에서는 소수림왕 3년(373년), 신라는 이보다 상당히 늦은 법흥왕 7년(520년)에 각각 율령을 반포하였다.

　『삼국사기』에는 백제의 율령 반포에 관한 기록이 보이지 않는다. 그러나 고이왕 29년(262년)에 관리의 뇌물죄 등의 처벌에 관한 법령을 선포하였다는 기록이 있다.

　아울러 무령왕릉의 지석에 새겨진 '부종율령(不從律令)'이라는 문구도 있으므로, 백제에 확립된 율령이 있었던 것은 명확하다. 다만 그 반포 시기에 관하여 고이왕(재위 234~286년) 무렵으로 보는 견해, 근초고왕(재위

346~375년) 시기로 보는 견해로 나뉘어진다.

2) 왜국

왜국에는 백제가 멸망하기 이전까지는 율령이 전혀 없었다. 일본 최초의 율령은 왜왕 천지가 수도를 근강(近江)으로 천도한 이후 재위 10년(671년)에 반포하였다는 이른바 「근강령」이다. 그러나 그 내용이 전해지지 아니하여 구체적으로 알 수는 없다.

백제가 멸망하여 왜가 본의 아니게 독립국으로 출발하자 말자, 왜왕 천지는 시급하게 율령의 제정을 서둘렀던 모양이다. 「근강령」의 제정작업을 처음 시작한 것은 백강전투(663년)에서 패전한 직후부터로 추정된다. 왜국이 식민지가 아닌 정상국가로서 기능하기 위하여는 무엇보다도 시급한 것이 율령의 제정이라고 천지는 생각하였던 모양이다.

다음은 천무 10년(681년)부터 편찬을 시작하여 지통 3년(689년) 반포한 '비조정어원령(飛鳥淨御原令)'이다. 율령의 본격적인 시행이 아니고, 일종의 실험단계라고 보는 견해가 유력하다. 본격적인 율령은 701년 반포된 대보율령(大寶律令)이다.

백제 멸망 이전에는 왜국에 율령이 존재하지 않았던 사실을 알 수 있다. 어찌하여 왜국에는 율령의 제정이 이토록 늦었던가? 왜가 정상적인 고대국가였다면 전혀 상상도 할 수 없는 일이다. 왜가 백제의 속국 즉 식민지였기에 일어난 일인 것이 분명하다.

백제는 왜국을 법으로 통치한 것이 아니라, 사람에 의한 자의적 지배를 시행하였던 모양이다. 그러나 백제의 율령을 왜국으로 가져가 시행하였을지도 알 수 없다. 마치 일제강점기에 일제가 조선에 일본의 온갖 법률을 시행하였던 것처럼.

일본에서는 7세기 후반부터 9세기 말까지의 시대를 '율령시대'라 부른다. 율령이라는 국가의 기본적인 법체계가 국가의 구석구석까지 침투하여, 인민의 한 사람 한 사람을 지배하는 중앙집권적 지배체제라는 의미이다(『律令制と國家(율령제와 국가). 江上波夫 外. 1980. 平凡社』 10쪽). 율령이 없던 원시적인 단계를 벗어나자 말자 율령 과잉의 시대가 된 느낌이다.

2. 관위와 관제

1) 고대 한국

백제에서는 고이왕 27년(260년), 관위와 관제를 새롭게 정비하였다. 제1위 좌평에서 제16위 극우에 이르는 16계급의 관위제를 확립하였던 것이다.

그리고 6위 이상의 관리는 자색 옷을 입고 은화로 관을 장식하며, 11위 이상은 비색 옷, 16위 이상은 청색 옷을 각각 입게 하였다.

『북사』를 보면 내관에는 전내부 등 12부, 외관으로 사군부 등 9부가 있었다. 그리고 장사(長史)는 3년에 한 번씩 교대하였다. 아주 발달되고 정비된 관위제와 관제가 확립되어 있었던 것을 알 수 있다.

고구려의 관위제는 『삼국지』 「동이전」에서부터 보인다. 상가, 대로 등 12 관위가 있었다. 그 후 내평, 외평 등의 관서 이름이 보인다.

고구려의 관위와 관제는 시대의 흐름에 따라 상당한 변화가 있었던 모양이다. 이후에 나온 중국의 사서들에는 많은 변화상이 나타나 있다. 고구려에는 『삼국지』 시절부터 확립된 관위제가 있었던 것으로 추정할 수 있다. 그러나 구체적인 관제는 잘 알 수가 없다.

신라는 유리니사금 9년(서기 32년), 제1위 이벌찬에서 제17위 조위에 이르는 17관등제를 시행하였다 한다. 백제보다도 훨씬 빨라 후대의 일이 아닌가 하는 느낌도 있다. 품주, 병부, 조부 등의 여러 관서가 있었으며, 중시, 전대등, 령 등 많은 관직이 있었다. 시대에 따라 많은 변화가 있었던 것이 『삼국사기』에 기록되어 있다.

2) 왜국

관위제

왜국에서 관위제가 처음 시행된 것은 『일본서기』에 의하면 추고 11년(603년)이다. 백제가 멸망하기 불과 53년 전의 일이다. 참으로 늦었던 것을 알 수 있다. 대덕, 소덕, 대인, 소인 등 12 계급이었다.

『일본서기』의 이 기록을 믿을 수 있는 것은, 앞서 보았듯이 『수서』에 이를 뒷받침하는 기록이 나오기 때문이다. 그러면 이렇듯 새로운 관위를 정하기 이전에는 관위가 전혀 존재하지 않았을까?

왜국을 통치하던 백제인들이 자국의 관위제도를 왜국에 가져갔을 가능성이 크다. 다음은 『일본서기』에 나오는 인명이다.

① **시덕** 사나노차주(斯那奴次酒) : 흠명 5년 2월조
　　[사나노는 일본의 지명, 현재의 나가노]
② 물부련**나솔**(物部連奈率) 용가다(用歌多) :　 〃
③ 허세**나솔**(許勢奈率) 가마(歌麻) : 흠명 5년 3월조

이 사람들은 일견 왜풍으로 보이는 성명을 가졌으나, 나솔이나 시덕 따위 백제의 관위를 가지고 있다. 일본에서는 '왜계백제관료'라 칭한다. 토착왜인이지만 백제로 건너가 관리로 복무하면서 백제의 관위를 받았다는

것이다. 그러나 토착왜인이 백제로 가서 관리로 근무한다는 것은 전혀 불가능한 일이다. 백제어도 알지 못하고 교육도 받지 못한 토착왜인이 백제의 관리 노릇을 한다는 것은 상상할 수도 없는 일이다.

필자는 이들을 「재왜백제관료」로 보고 있다. 백제인이 도왜하여 왜풍의 성명으로 바꾸어, 왜국 조정에 근무하였다고 보는 것이다. 아마도 부모세대, 혹은 그 이전에 도왜하여 왜지에서 출생한 사람들이 많았다고 생각된다.

위와 같은 인물들의 존재는 왜국에서도 백제의 관위제가 시행되었던 흔적이라 생각된다. 왜국을 통치하기 위하여는 수많은 관리가 필요하였을 것인데, 그들의 위계질서를 구분하는 관위제는 필수 불가결이다. 백제의 관위제를 왜국에 그대로 이식하였던 사실을 『일본서기』가 이렇듯 기록하여 둔 것으로 생각된다.

관제와 행정관서

그런데 『일본서기』를 아무리 훑어보아도 행정관서는 어떤 것이 있었고, 각 부서의 장은 어떤 관직명이었는지는 전혀 나오지 않는다. 『일본서기』를 보면, 최고의 직위는 대신(大臣) 혹은 대련(大連)이었다고 추정된다.

① 계체 원년(507년) : 대련 2명, 대신 1명(대반금촌, 물부추록화, 허세남인)

② 선화 원년(536년) : 대련 2명, 대신 1명, 대부 1명

　　　　　　　　　　　　　　　　(대반금촌, 물부추록화, 소아도목, 아배대마려)

③ 흠명 원년(540년) : 대련 2명, 대신 1명(대반금촌, 물부미여, 소아도목)

④ 민달 원년(572년) : 대련 1명, 대신 1명(물부수옥, 소아마자)

⑤ 용명 원년(568년) : 대신 1명, 대련 1명(　〃　,　〃　)

⑥ 황극 원년(642년) : 대신 1명(소아하이)

⑦ 효덕 원년(646년) : 좌대신 1명, 우대신 1명, 중신 1명
  (아배내마려, 소아창산석천마려, 중신겸자)
⑧ 제명 원년(655년) : 불상

6세기 이후 최고의 관직인 '대신'과 '대련'에 오른 사람들은 대반씨, 소아씨, 물부씨 등 도왜한지 오래된 토호 가문의 우두머리였다.

『일본서기』에는 왜왕이 새로 즉위할 때마다 이들을 대련 혹은 대신으로 임명하였다고 되어있으나, 실제 이 지위는 세습되었다고 보는 것이 옳을 것이다. 왕이 바뀌어도 이들 대신이나 대련은 전혀 바뀌지 않았고, 대를 이어 자리를 유지하는 것으로 되어있기 때문이다. 왜왕이라 하더라도 이들을 마음대로 내칠 수 없는 구조였던 모양이다.

그들은 오히려 왜왕을 능가하는 강대한 세력을 자랑하였다. 『일본서기』를 보면 그들은 넓은 토지를 소유하고 수많은 백성을 거느리며, 휘하에는 상당한 수의 사병(私兵)도 양성하였다. 백제에서 건너간 왜왕을 우습게 알았다.

때로는 병력을 동원하여 그들끼리 전투를 벌여 상대방 가문을 멸망시키기도 하였다. 왜왕 아들을 죽인 적도 있었고, 심지어는 왜왕 숭준을 죽이기도 하였다. 『일본서기』의 왜왕 숭준은 물론 실존하지 아니한 가공인물이다. 하지만 실존하였던 어느 왜왕이 6세기 말, 소아씨 가문에 의하여 시해당한 것은 틀림없는 역사적 사실이리라.

2~3개 토호 씨족이 강력한 권력을 틀어쥐고는 국정을 좌지우지하였기에, 백제에서 파견된 왜왕들의 왕권은 약화일로를 걸었던 것을 알 수 있다. 율령에 의한 통치가 아니라 사람에 의한 지배, 정확하게 말하면 2~3개 토호 씨족 가문의 협의에 의한 지배였던 것이다.

그러다 588년 소아마자가 물부수옥을 토멸한 이후로는 복수 가문의 협치체제가 무너지고, 소아 1개 가문의 독재체제가 성립된 것으로 보인다.

이 시기 왜왕들의 왕권이 가장 약화되었다가, 그 후 645년 소아입록이 제거된 이후로는 다시 왕권이 강화된 것으로 추정된다.

그런데 앞서 475년, 실존하였던 왜왕 무가 보낸 상표문을 보면, 왜왕이 편히 쉴 틈도 없이 갑옷을 두르고 통일전쟁을 진두지휘하였던 사실을 알 수 있다. 이때만 하여도 왜왕의 왕권은 그다지 허약하지 않았다고 생각된다.

그 후 점차 토호들의 세력이 강대화하게 되고, 백제에서 파견된 왜왕의 왕권은 점차 약화되어 간 것으로 추정할 수 있다. 백제에서 건너가 왜국의 실정을 잘 알지도 못하던 왜왕이, 수백 년 이전에 도왜하여 대대로 왜지에서 세력을 키워온 토호들의 세력을 제어하기 어려웠던 것으로 이해할 수 있다.

그런데 『일본서기』를 살펴보아도 대신과 대련 이외의 관직명은 알 수가 없다.

그 후 천지 10년(671년)조에 태정대신, 좌대신, 우대신, 어사대부, 법관대보, 학직두 등의 새로운 관직명이 보인다. 아마도 왜왕 천지가 새로운 율령인 근강령을 선포하면서 새로운 관제를 시행한 것으로 생각되는데, 자세한 내용은 알 수가 없다.

그런데 위에서 본 것은 관직명이고, 행정관서의 이름은 알 수가 없다. 그러면 고대의 왜국에는 행정관서가 하나도 없었단 말인가? 그렇지는 아니하였을 것이다. 일제강점기 조선총독부에는 고도로 정비된 관제가 존재하고 있었다. 조선인을 위한 것이 아니라, 식민 통치의 효율성을 위하여 그러한 관제는 필수 불가결이다. 백제도 왜국을 통치하기 위하여 여러 부서를 설치하였을 것이고, 여러 관직이 있었다고 생각된다. 그러나 『일본서기』에 전하지 않는 것은, 그것이 백제풍이기 때문이 아닐까?

우리가 알 수 있는 것은 금석문에 나오는 다음의 두 관직명이다. 즉 무령왕이 아우인 왜왕에게 보낸 거울에 새겨진 「전조인(典曹人)」과 철검에 새겨진 「장도인(杖刀人)」, 두 관직명이다.

『일본서기』에는 전혀 나오지 않는다. 고대의 일본에는 많은 '~인(人)'이라는 관직명이 존재하였던 모양이다. 이는 한국풍이다.

3. 지방제도

1) 고대의 한국

백제의 지방제도가 언제 정비되었는지는 잘 알 수가 없다. 그러나 부여로 천도한 이후의 일은 『삼국사기』에 보인다. 5방, 37군, 200성, 수도에는 5부가 있었다.

『북사』 「백제전」에 의하면, 도성에는 1만 호가 있었는데 이를 5부로 나누었으며, 각 부에는 5항이 있었다. 도성 밖에는 5방이 있었다. 이를 다스리는 방령, 보좌하는 방좌가 있었고, 각 방에는 10군이 있었다. 잘 발달되고 정비된 지방제도가 있었던 것을 알 수 있다. 아마도 훨씬 이전부터 발달된 지방제도가 정비되어 있었다고 생각된다.

고구려의 지방제도는 잘 알기 어렵다. 『삼국사기』에는 164개의 주, 군, 현이 있다 하였다. 수도에는 5부가 있었으며, 5부 욕살이 있었다.

신라의 경우는 삼국 통일 이전의 지방제도는 분명치 않다. 주와 군, 현이 있었고, 군주, 사신 등의 지방관이 있었던 것은 분명하다. 삼국 통일 이후, 체계적으로 잘 정비된 지방제도가 시행되었었던 사실이 『삼국사기』에 보인다.

삼국이 언제부터 정비된 지방제도를 실시하였는지, 『삼국사기』에는 기록되어 있지 않다. 그러나 삼국이 이른 시기에 율령을 반포하고 관위와 관제를 정립한 것을 보면, 지방제도 또한 늦어도 3~4세기 무렵에는 정비되었을 것으로 생각된다.

2) 왜국

고대의 왜국에 어떤 지방제도가 시행되었는지, 『일본서기』에는 전혀 나오지 않는다. 그런데 시조라는 신무의 시대부터 '국조(國造)', '현주(縣主)' 등의 지방관 명칭이 보이고, '읍(邑)' 따위 지방행정단위도 보이지만 전부 창작된 가공의 그것이다. 유적에서 출토된 목간을 통하여 확실하게 알 수 있는 것은 백제 멸망 이전의 7세기에

「국(國 쿠니), 평(評 커퍼리), 오십호(五十戶 사토)」

라는 제도가 시행되었다는 사실이다. '오십호'는 마을 정도의 규모로서 최소 지방행정단위였다.

그 위가 '평'이었다. 이는 '커퍼리'라 하였는데, 바로 '고을'의 고형인 '거벌'이었다(215쪽). 이 지명은 현재에도 일본에 무수하게 남아있다. 백제인들이 왜국을 통치하면서 지방행정단위에 자신들의 그것을 이식하였던 것이다. 여러 개의 '평'으로 하나의 '국'을 이룬다. 701년부터는 이와 비슷하지만, 용어를 좀 손질하여

「국(國 쿠니), 군(郡 커퍼리), 리(里 사토)」

제도로 바꾸었다.

'커퍼리' 즉 고을은 그 한자표기를 '평(評)'에서 '군(郡)'으로 바꾸었으나, 용어는 그대로 사용되었다. 백제 멸망 이후에도 계속하여 지배층은 백제 계통의 사람들이었다는 또 하나의 증거라 하겠다.

앞서 『수서』「왜국전」에서 지방장관인 '군니(軍尼)' 120인이 있고, 80호에 1 '이니익(伊尼翼)'을 두며, 10 '이니익'이 1 '군니'에 속한다고 한 것을 보았다(139쪽). 일본에서는 '군니'를 '국조(國造 쿠니노미야투코)'로, '이니익'은 '도촌(稻寸 이나키)'으로 보고 있다.

『수서』의 이 부분은 600년 무렵의 왜국 사정을 전하고 있는데, 이에 따르면 당시의 지방장관은 '국조'와 '도촌'이었던 것이 된다. 6세기 후반쯤으로 거슬러 올라가면 꽤 정비된 지방행정제도가 존재하였을 가능성이 있지만, 정확한 내용은 알 수가 없다.

4. 고등교육기관과 역사서

1) 고대의 한국

고구려는 소수림왕 2년(372년)에 고등교육기관인 '태학'을 세웠다. 한국 최초의 학교이다. 그러나 교육과목 등의 자세한 내용을 전혀 알 수 없는 점이 아쉽다. 『구당서』「고(구)려전」을 보자.

「풍속이 책을 좋아한다. 심지어는 문지기나 말먹이를 하는 집까지도 그러하다. 여러 거리에 큰 집을 짓고, 이를 경당이라 한다. 미혼의 자제들이 여기서 밤낮으로 독서와 활쏘기를 한다」

고구려에 경당이라는 또 하나의 교육기관이 있었던 사실과 더불어 고구려인들이 독서를 좋아하였던 점도 짐작하게 한다.

고구려는 일찍부터 국가 차원의 역사서를 편찬하였다. 『삼국사기』 영양왕 11년(600년)조를 보자.

「태학박사 이문진이 고대의 역사를 축약하여 『신집』 5권을 만들었다. 나라의 초기부터 문자를 사용하였다. 어떤 사람이 나라의 역사 100권을 기록하여 『유기』라 하였던 것을, 이번에 수정, 요약하였다」

고구려가 일찍부터 나라 역사 편찬에 관심을 기울여, 100권이나 되는 방대한 역사서 『유기(留記)』를 편찬하였던 것을 알 수 있다.

백제의 교육기관은 『삼국사기』나 다른 기록에도 보이지 않아, 그 실체를 알 수가 없다. 그러나 『북사』「백제전」을 보면,

「풍속이 활쏘기와 말달리기를 중히 여긴다. 또한 경전과 사서를 좋아한다. 뛰어난 자는 글을 알고 지으며, 관청 사무에도 능하다. 의약, 거북점, 관상술, 음양오행법도 알고 있다」

라 하였으므로 교육기관의 존재를 짐작케 한다. 그리고 『일본서기』에 백제에서 건너간 「오경박사」가 보이는데, 이 「박사」는 백제 교육기관의 교수가 아닌가 싶다. 고구려의 「태학박사」 또한 태학의 교수였던 것이 분명하다.

백제는 근초고왕 무렵에 역사서를 처음으로 편찬하였다. 『삼국사기』에 의하면, 이때에 박사 고흥이 『서기』라는 제목의 역사서를 편찬하였다 한다.

신라에는 삼국통일 이전에는 교육기관의 존재가 보이지 않는다. 그러나

화랑도가 있었다. 이는 중국식이 아닌, 신라 고유의 교육기관으로 볼 수 있을 것이다. 진흥왕 6년(545년)에는 거칠부가 역사서인 『국사』를 편찬한 바 있다.

2) 왜국의 교육기관

고대의 왜국에는 교육기관이 존재하지 않았다. 최초의 고등교육기관은 백제가 멸망한 직후에야 비로소 생겼다.

왜왕 천지 10년(671년), '학직두(學職頭)'인 귀실집사라는 기사가 보이는데, 통설은 이를 현대의 국립대학 총장 직책으로 보고 있다. 그리고 이 무렵 편찬된 『회풍조(懷風藻)』의 서문에 왜왕 천지가 학교를 세웠다는 기록이 있다. 따라서 천지가 근강으로 천도한 이후 교육기관을 설립한 것은 분명하나, 구체적인 내용은 알 수 없다.

본격적인 교육기관은 율령제가 성립(701년)한 직후 생긴 「대학료(大學寮)」이다. 이곳의 교수를 「박사」라 하였다.

백제가 멸망하기 이전까지는 왜국에 아무런 교육기관이 없었다. 본토의 백제인들은 왜국의 교육에는 별 관심이 없었던 모양이다.

마치 일제강점기에 일본인들이 한국인의 교육에 관심이 없었던 것을 연상케 한다. 당시 조선에는 공립중학교가 하나도 없는 군이 많았고, 몇 개의 면에 겨우 1개의 국민학교를 설치하였던 사실이 단적으로 증명하여 준다.

그런데 왜국에는 백제에서 건너간 수많은 백제인들이 살고 있었다. 왜왕을 비롯하여 지배층은 대부분 백제인이었으니, 그 수가 상당히 많았을 것이다. 무수하게 많은 '이마키(今來)' 마을과 '쿠다라(百濟)' 지명을 보더라도 이는 명백하다. 그들의 2세를 어떻게 교육하였을까?

『일본서기』에 의하면, 백제에서 수많은 학자들이 끊임없이 도왜하였던 사실이 나와 있다. 응신 15년조에 의하면, 아직기가 건너가 태자의 스승이 되었다가, 다음 해에는 왕인이 도왜하여 역시 태자의 스승이 되었다 한다. 당시 왜국에는 '태자'가 존재하지 않았으므로 태자의 스승이 되었다는 설화는 믿을 수 없으나, 백제에서 파견된 왜왕 아들의 스승이었을 가능성은 충분하다.

흠명 15년 2월조를 보면, 오경박사 왕류귀를 고덕 마정안과 맞바꾸었다 하였다.

이러한 학자들은 왜왕의 아들 등 백제 지배층 2세들의 교육을 담당하기 위하여 파견되었다고 생각된다. 따라서 『일본서기』에 보이는 것보다 훨씬 많은 수의 학자들이 계속하여 도왜하였던 것으로 추정할 수 있다. 그렇게 본다면 『일본서기』에는 나오지 않지만, 백제풍의 교육기관이 존재하였을 가능성도 배제할 수는 없다.

3) 왜국의 관찬사서

왜국에는 또한 국가의 역사서가 존재하지 않았다. 백제 멸망 이전까지의 왜국은 백제의 식민지였다. 국가의 역사를 기록한 관찬사서가 존재하였을 리가 없다.

최초의 관찬사서는 712년에 나온 『고사기』이며, 이어서 720년 『일본서기』가 등장하였다. 늦어도 너무 늦은 것을 알 수 있다. 왜가 속국이었기에 이렇게 늦을 수밖에 없었다.

그런데 이 두 사서는 진실된 역사가 아니라, 창작된 역사를 기록하였다는 점에서 역사서라 부를 수도 없다. 왜국이 백제의 속국이었다는 사실을 감추려 하다보니 수많은 허구의 왜왕과 날조된 역사를 창작하였던 것이다.

『고사기』의 서문에 나오는 다음 문구가 이 책의 성격을 잘 설명하여 주고 있다(졸저 『천황가의 기원은 백제 부여씨』 419쪽).

「허위의 역사를 삭제하고, 진실된 역사를 정한다(削僞定實)」

8세기의 일본에는 「허위의 역사」와 「진실된 역사」라는 두 가지 역사가 존재하였던 것을 알 수 있다. 역사는 있는 그대로의 역사, 단 하나의 역사가 존재할 뿐인데 어찌하여 '허위의 역사'와 '진실된 역사'라는 두 가지 역사가 있을 수 있는가?

여기서 말하는 '허위의 역사'는 백제가 왜국을 통치한 진실된 역사이며, '진실된 역사'는 붓끝의 희롱으로 창작한 역사이다. 백제의 식민지이던 역사를 '허위의 역사'로 몰아 이를 삭제하고, '진실된 역사' 즉 허구의 날조된 역사를 새로이 정하겠다는 의지를 선언하였던 것이다.

그 후 환무천황(재위 781~806년)은 「일본이 삼한과 동종」이라고 적힌 서적을 불태웠다. 가야 혹은 백제가 왜를 지배하였다는 내용의 서적이 그 무렵 여럿 유포되고 있었던 모양이다. 이런 책들을 그냥 방치하면 날조한 역사의 허구성이 탄로 나게 된다. 아예 그 싹을 잘라버린 것이다. 진시황의 분서갱유 사건을 연상케 한다.

5. 천지(天智)의 대변혁

백제가 멸망한 이후 비로소 왜국은 정상국가로 발돋움하게 된다. 앞서 보았듯이 왜왕 천지가 정상적인 고대국가의 기틀을 닦았던 것이다. 여기서 한번 정리하여 살펴보자. 모든 것은 663년, 백강 패전 이후에 이루어졌다.

① 천지 3년(664년) : 종전의 12관위제를 고쳐 26관위제로 바꾸었다.

② 〃 9년(670년) : 국호를 일본으로 변경하였다.

③ 〃 〃 : 처음 호적을 만들었다. 경오년적이라 한다.

④ 〃 10년 : 최초의 율령인 근강령을 반포하였다.

⑤ 〃 〃 : 태정대신 등 새로운 관제를 만들었다.

⑥ 최초의 학교를 세웠다.

③항 호적은 율령통치의 필수적인 기초이다. 이때 처음 시행되었다.

④, ⑤항은 『일본서기』 천지 10년(671년)조에 보이는데, 과연 이 해에 있었던 일인지 아니면 그 전의 일인지 분명치 아니한 점이 있다. ⑥항은 667년 이후의 일이지만 정확한 연대를 알 수 없다.

백제가 멸망하고 백강전투에서도 패하자, 백제 부흥의 꿈은 완전히 사라졌다. 천지는 이제 백제의 속국이 아닌 정상적인 국가로서 독립할 수밖에 없다고 생각하였을 것이다.

그래서 국호를 일본으로 바꾸고, 최초의 호적제도, 최초의 율령, 새로운 관제, 최초의 학교 등 독립국으로서의 기초를 마련하고자 분주하였던 사정을 알 수 있다. 정상적인 고대국가로서의 가장 기초적인 토대를 7세기 후반에 이르러서야 천지가 힘써 마련하였던 것이다.

한국의 삼국과 비교하면 수백 년 늦은 것이 분명하다. 왜국이 속국이 아니었다면 훨씬 이전에 이루어졌어야 할 일들이, 백제가 멸망한 이후에야 뒤늦게 마련되었던 것이다.

더욱 놀라운 점은 당시 천지로서는 가장 시급한 과제가 신라의 침공에 대한 대비였다는 점이다. 수도를 근강으로 천도하고, 대마도와 북구주, 기내 등 예상 침공로의 요소요소에 여러 성을 쌓으며, 봉화대를 만들었다. 천지는 669년, 현재의 오사카 인근 고안령(高安嶺)의 축성공사 현장에 친히 올라간 적도 있었다. 규슈 섬 전체의 행정과 군사권을 총괄하는 태재부도 신설하였다.

신라의 공격에 대한 방비에 전 국력을 소모하다시피 하면서도, 그는 독립국으로서의 토대를 마련하는 위와 같은 여러 작업도 그에 못지않게 중요하다고 생각하였을 것이다.

백제가 멸망하고 마지막 희망이던 백강전투에서 대패하자, 이제 백제 부흥의 희망은 완전히 사라졌다. 이때부터 왜왕 천지를 필두로 한 지배층에서는 맹렬한 스피드로 독립국가 건설에 일로매진하였다.

그리하여 천지 이후의 「일본」은 종전의 「왜국」과는 전혀 다른 국가로 탈바꿈한 것을 알 수 있다. 가히 「천지의 대변혁」으로 부를 만하다. 속국이 아닌 독립국 「일본」이 새로이 출발하게 되었던 것이다.

6장

백제인들이 붙인
왜국의 지명

1. 일제강점기 일본인들이 붙인 한국의 지명

 졸저 『천황가의 기원은 백제 부여씨』에서 왜국의 수도 아스카에 새로이 도왜한 백제인들의 집단거주지인 '이마키(今來)'에 관하여 본 바 있다(324쪽). 백제인들이 왜국의 지배층이었기에 가능한 일이었다.

 이와 흡사한 현상이 일제강점기에 한국에서 벌어진 바 있었다. 한국을 점령한 일본인들이 한국의 지명을 마음대로 요리하였던 것이다.

 우선 수도 '한성'부터 '경성'으로 고쳤다. 그리고 일본의 지방행정 기초단위인 '통(通)'이나 '정(町)'도 도입하였다. 그리하여 '중앙통', '본정통', '명치정' 따위의 일본식 지명이 무수하게 도입된 바 있다.

 당시 한국에 건너와 살던 일본인들은 그 인구수가 한국인에 비해 10%도 되지 않았을 것으로 보이지만, 지명은 일본인들이 마음대로 요리하였다. 일본인들이 지배층이고 한국인은 숫자가 많아도 피지배층이었기에, 이런 일이 벌어진 것이다.

일제강점기에는 2백수십만 명의 한국인들이 먹고살 길을 찾아, 혹은 징용이나 징병의 결과로 일본으로 건너가 정착하였다. 그러나 당시의 일본에 한국인들이 붙인 지명은 단 하나도 없었다. 한국인은 지배층이 아니라 하층민이었기 때문이다. 그리고 일본에서 장관이나 차관, 국장, 지사, 시장, 군수 등의 고위관료로 출세한 한국인도 단 한 명도 존재하지 않았다.

그런데 고대의 왜국에서는 이와는 정반대의 현상이 벌어졌던 것이다. 고위귀족, 관료는 백제인과 가야인 등 한국인 일색이었다. 그리고 한국인들이 붙인 지명이 전국 곳곳에 무수하게 존재하였는데, 특히 수도 아스카 일원에 많았다.

『일본서기』에 의하면 백제는 왜국의 속국이었다. 수많은 백제인이 왜로 건너갔지만, 그들은 백제왕이 왜왕에게 헌상한 존재들이고 왜왕이 생살여탈권을 쥐고 있어 이리저리 배치한 것으로 되어있다. 왜국의 지배세력은 토착왜인이었으며, 백제인은 어디까지나 피지배계층 혹은 하층민에 불과하였다.

그러나 이는 창작된 역사이다. 실제는 백제인들이 왜국을 지배하고 통치하였다. 인구는 적었지만, 그들이 지배세력이었다. 그러기에 그들은 마음 내키는대로 백제풍 지명을 붙일 수 있었던 것이다. 일제강점기에 일본인들이 마음대로 일본식 지명을 붙였던 것과 같은 맥락이다.

2. 일본 지명에 남은 「백제」

1) 백제대궁, 백제대사

　왜국의 수도 아스카의 가운데를 흐르는 '백제천(百濟川)'이라는 내가 있었다. 『일본서기』 서명 11년(639년)조를 보면, 왜왕 서명이 이 내 곁에 '백제대궁(百濟大宮)'이라는 이름의 궁전과, '백제대사(百濟大寺)'라는 큰 절을 지었다 한다. 백제천의 서쪽 백성은 궁을 짓고, 동쪽 백성은 절을 지었다고 되어있다. 궁과 연접한 이 절은 평범한 절이 아니다. 왕실 사찰로서 왜국 최고의 절이었다.

　'백제천'은 원래 '소가(曾我)천'이었다. 백제인들이 아스카에 밀집하여 살면서, 내의 이름을 모국의 국호를 따서 백제천으로 바꾸었던 것이다. 지금은 백제천이라는 이름은 사라지고 도로 '소가천'으로 되었다. 당시의 백제인들이 토착왜인들의 지배를 받는 피지배계층이었다면, 수도의 가운데를 흐르는 내의 이름을 바꿀 수는 없었을 것이다. 백제대사에 관하여는 뒤에서 자세히 살펴보자.

　그런데 백제대궁 앞에도 '백제'라는 국호가 붙은 궁전이 있었다. 『일본서기』를 보면, 왜왕 민달이 원년(572년) 「'백제대정(百濟大井)'에 궁을 지었다」고 하였다. 이른바 '백제대정궁'이다. '대정'은 큰 우물이라는 뜻이다. 아스카에 '백제대정'이라는 큰 우물이 있었고, 그것이 지명으로까지 발전하였던 모양이다.

　우물 하나에도 국호 '백제'를 붙였던 재왜백제인들의 마음을 읽을 수 있다. 또한 그것이 지명으로까지 발전한 것을 보라.

　앞의 백제대궁과는 다른 장소이지만 지금의 어디인지 알 수가 없다. 아마도 실존하였던 백제에서 건너간 왜왕이 '백제대정'이라는 곳에 궁을 건립하였던 모양이다.

『일본서기』황극 원년(642년) 5월조에는 백제의 왕자 교기가 「백제대정의 집(百濟大井家)으로 옮겼다」라는 기사가 있다. 앞에서는 '백제대정궁'이었는데, 여기서는 '백제대정 집'이다. 실존 왜왕이 궁을 옮긴 이후 이 궁은 방치되어 있었던 것일까? 어쨌든 백제에서 건너간 왕자 교기가 원래 '백제대정궁'으로 불리던 집으로 이사하여 거기서 살았던 것이 분명하다.

『일본서기』를 보면, 이 교기라는 왕자는 처와 여러 자식, 종들까지도 전부 이끌고 도왜하였다 한다. 최소한 수십 명에 이르는 가솔들이 전부 도왜하였던 모양이다. 백제가 진실로 속국이었다면 전혀 상상도 할 수 없는 일이다.

2) 백제원과 백제야

만엽집 199번 노래에는 '백제원(百濟原)', 1431번에는 '백제야(百濟野)'라는 지명이 보인다. 모두 백제 벌판이라는 의미이다. 수도 아스카에 있던 지명인 것은 분명하지만, 정확하게 지금의 어디인지는 알 수가 없다.

일본에서는 『고사기』응신단에 보이는 '백제지(百濟池)'라는 연못을 이 부근으로 비정하고 있다. 『고사기』에는 이때 신라인들이 건너왔기에, 건내숙내가 이들을 부려 백제지라는 연못을 만들었다 한다. 이 '백제지'라는 연못이 있었던 것은 허구가 아닐 것이다. 그런데 과연 신라인이 만들었기에 그런 이름이 붙었을까? 사실이 그렇다면 '신라지'라고 이름 붙여야 마땅하다.

실은 백제에서 건너간 기술자들이 토착왜인 인부들을 부려 만들었다고 추정된다. 백제 기술자들의 선진기술을 기념하기 위하여 '백제지'라 하였을 가능성이 크다. 그것이 아니라면 백제에서 건너간 왜왕이 멋진 연못을 축조하고는, 모국 백제의 국호를 연못 이름에 붙였을 가능성도 생각해 볼 수 있다. '백제대사(百濟大寺)'의 경우처럼.

3) 백제가(百濟家)

『일본서기』천무 원년(672년)조는 그가 왕위에 오르게 된 결정적인 계기가 된 임신의 난이라는 내란을 상세하게 기록하고 있다.

승리한 천무 측에서 활약한 수많은 무장이 보인다. 그중에서도 가장 큰 공훈을 세운 장수 한 사람을 꼽자면, 당연히 '대반련(大伴連) 푸캐비(吹負)'일 것이다. 그 구체적인 활약상의 소개는 생략하지만, 이름의 말음 '비'에서 그가 백제 계통인 것을 알 수 있다. 그는 구백제계였던 모양이다.

『일본서기』천무 원년 6월 29일조를 보면, 푸캐비가 이끈 부대가

「…… **백제가(百濟家)에서 군사를 정돈하여(繕兵於百濟家)**……」

라는 구절이 있다. '백제가'를 글자 그대로 해석하면 '백제의 집'이라는 의미가 된다. 그러나 누구의 집이든 집에서 군사를 정돈한다는 것은 상식에 맞지 않는다. 따라서 이는 사람이 거주하는 집이 아니라, 지명으로 볼 수밖에 없다. 어디일까? 이 구절의 바로 앞에 왜국 최초의 사찰인 '비조사(飛鳥寺)'라는 사명이 보이므로, 이 절에서 아주 가까운 장소인 것은 분명하다.

일본에서도 이 '백제가'를 지명으로 보는 것이 대체적인 견해이고, 그 후보지로 몇몇 곳을 거론하고 있다. 그러나 필자가 보기에는 신뢰성이 없다. 어딘지 알 수 없다는 것이 정답이라 하겠다.

4) 나라의 백제

일본의 수도권인 현재의 나라현 일대에는 수많은 '백제' 지명이 있었다. 다음은 일본지명연구소에서 발간한 『大和地名大辭典(야마토지명대사전). 1984. 名著普及會』에 나오는 소자(小字) 중의 백제이다.

현대 일본의 지방행정단위는 현 아래에, 시, 정, 촌이 있다. 그 아래의 말단 단위가 대자(大字 오오아자)와 소자(小字 코아자)이다. 대자는 몇 개의 소자를 거느리고 있다.

① 백제(百濟 쿠다라)
② 서백제(西百濟 니시쿠다라)
③ 동백제(東百濟 히가시쿠다라)
④ 백제상(百濟上 쿠다라우애)
⑤ 쿠다라배
⑥ 백제정(百濟町 쿠다라마치)

현재 남아있는 것이 이 정도이니, 그간 사라져 없어진 백제 지명은 얼마나 많았을까?

5) 오사카의 백제군과 백제향

① 8세기의 일본, 현재의 오사카시에는 '백제군(百濟郡)'이 있었다. 군이라는 넓은 지방행정단위의 명칭으로 국호 백제를 붙인 것이다. 백제인들이 그곳에 아무리 밀집하여 살았다고 하더라도, 그들이 피지배계층이었다면 이는 상상할 수도 없는 일이다. 백제군은 후일 '궐군(闕郡)'이라는 이름으로 바뀌었다가, 근세에 통폐합으로 사라졌다.

② 백제군이라는 지명도 특이하지만, 이 군의 하급 단위인 세 '향(鄉)'의 이름을 보자.

「동부(東部), 서부(西部), 남부(南部, 일명 백제)」

이렇듯 방향을 가리키는 동서남북의 뒤에 '~부(部)'라는 이름으로 이루어진 향만을 가진 군은 일본 전역에서 이곳이 유일무이하였다.

이 '부'라는 명칭은 아마도 백제의 수도 부여가 동, 서, 남, 북, 중이라는 '5부'로 이루어진 데에서 유래한 것으로 짐작된다. '백제군'이라는 이름으로도 모자라, 그 아래 단위인 향의 명칭도 백제의 수도 5부에서 따왔던 것이다. 백제풍의 지명으로 일관한 것을 알 수 있다.

'남부향'의 다른 이름은 '백제향'이다.

③ 근세까지도 이곳에는 「북백제(北百濟)」와 「남백제(南百濟)」라는 지명이 남아있었으나 사라지고 말았다.

④ 백제군을 흐르는 내를 「백제천(百濟川)」이라 하였다. 현재의 평야천(平野川)이다. 수도 아스카의 '백제천'과는 전혀 다른 내이므로, 고대의 왜국에는 '백제천'이라는 이름의 내가 두 군데에 있었던 것을 알 수 있다.

⑤ 고대의 '서부향(西部鄉)'에는 「백제야(百濟野)」라는 이름의 들판도 있었다. 역시 아스카의 백제야와는 다른 곳이다.

⑥ 이 백제천과 백제야의 부근에는 「백제사(百濟寺)」라는 절도 있었다. 이 절에 관하여는 뒤에서 자세히 살펴보자(202쪽).

⑦ 8세기의 오사카, 금부군(錦部郡)에는 「백제향(百濟鄉)」이 있었다.

⑧ 『일본서기』 민달 12년 10월조에는 나니파, 즉 현대의 오사카에 「석천 백제촌(石川 百濟村)」과 「하백제 하전촌(下百濟 河田村)」이 보인다. 석천 백제촌은 바로 금부군의 백제향에 있었다 한다.

⑨ 홍윤기 선생의 『일본 속의 백제 구다라(百濟). 2008. 한누리미디어』를 보면(391쪽), 오사카 동부에 「백제산(百濟山)」이라는 산이 있으며, 거기에 장영사(長榮寺)라는 절이 있었다. 전승에 의하면 이 절은 성덕태자가 세운 것이라 하나, 그는 창작된 가공인물이다.

'백제산'이라는 지명은, 이 절의 초대 주지가 백제에서 건너간 승려였기에 붙은 이름이라 한다. 초대 주지가 백제 승려인 것은 사실이겠지만, '백제산'이라는 산 이름이 그의 고국 국호에서 유래되었다는 전승은 믿기 어렵다. 인근에 백제인들이 많이 모여 살았기에, 그들이 붙인 이름일 것이다.

⑩ 오사카의 천북군(泉北郡)에는 향 아래의 행정단위인 대자 중에 「백제 (百濟)」가 있었다.

고대의 오사카 일원에는 실로 무수한 '백제' 지명이 있었던 것이 분명하다. 홍윤기 선생의 위 책을 보면, 지금도 오사카 시내에는 백제라는 지명의 흔적이 여럿 남아있다(20쪽).

① 남백제(南百濟) 초등학교
② 백제역(百濟驛)
③ 백제 : 시내버스 정류장
④ 백제대교(百濟大橋) : 다리 이름
⑤ 백제교(百濟橋) :   〃
⑥ 규다로마치(久太良町) : 지명('규다로'는 원래 '구다라'였다 함)
⑦ 백제신사

고대에 있었던 백제군 등 백제라는 지명의 유산이 지금도 완전히 사라지지 않고 남아있는 것을 알 수 있다.

6) 기타 백제가 포함된 지명

이종철 선생의 『일본지명에 반영된 한계어원 재고(2015. 국학자료원)』를 보면, '백제'라는 국호가 들어간 지명이 일본의 여러 곳에 산재하고 있는 것을 볼 수 있다(20쪽).

① **쿠다라기**무라(**百濟來村**) : 구마모토 현
② **쿠다라기(久多良木)** :   〃
③ **쿠다라하마(百濟濱)** : 시마네 현
④ **쿠다라마치(百濟町)** : 후쿠오카 현

일제강점기, 일제는 한국에 무수한 일본식 지명을 붙였다. 그러나 '일본'이라는 국호가 들어간 지명은 존재하지 않았다. 일본인들도 한국인의 정서와 반발을 고려하여 차마 그러한 지명을 붙이지는 못하였을 것이다. 그러나 백제인들은 토착왜인들의 그러한 정서는 전혀 고려하지 않았던 모양이다. 거침없이 백제라는 국호를 곳곳에 붙여놓았다.

3. 6곳의 백제사(百濟寺)

고대의 일본에는 '백제'라는 이름을 가진 사찰이 무려 6군데나 있었다. 『일본서기』에 의하면 백제는 왜국의 속국이었다. 속국의 국명을 절의 이름으로 삼는다는 것은 상식에 어긋난다. 백제가 속국이 아니라, 왜가 속국이었기에 일어난 현상이었을 것이다.

1) 백제대사

왕실 사찰의 이름 「백제」

『일본서기』 서명 11년(639년) 7월조에 의하면, 왜왕 서명이 백제대궁과 백제대사를 짓도록 명하였다 한다. 『일본서기』에는 무슨 이유로 새로운 궁전과 절을 짓게 되었는지, 이름을 왜 속국인 백제의 국명으로 하였는지, 등의 의문점에 관하여는 전혀 언급이 없다. 왜왕이 거주하는 신성한 공간인 궁전과 왕실 사찰의 이름을 속국의 국명에서 따 온다는 것은 상상조차 되지 않는다.

그런데 백제대사의 '백제'는 국명인 백제가 아니라, 이 절이 위치한 곳의 지명인 '백제'로서 그 이름을 삼았다는 견해가 있다. 그러나 이는 전혀 사실과 다르다. 절과 궁의 옆을 흐르는 내의 이름이 '백제천'이었던 것은 사실이나, 절과 궁이 있던 곳의 지명은 무엇인지 알 수가 없다. 『일본서기』에도 나오지 않는다. 중세나 현대에도 이 부근에는 '백제'라는 지명이 보이지 않는다.

그러면 내의 이름을 따서 절과 궁의 이름으로 삼았을까? 이 무렵 왜국의 수도 아스카에는 몇 개의 절이 있었는데, '아스카데라(飛鳥寺)'나 '이카루가데라(斑鳩寺)'처럼 지명으로 이름을 삼았다. 그러나 내 혹은 강의 이름으로 사명으로 삼은 절은 단 한군데도 없었고, 그 이후에도 마찬가지였다.

그리고 '백제천'이라는 내의 이 이름은 수많은 백제인들이 도왜하여 모여 살면서 모국의 국호를 여기에 붙인 것이다. 원래는 외국의 국명이다. 굳이 외국의 국호에서 유래한 내의 이름을 왕실 사찰과 왕궁의 이름으로 붙일 이유를 찾을 수 없다. 그것을 지은 왜왕이 백제인이었기에 가능한 일이었다.

그런데 절을 지었다는 서명은 『일본서기』가 창작한 가공의 왜왕이다. 백제대사는 가공의 왜왕이 아니라 실존 왜왕이 지은 절이다.

대관대사와 대안사

그 후 세월이 흘러 부여풍의 차남인 왜왕 천무가 재위 2년(673년), 백제대사의 후신인 최고의 사원을 건립하였다. 새로운 절이 아니라 백제대사를 옮겨간 것으로서 '고시대사(高市大寺)'이다. '고시(高市 타캐티)'는 지명인데, 종전의 '이마키(今來)'가 변한 이름이다.

4년 후 천무는 절 이름을 대관대사(大官大寺)로 바꾸었다. 이 새 절 이름은 무슨 의미일까? 일본의 학계에서는 이 절이 민간에서 세운 것이 아니라, 관(官)에서 건립한 최고의 절이라는 의미로 붙여진 이름이라고 보고 있다. 만일 이 해석이 사실이라 한다면 일본 최고의 절 이름으로서는 너무도 무미건조하다. 운치나 여유라고는 전혀 없다. 이런 의미가 아니다.

전북 익산의 왕궁리에서 무왕의 왕궁이 발견되었다. 왕궁 내에는 절이 있었는데 이름을 '대관관사(大官官寺)', 혹은 '대관궁사(大官宮寺)', 혹은 '관궁사(官宮寺)'라 하였고, '대관사(大官寺)'라고도 하였다.

천무의 '대관대사'는 바로 이 왕궁리의 절 이름 '대관'을 그대로 가져간 것이다. 졸저 『천황과 귀족의 백제어』에서 상세하게 본 바 있다(294쪽). '대관'은 큰 관청이라는 의미로서 가장 큰 관청은 다름 아닌 왕의 관청인 '궁'이다. 익산이나 고시(高市)의 절 이름 '대관'은 모두 '궁'이라는 의미가 된다. 고시의 대관대사는 왕궁 내에 있지는 않지만, '왕의 사찰'이라는 뜻을 나타내고 있다.

『일본서기』를 보면 대관대사는 다른 절보다 격이 높은 왕실 사찰로서, 천무와 뒤를 이은 지통이 여러 특혜를 베풀고 엄청난 시주를 하였다. 686년 천무가 백성 700호와, 아울러 세금으로 받은 벼 30만 속(束)을 시주한 것이 대표적인 사례이다.

천무의 뒤를 이은 지통은 694년 수도를 후지와라(藤原)로 이전하였는데, 대관대사도 새로운 수도로 옮겨갔다. 궁전 정문의 동남쪽, 블록 하나 정도의 거리에 있었다. 이 방위와 위치, 거리는 백제의 수도 부여에 있어서 왕궁과 정림사의 그것과 흡사하다.

710년 원명 천황은 수도를 다시 나라로 천도하였다. 대관대사도 역시 그곳으로 이전하면서, 이번에는 이름을 대안사(大安寺)로 바꾸었다. 이 대안사는 쇠락하기는 하였으나 지금도 남아있다. 그 후 794년 수도를 교토로 천도하였는데, 이때는 대안사가 옮기지 아니하고 그대로 나라에 머물렀다. 따라서 백제대사의 후신이 새로운 수도 교토까지는 이어지지 못하였다.

왕실 사찰인 백제대사가 대안사까지 계속하여 이어진 것이다. 새로운 수도를 정하여 천도하였으면 새로운 왕실 사찰을 짓는 것이 상식에 부합하는 일이다. 그러나 천황가에서는 새로운 절이 아니라, 백제대사를 계승하는 왕실 사찰을 계속하여 건립하였던 것이다.

이것을 어떻게 보아야 할까? 백제가 속국이라면 상상도 할 수 없는 일이다. 멸망해 버린 속국을 잊지 못할 아무런 이유도 없을 것이다. 그러나 백제는 속국이 아니라 일본 지배층의 모국이었다. 모국 백제를 잊지 않으려는 간절한 마음의 발로였던 것이 분명하다.

2) 백제왕경복

뒤에서 보는 5곳의 백제사 중 3곳이 백제왕경복(百濟王敬福)과 관련이 있다. 여기서 이 인물에 관하여 먼저 살펴보기로 하자. 그는 부여풍의 아우인 선광(善光, 禪廣)의 증손이다.

『속일본기』는 부여풍과 선광, 그의 아들 창성이 함께 도왜하였는데, 그 목적은 천황을 입시 즉 모시기 위함이라 하였다. 그러나 『일본서기』는 부여풍 혼자 인질로 도왜한 것으로 되어 있다. 『속일본기』가 보다 신빙성이 있다. 진실은 부여풍은 왜왕이었고, 선광 부자는 왜왕 부여풍을 보좌하기 위한 목적이었다고 이해할 수 있다.

백제 멸망 이후 왜 조정에서 선광에게 '백제왕'이라는 씨를 하사하여, 그 이후 백제왕씨 일족이 일본에서 뿌리를 내리게 되었다.

경복의 사후 『속일본기』는 이례적으로 많은 지면을 소모하여 상세한 가계와 아울러 인물평을 핍진하게 기록하였다. 『속일본기』는 「선광 → 창성 → 낭우(郞虞) → 경복」으로 이어지는 가계를 상세하게 설명한 다음, 그에 대하여 평하기를

「······ 방종하고 거리낌이 없었으며, 술과 여색을 매우 좋아하였다. 성무황제가 특별히 총애하여 상이나 관직을 내리는 것이 매우 두터웠다. 당시 관리나 백성들이 와서 가난하다고 하면, 매번 바라는 것 이상으로 주었다. 이 때문에 거듭 외직을 역임했지만, 집에는 여분의 재물이 없었다. 그러나 성품이 총명하고 판단력이 있어, 정사를 담당할 그릇이 있었다. 천평(天平) 연간에 출사하여 종5위상 육오수(陸奥守)에 이르렀다. 이 때 성무황제가 동대사의 대불을 만들었다. 다 만들었으나 도금하는 금이 부족하였다. 경복이 육오국으로부터 말을 달려 황금 9백냥을 바쳤다. 우리나라의 황금이 여기서 처음으로 나왔다. 성무황제가 매우 가상히 여겨 종3위를 하사하였다. 궁내경으로 옮기고 곧 하내수를 더했다 ······ 신호 초에 형부경에 임명되었다. 69세에 훙하였다」
(번역은 이근우 선생의 『속일본기 3. 2012. 지식을만드는지식』에 의하였으나(314쪽), 이해하기 쉽게 약간의 수정을 가하였다)

그는 아주 호방하며, 작은 일에는 거리낌이 없는 활달한 없는 성격이었던 모양이다. 그리고 술과 여색을 매우 좋아하였는데 그런 그를 성무천황이 특별히 총애하였다 한다. 성무는 그의 장점뿐만 아니라 단점마저도 사

랑하였던 모양이다. 인간적으로 그에게 매료되었던 것을 알 수 있다.

경복의 이런 모습은 모국이 망하여 외국으로 이주한 궁색한 처지의 망명왕족과는 전혀 거리가 멀다. 매사에 거리낌이 없고, 당당하고 호방하였던 모양이다. 마치 자택 안방에서 당당히 큰소리치는 듯하다. 그런 그를 성무천황이 특별하게 총애하였다는 것을 보라.

경복은 선광의 증손이다. 성무천황은 왜왕 천지의 증손으로서, 천지는 부여풍의 아들이다. 촌수를 따져보면 경복은 성무에게 있어서 9촌 아저씨가 된다. 아무리 호방한 성격의 경복이라 하더라도 이방의 망명객 처지였다면, 이렇듯 거리낌없이 당당하지는 못하였을 것이다. 그에게 있어서 일본이란 나라는 특별한 외국이 아니었고, 더구나 가까운 일족이 천황이었으니 그가 기죽을 이유는 더더욱 없었을 것이다.

그는 육오 즉 지금의 동북지방 수령으로 나가, 하이(蝦峡)를 정벌하는 공을 세운 바 있다. 그리고는 일본 역사상 최초로 황금을 발견하여 무려 9백 냥을 성무천황에게 바쳤다.

당시 성무는 필생의 숙원인 동대사 대불 건립사업을 진행하고 있었다. 다 만들어 놓고도 도금할 금이 부족하여 곤경에 처하였다. 이를 경복이 단번에 해결하였던 것이다. 성무는 너무나 기쁜 나머지, 그를 무려 7계급이나 특진시키는 파격적인 조치를 단행하였다.

백제왕씨는 경복 이후 크게 번성하게 된다. 수많은 인물들이 요직에 임명되었다. 딸들은 천황의 후궁으로 발탁되거나, 혹은 최고 권세가의 부인이나 측실로 앉게 되었다.

3) 오사카 백제야의 백제사

오사카에는 백제사가 두 군데 있었다. 먼저 백제야(百濟野)에 있었던 백제사(百濟寺)를 살펴보자. 홍윤기 선생의 『일본 속의 백제 구다라(百濟).
2008. 한누리미디어』를 보면(234쪽),

「구다라(百濟) 버스 정류장에서 북쪽으로 2km 남짓한 곳에, 지금 그 옛
날의 '백제사' 옛터전이 자리하고 있다. 오늘의 명칭은 샤리손쇼지(舍利
尊勝寺 사리존승사)다.
지난달 필자가 오사카의 남백제초등학교에 찾아갔을 때, 교장(西村千惠
子)이 직접 필자에게 "북백제 지역에는 그 옛날 백제인의 명찰 터전이
있답니다. 다음에 오사카에 오시면 직접 안내하여 드리겠습니다"라고
가르쳐 준 곳이다. 이 사리존승사는 고대의 '백제사'이며, '사리사' 등
여러 가지 명칭으로 알려진다.
현재의 명칭 사리존승사는 지금 주택가(生野區 生野 東 3)가 터전한 복판
에 비교적 넓은 경내를 차지하고 있었다. 물론 고대에는 구다라노(百濟
野)라는 넓은 들판에 큼직하게 자리잡았던 가람이다」

고대 백제사의 현재 모습이 잘 묘사되어 있다. 절의 동쪽에는 백제천(百
濟川)이 흐르고 있는데, 현재는 평야천(平野川)으로 이름이 바뀌었다. 이 절
이 언제 어떤 경위로 창건되었는지는 불분명하다. 9세기에 편찬된 『일본
영이기(日本靈異記)』14번째 설화를 살펴보자. 다음은 그 요지이다.

「의각(義覺)은 원래 백제의 승려였다. 신장이 칠척 장신이었다. 백제 멸
망 이후 도왜하여 나니파(難波)의 백제사에 살았다. 널리 불경을 공부하
였으며, 늘 반야심경을 외웠다. 캄캄한 밤, 혼자 단정히 앉아 경을 외우
는데 입에서 빛이 뿜어져 나왔다」

백제에서 건너간 의각스님의 깊은 도력을 알 수 있다. 백제 멸망 무렵에 이미 백제사가 있었던 것이 분명하다. 정확한 건립연대는 알 수 없으나, 백제 멸망 이전부터 존재하였던 사찰인 것으로 추정된다.

이 절은 학계에서 백제왕씨의 씨사(氏寺)로 보고 있다. 백제 왕씨는 원래 이 일대에 거주하다가, 다음에 보는 현대의 히라가타(枚方)시 일원으로 이주한 바 있다. 그러나 이 절이 과연 백제왕씨의 씨사였는지 확실치는 않다. 만일 씨사였다면 종전부터 있던 백제사를 나중에 백제왕씨 일족이 씨사로 삼았을 것이다.

4) 오사카 히라가타(枚方)시의 백제사

오사카 히라가타시는 고대에 카타노(交野)라 하였다. 여기에 백제사가 있었다. 이 절은 백제왕경복이 창건하였다고 알려져 있다. 앞서 보았듯이, 경복의 시기에 여기로 이주하였던 모양이다. 백제왕씨는 경복 이후 크게 번성하게 된다. 따라서 백제사 또한 사세가 흥성하였다.

이 백제사의 부근에 앞서 본 백제왕 신사가 있다(58쪽). 이 신사의 유래에 관한 『백제왕영사묘유래기(百濟王靈祠廟由來記)』에는 백제사에 관한 유래도 아울러 기재되어있다. 번역은 재일교포 사학자 단희린 선생의 『日本に殘る古代朝鮮(일본에 남은 고대 조선). 1976. 創元社』에 의하였다(121쪽).

「732년 3월, 백제왕남전(百濟王南典, 경복의 숙부)에게 종삼위의 품계를 하사하였다. 그는 병으로 그해 9월에 훙하였다.

성무천황이 이를 위로하기 위하여, 조칙을 내려 백제왕 사묘와 아울러 사찰을 건립하도록 하였다. 백제왕 여러분의 영혼을 여기에 안치 한다」

성무천황의 조칙으로 절과 신사가 창건되었던 것이다. 지금도 70여 개의 초석이 남아있는데 큰 것은 직경이 4척, 작은 것은 2척 정도라 한다. 상당히 큰 규모의 사찰이었던 것을 알 수 있다.

이마이(今井啓一) 선생의 『歸化人と社寺(귀화인과 절, 신사). 1974. 綜藝社』를 보면, 백제씨가 이곳에 자리잡음으로 인하여 광인, 환무, 차아, 인명천황 등이 도합 이십수회나 카타노로 행차하였다 한다(119쪽). 특히 환무 혼자만도 무려 십수회나 행차한 바 있다.

매사냥 등을 즐기면서, 때로는 백제왕씨의 저택이 행궁 즉 임시의 궁전이 되기도 하였다는 것이다. 천황들이 얼마나 백제왕씨 일족을 친근하게 여기고 가까이 하였는지를 짐작케 한다.

멸망한 속국의 망명왕족을 이렇게 대우하였을 리는 만무하다. 같은 뿌리를 둔 일족으로서, 친밀하고 깊은 정을 나누었던 것을 알 수 있다. 또한 백제사에 후한 시주를 아끼지 아니하였다.

① 환무천황이 783년, 벼 5천속(束)을,
② 793년, 돈 삼십만전과 벼 2천속을,
③ 798년, 벼 2천속을 각각 시주하였다.
④ 차아천황이 817년, 절을 방문하여 면화 100근을 시주하였다.

역대 천황들이 백제사를 극진하게 대우하며 보호하였던 것을 알 수 있다. 그 후 이 절은 화재로 전소되어 폐허가 되고 말았다. 최근 오사카부에서 절터를 '백제사 사적공원'으로 지정하여 보호하고 있다.

5) 백제니사(百濟尼寺)

이 절은 완전히 폐허가 되어 전혀 알려지지 않았다가, 1997년의 발굴조사에 의하여 비로소 확인되었다. 오사카의 사이쿠다니(細工谷) 유적에 있다. 거기서 '백제니(百濟尼)' 혹은 '백니사(百尼寺)'라고 새긴 토기가 발견되어, 비로소 '백제니사'라는 절의 존재가 알려지게 되었다. '니사(尼寺)'는 여승들의 절이라는 의미이다.

이곳은 고대에는 백제군이었으며 백제야(百濟野) 부근이다. 앞의 백제사와도 멀지 아니한 거리이다. 그래서 학계에서는 이 백제니사도 앞의 백제사와 마찬가지로 백제왕씨 일족이 운영하던 사찰로 보고 있다.

중요한 것은 이 절 유적에서 화동개진(和同開珎)이라는 동전이 발견되었다는 점이다. 주형과 동전이 아직 분리되지 아니한 상태였다. 그런데 이 일대에서 동전을 주조하였다는 기록은 어디에도 없으니, 이 동전의 정체는 과연 무엇일까?

후루치(古市晃) 선생의 논고「百濟寺と百濟尼寺(백제사와 백제니사). 2008. 創元社」를 보면, 관영의 공방에서 만든 동전만이 허가를 받은 것은 아니라 하였다(『大阪遺跡(오사카유적). 2008. 創元社』 169쪽). 다음 설명을 주목하여 보자.

「…… 중국의 당 시대에는 왕족이나 대신에게 주전을 허가한 사례가 있고, 일본에서도 나라시대 중반에 최고권력자의 한사람인 등원중마려가 주전을 허가받은 사례도 있다. 백제왕씨에게도 이러한 가능성이 있지 않을까?

앞서 본 백제왕경복은 『속일본기』에 의하면, 작은 일에 구애되지 않고 술과 여색을 좋아하여 성무천황이 특히 총애하였다 한다. 백제 왕족의 말예로서 특별한 지위를 점하였던 백제왕씨. 그 대표인 경복에게 더하여진 은총의 하나로서, 중마려와 마찬가지로 주전이 허가되었을 가능성은 충분하다고 생각되지만, 과연 어떨까?」

앞서 보았듯이 경복의 백제사에 여러 천황이 막대한 시주를 한 바 있다. 백제니사에도 많은 시주가 있었다고 추정할 수 있다. 그중의 하나로서 동전을 주조할 수 있는 특권을 부여하였을 가능성은 충분하다.

이 백제니사는 여승의 절이다. 『일본서기』 민달 13년(584년) 9월조에 의하면, 일본 최초의 여승인 선신니(善信尼)가 보인다. 그녀는 '사마달등(司馬達等)'의 딸이라 하였다. '사마달등'이라는 성명만으로도 그가 백제인인 것을 알기에 부족함이 없다.

사마달등의 아들은 '다수나(多須奈)', 손자는 '토리(止利)'이다. 두 사람의 이름 말음 '나'와 '리'는 순수한 백제풍이다. 아들 '다수나'는 아스카의 판전사(阪田寺)를 창건한 인물이다.

손자 '토리'는 불사(佛師) 즉 불상을 만드는 장인이었다. 그는 왜국 최고의 불사로서 일본 불상의 원류를 이룬 바 있다. 학자들은 그의 조각 방식을 '토리양식'이라 한다.

그리고 선신니의 제자인 선장니와 혜선니가 있다. 둘 다 백제 후예로 추정된다. 『일본서기』 숭준 원년(588년)조를 보면, 세 비구니는 백제로 유학을 떠나게 된다. 또한 이 해에 신라 여성 선묘, 백제 여성 묘광 등 도합 11명의 여성이 출가하였다 한다.

6) 시가(慈賀)의 백제사

시가현 최고의 명찰인 이 백제사는 일본 최대의 호수 비와(琵琶)호 부근에 있다. 이 일원은 일본에서도 명승지로 유명하다. 이 절은 특히 풍광이 아름다워 '오우미삼경(近江三景)' 중의 하나이다. 오우미는 시가현의 고명이다.

이 절의 전승에 의하면, 추고 원년(593년), 성덕태자가 발원하여 백제의 용운사(龍雲寺)를 본 따 건립되었다 한다. 성덕태자는 가공의 인물이다. 그러나 백제 멸망 이전, 백제의 용운사를 본 따 건립되었다는 것은 사실로 믿어도 좋을 것이다. 도왜한 어느 백제인이 세운 것이 분명하다. 백제 용운사가 어떤 절인지는 알 수가 없다.

이마이(今井啓一) 선생의 『歸化人と社寺(귀화인과 절, 신사). 1974. 綜藝社』를 보면, 초창기 백제에서 도왜한 혜자, 도흔, 관륵 등의 명승들이 살았다 한다(120쪽).

이 절은 원래 '쿠다라데라(百濟寺)'였으나, 중세에 한자의 발음 그대로 '햐쿠사이지(百濟寺)'로 바뀌었다. '햐쿠사이지'는 지금도 이 절 일대의 행정지명으로 사용되고 있다. 중세 세 차례의 대화재로 전소되었던 것을 그후 복구하여 현재에 이르렀다 한다.

이 백제사에서 멀지 아니한 카모(浦生)군에는 백제 멸망 이후 도왜한 귀실집사를 모신 신사가 있다. 그리고 이 일대는 망명한 백제인들이 집단으로 이주한 곳이기도 하다. 백제 멸망 이전에 건립되었던 백제사의 존재로 미루어 볼 때, 이 부근은 원래 백제인들의 많이 모여 살았던 모양이다. 백제 멸망 이후 이 일대에 백제인들의 집단으로 거주하였던 것은, 이런 이유가 컸다고 생각된다.

이곳은 일본 고대사의 기내 즉 수도권 지역이 아니다. 기내에서는 좀 떨어진 곳이다. 그럼에도 불구하고 귀족들의 시조를 밝힌 『신찬성씨록』에 이 지역을 본거지로 한 황별(皇別), 즉 천황의 동족 씨족이 여럿 등재된 것도 바로 이런 이유일 것이다.

7) 나가노(長野)의 백제사

현재의 나가노현 나가노시에 있는 명찰 선광사(善光寺)의 옛 이름이 백제사(百濟寺)였다. 이 절이 전국적으로 유명하게 된 것은 공개하지 아니하는 비불인 일광삼존불 때문이다.

이마이(今井啓一) 선생의 위 책에 이 부처의 내력이 잘 나와 있다(122쪽). 전승에 의하면, 이 부처는 원래 인도의 중천축 비차리국(毘遮利國)의 월개장자(月蓋長者)가 거액을 들여 만든 것이라 한다. 그것이 백제로 건너갔는데, 이를 542년 성왕이 왜국에 보냈다는 것이다. 그리하여 이 부처는 「삼국 전래의 부처」라는 이름으로 잘 알려져 있다. 일본에는 유명한 3 여래가 있는데, 그중의 하나이다.

이 부처가 오사카 항구에 도착하였을 때, 불교를 싫어하는 물부수옥이 이를 강물에 내버렸다 한다. 그것을 본전선광(本田善光)이라는 사람이 건져 등에 지고 나가노로 옮겨, 절을 지어 모셨다는 것이다. 이 전승은 얼마나 신빙성이 있을까? 당시 백제에서는 왜국에 불교를 보급하기 위하여 애를 쓸 때였다. 그 일환으로 이 부처를 왜국으로 보냈다고 이해할 수 있다.

'물부수옥이 강물에 버렸다' 운운은 720년 『일본서기』가 나온 이후에 만들어진 전설일 것이다. 그런데 부처를 오사카에서 나가노까지 등에 지고 옮겼다는 사람의 이름인 '선광(善光)'을 주목하여 보자.

이는 한문의 원래 의미로 이루어진 백제풍의 이름이다. 앞서 본 '백제왕 선광'의 이름과 동일하다. 6세기 후반의 왜국에 이런 이름을 가진 토착왜인은 존재하지 않았다. 이름으로 보아 백제에서 건너간 귀족인 것이 분명하다.

그의 아들은 이름이 '선좌(善佐)'인데 역시 백제풍이다. 『신찬성씨록』과 『일본서기』의 다음 인명을 보자.

① 덕좌왕(德佐王) : 우경제번 하 백제편 백제기씨조

② 하좌(賀佐) : 하내국제번 한편 지아페기촌씨조

③ 모리가좌왕(牟利加佐王) : 미정잡성 좌경편 백제씨조

④ 아좌(阿佐)왕자 : 일본서기 추고 5년 4월조

위 네 사람은 모두 실존하였던 백제인으로 추정된다. '~좌(佐)'라는 인명이 백제에서 사용되었던 사실을 알 수 있다. 백제사의 '선광'과 '선좌', 두 부자는 모두 실존 백제인이었을 것이다.

그런데 부인의 이름 '미생어전(彌生御前 야요피고젠)'은 이와는 다르다. 성인 '미생(彌生 야요피)'은 한자의 훈독이고, 이름인 '어전(御前 고젠)'은 한자의 음독이다. 이는 앞의 두 이름과는 달리 순수한 왜풍이다. 그러나 한자의 훈독과 음독이 혼합된 이런 성과 이름은 8세기의 그것이다. 6세기의 왜국에 이런 성명을 가진 인물이 실존하였을 가능성은 전혀 없다.

부처를 옮기고 절을 창건한 것은 실존 인물인 선광과 선좌, 두 부자였을 것이다. 그런데 모신 부처가 삼존불 즉 중앙의 본존과 좌우의 협시불, 세 부처이므로 여기에 맞춰 후세인들이 부인의 이름을 창작하여 넣었다고 추정된다. 세 부처에 대응하기 위하여 세 사람이 필요하였기에, 부족한 한 사람을 부인 미생어전으로 꾸며내었을 것이다.

이 절의 본당 한쪽에는 세 인물을 조각한 좌상이 있다. 홍윤기 선생의 『백제는 큰나라. 2010. 한누리미디어』를 보면, 이 좌상에 대한 상세한 설명이 있다(41쪽). 부인의 좌상은 정좌한 상태에서 오른쪽 무릎을 세운 자세이다. 이것은 한국에서 치마저고리를 입은 귀부인의 정식 좌법이라 한다. 부인은 실존 인물이 아니지만, 좌상의 앉음새는 한국식이다.

고대의 절 이름인 '백제'는 백제에서 도래한 부처를 모신 절이라는 의미에서 명명되었을 것이다. 바뀐 절 이름 '선광'은 절을 창건한 백제의 귀족

이름에서 유래한 것이다. 선광은 6세기 후반에 백제에서 건너가, 현재의 나가노 일원을 다스린 지방 장관이었을 가능성이 크다. 그가 이 부처를 백제에서 왜국으로 가져갔다고 추정할 수 있다.

4. 동대사(東大寺)

1) 동대사의 건립과 한국인

일본은 불교국가라 할 수 있다. 방방곡곡에 수많은 사찰이 있다. 그중에서도 현존 최고의 사찰을 꼽는다면, 아마도 나라의 동대사(東大寺 토다이지)가 아닌가 싶다. 세계 최대의 대불로도 유명하다.

그런데 이 절과 대불은 한국인들이 만들었다고 하여도 과언이 아니다. 이를 살펴보는 것은 당시의 일본 지배층 사회의 한 단면을 들여다보는 것으로 생각되어, 여기에 소개하여 보기로 한다. 이에 관하여는 홍윤기 선생의 『한국인이 만든 일본 국보. 1995. 문학세계』에 상세한 설명이 있다(74쪽).

「이 큰 절은 …… 고구려인 고려복신(高麗福信, 709~789)이 조궁장관으로서 총지휘하여 지은 것이다. 좀 더 구체적으로 말하면, 이 절을 짓는데 직접 가담한 것은 양변(良辯, 689~773)스님과 행기(行基, 668~749)스님 등을 꼽게 된다 ……

양변스님은 본래 백제에서 건너간 백제인의 후손이다. 스님의 속성은 백제씨이고, 속명은 금종(金鐘)으로 알려지고 있다. 그러니까 속성명은 백제금종이다 …… 현재 동대사 경내의 삼월당(三月堂)이라는 법당이 본래의 이름은 스님의 속명을 딴 금종사(金鐘寺)였다」

이 절은 8세기 성무천황의 발원에 의하여 건립되었다. 위에 나오는 양변 스님의 금종사가 모태가 되어, 동대사가 건립되었다고 전한다. 그런데 절을 짓는 최고위 책임자 세 사람은 위에서 본 바와 같이 한국인의 후예였다.

행기스님에 관하여는 졸저 『천황가의 기원은 백제 부여씨』에서 본 바 있다(314쪽). 그의 묘지명이 발견되었는데,

「부친의 이름은 재지(才智), 자는 지법군(智法君), 백제의 왕자 왕이(王爾)의 후예」

라 하였다. 행기는 백제 왕족 출신이었다. 그는 후일 일본 최초의 대승정 으로 임명된 바 있다. 현재 동대사 경내에는 그의 법명을 딴 '행기당'이라 는 법당이 있다.

동대사 건립을 발원한 성무천황 역시 백제의 후예인 것은 물론이다. 그 가 지은 만엽가에 백제어가 여럿 등장한 바 있다. 역시 위의 졸저에서 보 았다(597쪽).

동대사 삼월당은 양변스님과 관련이 깊지만, 이 절 이월당(二月堂)의 유 명한 연례행사인 「お水取り(오미즈토리)」에 관하여는 졸저 『천황과 귀족의 백제어』에서 본 바 있다(230쪽).

이 행사는 752년 시작되었다. 정식 명칭은 '수이회(修二會 슈니에)'이지만, 일반 대중들은 딱딱한 이 호칭보다는 「お水取り(오미즈토리)」라는 친숙한 이름을 선호한다. 필자는 2014년 봄, 나라국립박물관에서 이에 관한 특별 전을 관람한 바 있다. 특별전의 이름도 역시 이 친숙한 호칭이었다.

여러 의식이 순차적으로 진행되는데, 그중에서 핵심은 우물에서 향기로 운 물을 길어 부처님께 올려드리는 것이다. 부처님께 물을 드리는 의식의 명칭이 바로 「お水取り(오미즈토리)」이다. 많은 의식 중 하나의 이름에 불

과하지만, 이것이 행사 전체의 이름으로 격상된 것을 알 수 있다.

의식 이름의 '토리(取り)'는 '잡다'는 의미의 일본어가 아니다. 물을 잡을 수는 없다. 이 말은 '드리다'라는 동사의 어근인 '드리'이다. 따라서 이 행사의 이름을 현대 한국어로 말하면 '물 드리기'이다.

이 행사가 시작된 752년은 백제가 멸망한 지 92년 후이다. 그러나 이 당시만 하여도 최고지배층은 물론 일반 대중들에게도 백제어가 친숙한 언어였던 사실을 확인할 수 있다.

2) 동대사의 대불(大佛)

이제 유명한 대불을 살펴보자. 홍윤기 선생의 위 책을 보면(80쪽),

「높이가 약 15m이고, 부처님 얼굴의 길이는 5m, 오른손 가운데 손가락의 길이도 1.3m나 되는 큰 불상이다 ……

이 대불을 주조한 책임자인 대주사(大鑄師)도 신라계 주조사인 왕씨(王氏)와 고구려계 주조사 고려마려(高麗麻呂), 그리고 제작 총책임자는 대불사(大佛師)로 백제계인 국공마려(國公麻呂), 기지대성(己知帶成), 지비공마려(志斐公麻呂), 신라계의 식장상인(息長常人) 등이 문헌에 분명하게 기록되어 있다.

그러니까 두말할 것도 없이 이 '나라의 큰 부처님'은 고대 한국인들의 손에 의해, 종합적으로 이루어진 것이다. 그리고 제작 총책임자였던 대불사 국공마려는 백제에서 온 국골부(國骨夫)의 친손자이다」

이 대불의 주조만 하여도 연인원 30만 명이 동원되었다. 인부들은 토착 왜인이었지만, 지휘부의 고위층은 거의 전원이 한국의 후예들이었던 사실을 알 수 있다.

이 대불을 다 만들어 놓고도 금이 없어 도금을 못하고 있을 때에, 자신의 임지에서 금을 발견하여 바친 사람이 앞서 본 백제왕경복이었다.

성무천황은 전국의 60개 국(國, 쿠니, 광역지방행정단위)에다 각각 국분사(國分寺)를 설치하였다. 동대사는 대화국의 국분사이면서, 또한 여러 국분사를 총괄하는 총국분사의 역할을 담당하였다.

3) 정창원

동대사가 유명한 것은 보물 창고인 정창원(正倉院)의 존재 때문이기도 하다. 성무천황의 사후, 그의 수많은 보물을 광명황후가 동대사에 보내었다. 현재 약 1만 점의 귀중한 보물이 소장되어 있다. 백제의 악기인 공후, 백제금 등, 수많은 고대 한국의 보물들도 보관되어 있다.

매년 정창원에서는 수십 점의 보물을 외부에서 전시하는 행사를 하고 있다. 필자도 2019년 가을, 동경국립박물관에서 열린 정창원 특별전을 관람한 바 있다. 목적은 의자왕이 중신겸족에게 하사한 바둑판과 바둑알을 실견하는 것이었다. 감격스럽게도 눈앞에서 구경할 수 있었으나, 수많은 인파로 인하여 세밀하게 살펴보지 못한 아쉬움이 있다.

바둑판은 목화자단기국(木畵紫檀棋局)으로 불린다. 최고급의 자단으로 만든 초호화품이다. 바둑알 역시 하나하나에 날아가는 새를 조각한 최고급 명품이었다. 백제인들의 세계 최고 수준의 공예 솜씨가 여실히 드러난 명품 중의 명품이다.

그런데 의자왕이 왜왕도 아닌 왜국의 신하 중신겸족(후일의 등원겸족)에게, 어찌하여 이런 희귀한 선물을 하사하였을까? 일국의 왕이 외국의 신하에게 선물을 하사한다는 것은 참으로 상상하기 어려운 일이다. 더구나 겸족은 사신으로 백제를 방문한 바도 없었다. 의자왕이 일부러 멀리 왜국에 있는 겸족에게 귀한 선물을 하사하였던 것이다.

겸족은 역대 왜왕들의 골칫거리였던 권신 소아씨 일족을 토멸하는 데에, 큰 공을 세운 바 있다. 이를 '을사의 변'이라 한다. 졸저『천황과 귀족의 백제어』에서 상세하게 보았다(438쪽). 필자는 그 실질적인 주역을 배후의 의자왕으로 보고 있다. 그렇지만 왜국에서 실제 일을 치러낸 사람은 겸족이었을 것이다.

당시의 형세를 보면, 누대에 걸쳐 왜왕을 능가하는 거대한 세력을 구축한 소아씨 일문의 힘이 압도적이었다. 이들 일족을 처단한다는 것은 마치 계란으로 바위치기처럼 어려운 일이었다. 그 힘든 일을 이루어낸 겸족이, 의자왕으로서는 아주 기특하고 대견하였을 것이다. 그의 큰 공훈을 치하하기 위하여, 멋진 바둑판을 하사하였다고 생각된다.

5. 백제인들이 붙인 수많은 지명

1) 고을

삼국시대의 지방행정제도 가운데에 가장 핵심적인 행정단위가 군(郡)이었다. 그 전통은 현대까지도 이어져 내려오고 있다. 고대의 왜국에서는 7세기에는 '평(評)'이라 하였다가, 702년에 '군'으로 표기를 바꾸었다. 이 '평'이나 '군'을 고대의 일본에서는 고유어로 '코포리', 정확하게는 '커퍼리'라 하였다. 졸저『천황가의 기원은 백제 부여씨』에서 본 바 있다 (432쪽).

kə-pə-ri 郡 군 [고대 일본어] 군

ᄀᄫᆞᆯ [중세 한국어] 고을

'고을'의 중세어가 'ᄀᄫᆞᆯ'인데, 고형은 '거벌'이었을 것이다. 백제 사람들이 왜국을 통치하면서, 지방행정단위에 백제식 용어를 도입한 것을 알 수 있다.

'고을'의 전신 '거벌'은 왜국으로 건너가 kəpəri→kopori→koori로 변화되었다. kori로 축약된 경우도 있다. 이 말은 일본의 방방곡곡에 '코오리' 혹은 '코리'라는 형태의 지명으로 남았다. 『角川日本地名大辭典(각천일본지명대사전)』을 보면,

① 코오리(郡) : 17곳
② 코오리야마(郡山) : 16곳
③ 코오리가와(郡川) : 4곳
④ 코오리모토(郡元, 郡本) : 4곳
⑤ 코오리무라(郡村) : 3곳
⑥ 코오개(郡家) : 3곳
⑦ 코오사토(郡里) : 2곳

일본 전역에 걸쳐 수많은 지역의 지명으로 사용되었던 것을 알 수 있다. 그 외에도

코오리가리(郡里), 코오리죠우(郡條), 코오리다캐(郡岳), 코오리노코우(郡鄕), 코오리타(郡田), 코오리하라(郡原), 코오노우라(郡浦), 코오즈(郡津).

등 무수한 지명이 지금도 남아있다.

현존하는 '고을' 계통의 대표적인 지명으로는 나라현의 '야마토코오리야마군(大和<u>郡</u>山郡)'과 '<u>코오리</u>야마쵸(<u>郡</u>山町)'가 있다.

2) 이마키(今來)

나라의 이마키

졸저 『천황가의 기원은 백제 부여씨』에서 고대 일본의 수도 아스카의 여러 곳에 있던 '이마키(今來)'라는 지명을 살펴보았다(324쪽). '이마키'는 새로이 왜국으로 건너온 사람이라는 의미였다. 이 지명이 아스카의 여러 곳에 분포하고 있어 흔하다 보니, 나중에는 수도를 관할하는 군(郡)의 이름으로 되었던 것이다.

일본의 학자들도 도왜한 백제인들이 많았던 사실은 인정하지만, 이 사람들은 주로 기술자들이었다고 강변한다. 『일본서기』에 등장하는 이른바 「금래(今來)의 재기(才伎)」가 많았던 관계로, 그 사람들이 이러한 지명을 붙였을 것이라고 주장한다. '재기'는 기술자라는 의미이다.

그러나 외국인인 백제 출신의 기술자들이 지명을 바꿀 수 있었을까? 불가능한 일이라고 단정할 수 있다.

고대의 일본에는 수많은 백제인들이 살고 있었는데, 그중에는 기술자도 일부 포함되어 있었던 것은 사실이다. 그러나 백제인의 주력은 왜왕을 포함한 고위관료 등 지배층 귀족이었다. 기술자가 아니라 지배층이 백제인들이었기에 지명을 바꿀 수 있었던 것이다. 생각해 보라. 기술자 집단이 어떻게 왜국 수도 곳곳의 지명을 바꿀 수 있단 말인가?

일제강점기에 일본인들이 한국의 지명을 마음대로 바꾸었던 것은 그들이 지배층이었기 때문이다. 고대의 왜국과 일제강점기의 한국에서 같은 일이 일어났던 것이다.

다음은 일본지명학연구소에서 발간한 『大和地名大辭典(야마토지명대사전). 1984. 名著普及會. (이하 야마토지명대사전이라 함)』에 보이는 나라현 소자(小字)의 '이마키(今木)'이다. 소자는 촌(村) 아래의 최소 행정단위이다. 이 '이마키'의 원래 한자표기는 '금래(今來)'였을 것이다.

① 이마키(今木) : 5곳
② 키타이마키(北今木), 미나미이마키(東今木) 등 앞에 방위(동, 서, 남, 북, 중)를
   붙인 이마키 : 7곳
③ 이마키타(今北) : 7곳
   이마기타(〃) : 8곳
   이마키다(今木田) : 2곳
   [이마키타(今北)의 한자표기는 원래 '금래전(今來田)'으로 추정,
    그 의미는 '새로이 도래한 사람들의 땅']

등 도합 33곳의 '이마키'가 지금도 남아있다. 사라져 없어진 '이마키'는 이보다 훨씬 많지 않을까? 어쨌든 왜국의 수도권인 나라현 일원에는 '이마키' 마을들로 넘쳐났던 것을 알 수 있다. 왜 새로이 도왜한 백제인들은 지방보다는 수도와 그 일원으로 몰려들었을까? 그들이 지배층이었기 때문이다.

여러 지방의 이마키

① 이마키(今木)촌 : 오사카부 키시와타(安和田)시
② 〃 〃 : 〃 대정(大正)구
③ 이마키(今木)촌 : 오카야마현 읍구(邑久)군
   [현재는 오오토미(大富)로 바뀌었음. 인근에 이마키성(今木城)이 있음]

④ 이마키(今木) : 오이타현 우사(宇佐)군

　[현재는 니나키(蜷木)로 바뀌었음]

⑤ 이마키(今木)정 : 도야마현 도야마시

⑥ 이마키(今木)산 : 돗토리현 암미(岩美)군

　[작은 산이지만 오랜 전설이 있고 인근에서는 유명한 산]

⑦ 이마키타(今北) : 효고현 니기(尼崎)시

⑧ 이마키타(〃)정 : 미에현 상명(桑名)시

⑨ 이마키(今木)사(寺) : 이시카와현 야야시(野野市)정

　[지명이 아닌 절 이름이나 고대에는 이 일대의 지명으로 추정]

　고대의 왜국에는 수도뿐만 아니라, 멀리 떨어진 지방에도 여러 '이마키' 지명이 있었던 모양이다. 고대의 왜국에서는 자신이 백제에서 금방 건너 왔다는 의미를 가진 '이마키'라는 말이 아주 자랑스런 호칭이었을 것이다. 그러나 후일 이러한 지명들은 거의 사라져 버렸으므로, 지금까지 남아있 는 것은 극소수에 불과하다.

3) 나라(奈良)

　원래 일본의 수도는 아스카였다. 그러다 710년 원명천황이 새로운 수도 를 건설하여 천도하였는데, 그 이름이 '나라'였다. 그 후 784년까지 일본 의 수도로서 번성한 바 있다. 이 수도를 당시 사람들은 '平城京(평성경)'이 라 적고는 '나라노미야코'라 읽었다. '미야코(京)'는 수도라는 의미이다.

　이 '나라'라는 지명은 원래 그곳의 지명으로 존재하던 것일까? 천황의 궁전과 여러 관서 및 귀족들의 주거지가 들어선 도성 전체는 아주 넓은 지 역이다. 현대의 이코마(生駒)군 전체에 해당된다. 그런 넓은 지역을 총칭하

는 '나라'라는 지명은 원래는 존재하지 않았다. 이 지역을 새로운 수도로 정한 뒤, 새로이 붙인 이름이었다. 이 '나라'라는 지명은 어디서 유래한 것일까?

필자는 고대의 일본 지명에 관한 책을 여러 권 읽어 보았으나, 어디에도 이 수도 이름에 관하여 명쾌하게 설명한 것을 본 적이 없다.

이 지역의 북쪽에 높지 아니한 구릉이 있는데, 이 구릉을 총칭하는 명칭이 '나라산(那羅山)'이다. '나라'는 이 구릉의 명칭에서 유래하였을까? 높고 웅장한 명산이라면, 그 정기를 받는다는 의미에서 산의 이름으로 수도의 지명으로 정할 수도 있을 것이다. 그런데 이 나라산은 명산과는 거리가 먼 나지막한 구릉이다. 고갯길도 있다.

『일본서기』를 보면, 숭신 10년 9월조에 '나라산(那羅山)'이라는 지명이 등장하고, 이 지명에 대한 유래담이 보인다. 그러나 숭신은 가공인물이며, 유래담도 전혀 신빙성이 없는 창작설화이다. 여기에 소개하는 것은 지면낭비일 뿐이다. 『일본서기』나 『고사기』, 여러 『풍토기』에는 지명유래에 관한 수많은 설화가 보이지만, 단 하나의 예외도 없이 전부 창작설화이다.

이 구릉의 이름과는 상관없이, 바로 한국어 '나라'가 국가를 의미하기 때문에 붙인 이름이라고 추정된다. 수도의 이름으로서 국가를 의미하는 한국어 '나라'는 아주 적절하고 근사한 것이 아닐 수 없다. 이는 백제인의 언어감각에서 비롯된 일일 것이다. 당시의 천황을 비롯한 지배층이 백제 출신이었기에 가능하였을 것이다.

이 '나라'는 수도뿐만 아니라 일본 전역 수십 곳의 지명에 보이고 있다. 그 구체적인 소개는 생략하지만, 고대의 한국인들이 곳곳에 '나라'라는 지명을 붙였던 흔적이다. 백제뿐만 아니라, 가야나 고구려, 신라인들도 공통적으로 사용하던 말이었을 것이다.

4) 땅을 의미하는 「~타(田)」 계통의 지명

일본어 '타(田)'는 벼를 경작하는 논을 의미하는 말이다. 그런데 고대에서부터 현대에 이르기까지, 일본에는 이 '타'라는 음절로 끝나는 지명이 무수하게 보인다. 지명의 뒤에 붙은 '타'가 논을 뜻하는 일본어가 아니라는 사실은 졸저 『일본 천황과 귀족의 백제어』에서 본 바 있다(132쪽).

'땅'은 중세에 'ㅅ다'라 하였다. 고대에는 '다'였을 것이다. 바로 이 '다'가 왜국으로 건너가 여러 곳의 지명에 사용된 것이다.

이러한 지명은 일본의 전역에 아주 흔하게 보이고 있다. 백제인뿐만 아니라, 먼저 집단도왜하였던 가야인이 붙인 것도 많았으리라 생각된다. 9세기 전반, 일본의 행정지명이 망라되어 있는 『화명유취초(和名類聚抄)』에 나오는 지명 중에서 몇 가지 사례를 살펴보자.

백제 계통의 「타」

① 야마타(山田) : 산에 있는 땅. 논이 산에 있을 수는 없다.

② 아파타(粟田) : 고대 일본어 '아파(粟)'는 조를 의미. 조를 논에 심을 수는 없다. 조를 심는 땅이라는 의미.

③ 미야코타(京田) : '미야코(京)'는 수도. 수도의 땅

④ 타케타(竹田) : '타케(竹)'는 대나무. 대나무가 많은 땅

⑤ 사카타(坂田) : '사카(坂)'는 비탈지다는 뜻.

⑥ 이파타(磐田) : '이파(磐)'는 바위.

⑦ 이케타(池田) : '이케(池)'는 연못.

이렇듯 땅을 의미하는 '타' 계통의 지명은 고대의 일본 전역에 아주 흔하게 분포하고 있었고, 지금도 무수하게 많이 남아있다. 백제인, 혹은 먼저 도래하였던 가야인들이 명명한 지명인 것이 분명하다.

일본어 '타'의 원래 의미는 논인데, 바로 이 논을 의미하는 '타'도 없는 것은 아니다. 논을 의미하는 다음의 '타'는 토착왜인의 시대부터 존재하였을 가능성이 크다.

토착왜인의 지명일 가능성이 있는 지명 「타」

① 니피타(新田) : 새로 개간한 논
② 와타(和田) : 부드러운 논. 즉 토질이 좋은 논
③ 쿠로타(黑田) : 검은 논. 즉 기름진 논

위의 사례는 일본어 '타'의 원래 의미 그대로 논을 의미한다. 이러한 지명은 백제나 가야인들의 도래 이전부터 원래 있었다고 생각된다. 그런데 의미를 알 수 없는 '타'도 있다.

백제 계통인지 토착왜인 계통인지 불명인 「타」

① 카리타(刈田) : '카리(刈)'는 베다는 뜻.
② 누카타(額田) : '누카(額)'는 이마.
③ 야타(八田) : '야(八)'는 여덟.
④ 시타(信太) : '시'는 의미불명.

위의 사례에 나오는 '타'는 땅이나 논으로 볼 수는 없다. 이 '타'의 의미는 알 수가 없다. 백제 계통인지 아니면 토착왜인이 붙인 지명인지, 알 수 없는 지명이다. 그런데 전국으로 보면 백제 계통의 '타'가 압도적으로 많다.

5) 들

'들'은 원래 넓고 평평한 땅이다. 나아가 농사를 짓는 논이나 밭으로 된 넓은 땅을 뜻하기도 한다. 중세에는 '드르ㅎ'이라 하였으나, 고대에는 '덜'이었다고 추정된다. 한국에는 옛적부터 '~들'이라는 지명이 전국에 산재하고 있었고, 지금도 이런 지명은 어디든 흔히 볼 수 있다.

이 말이 고대 일본으로 건너가 방언으로 남은 것은 졸저 『일본 천황과 귀족의 백제어』에서 보았다(188쪽).

들 [한국어] 논밭으로 된 넓은 땅

츠루 耕地 경지 [후쿠오카 방언] 논밭

이 '츠루'는 고대에 '<u>투루</u>'였다. '들'의 고형 '덜'이 변한 모습이다. 그런데 일제강점기의 유명한 학자 카나자와(金澤庄三郎) 선생에 의하면, 이 '덜'이 일본으로 건너가 여러 곳의 지명에 남아있다 한다(『日鮮同祖論(일선동조론). 1943. 汎東洋社)』 152쪽).

① **가츠<u>츠루</u>(勝津留)** : 오이타현
② **오오<u>츠루</u>(大津留)** :   〃
③ **<u>츠루</u>(津留)** : 구마모토현

위 세 지명의 '츠루(津留)'는 원래 '투루'였다. 모두 '들'이 건너가 변한 형태라 한다. 뿐 만 아니다.

① **가<u>토리</u>(香取)** : 시가현
② **마<u>츠라</u>(松浦)** : 사가현

③ 츠루(都留) : 야마나시현

카나자와 선생은 위 세 지명의 '토리'와 '츠라', '츠루'는 모두 '들'이 변한 모습이라 하였다. 이런 지명은 일본의 전역에 다수 존재한다. 다음을 보자.

① 나카즈루(中鶴) : 구마모토 현
② 나가츠루(長鶴) : 시즈오카 현

일본어 '츠루(鶴)'는 원래 두루미를 뜻한다. 그러면 이 두 지명은 '가운데 두루미', '긴 두루미'가 되는데, 그런 의미가 아니다. '가운데 들', '긴 들'인 것이 분명하다. 일본의 지명이지만 일본어로는 의미가 통하지 않고, 한국어로 해석하여야 그 뜻을 이해할 수가 있다.

③ 오오토리(大鳥)

일본어 '오오(大)'는 크다는 뜻이다. '토리(鳥)'는 새, 고대의 발음은 '터리'였다. 고대 한국어 '덜(즉 들)'을 표기한 것이다. 따라서 이는 '큰 들'이다. 일본어로는 '큰 새'이지만, 상식적으로 생각하더라도 '큰 새'는 지명으로서는 별로 어울리지 않는다. '큰 들'인 것이 분명하다.
이 지명은 일본 전국에 수십곳이 있다. 오사카에는 '오오토리'군(郡)이 있었다.

④ 쿠로도리(黑鳥)

이 지명은 '검은 새'라는 의미가 아니다. '검은 들'이다. 농사가 잘 되는 비옥한 토질을 가진 들을 의미하는 것이리라. 4곳의 지명에 보인다.

⑤ **토리**하라(鳥原)

일본어 '하라(原)'는 벌판이다. 이 지명은 '들 벌판'으로서, 동어반복이다. 이외에도 '~토리(鳥, 取)' 혹은 '~츠루' 계통의 지명은 일본 전역에 무수하게 많으나, 지면관계상 줄인다.

6) 백제의 「부리(夫里)」

백제에는 '~부리'라는 지명이 곳곳에 있었다.

① 소**부리**(所夫里) : 수도 부여
② 고량**부리**(古良夫里) : 전북 정읍
③ 고사**부리**(古沙夫里) : 충남 청양
④ 반나**부리**(半奈夫里) : 전남 나주

이 '부리'는 마을이라는 의미로 추정된다.

신라에는 '추화군(推火郡)'이나 '비자화군(比自火郡)' 등, '~화(火)' 계통의 지명이 여럿 있었다. 여기서의 '화(火)'는 그 훈이 '불'이다. 이는 '~불'의 한자표기로서, '~부리'와 같은 어원인 것이 분명하다.

마을을 의미하는 '부리'라는 말은 현대 한국어에서는 전혀 사용되지 않는다. 그러나 '~부리'라는 마을 이름은 현재에도 전국 곳곳에 남아 있다. 『네이버 지식백과사전』에서 찾아보면,

① 부리마을(물) : 황해도 벽성군 상림리

② 조개부리마을 : 충남 태안군 고남면

③ 쇠부리마을 : 부산 기장군 기장읍

④ 용산부리 : 서울 용산구 한남동

⑤ 파말부리 : 황해도 은천군 초교리 등

일본에도 '~부리' 지명이 전국에 산재하고 있다.

① 카야후리(萱振) : 오사카부

② 나카후리(中振) :   〃

③ 시모후리(霜降) : 시가현

위 세 지명의 '후리'는 고대에는 '푸리'였다'. 백제의 '부리'이다.

그런데 ① '카야후리'의 '카야'는 한국의 '가야'이다. 이는 백제가 아니라 가야인들이 붙인 지명이다. 가야인도 역시 '부리'라는 지명을 사용하였다는 것을 알 수 있다. 또한

① 치부리(知夫里) : 시마네현

② 사부리(佐分) : 후쿠이현

③ 푸리(敷梨) :   〃

④ 푸리(布利) : 아이치현

앞의 두 지명에 붙은 '부리'는 한자표기는 각각 다르지만, 백제의 '부리'와 발음과 용법이 동일하다.

③, ④ '푸리'는 이 자체가 하나의 지명이다. 백제에서는 '~부리'라는 식

의 지명이었는데, 여기서는 '푸리' 자체가 하나의 지명이 되었다. 그 외에도

   츠부리(津布里), 아부리(阿布里), 카부리(加布里)

등의 지명이 보인다.

   그런데 『일본서기』를 보면, '촌(村)' 혹은 '촌읍(村邑)'이라는 한자표기를
일본어로 '푸래'라 읽었다.

   푸래(村) : 『일본서기』 신무 즉위전기, 경행 40년 7월조
   푸래(村邑) : 『일본서기』 계체 8년 3월조

   고대 일본의 이 '푸래'는 마을이라는 의미이다. 이는 백제의 '부리'가 건
너가, 변한 음으로 추정된다. '부리'에다 처소격 조사 '~에'를 붙인 '부리
에'가 흔하게 사용되다 보니, '푸래'로 변한 것이 아닌가 싶다.
   후쿠오카 앞바다에 이키(壹岐)섬이 있다. 고대에는 한국 남부지방에서
대마도를 지나, 이 섬을 거쳐 규슈 북쪽 해안에 이르는 중요한 해로 중의
하나였다. 이곳에 50여 곳의 '~푸래' 지명이 남아있다. 넓지 아니한 섬에
많은 '푸래'가 남아있다는 사실이 놀랍다.

7) 골

   한국에는 '~골'이라는 지명이 지금도 전국 곳곳에 무수하게 남아있다.
골짜기라는 의미이다. 전통적으로 한국의 마을은 산을 등지고 골짜기를 따
라 발달하였기에, 마을 이름으로서 '~골'이 옛적부터 애용되었던 모양이다.
   『삼국사기』를 보면 고구려에 '~忽(홀)'이라는 지명이 여럿 보인다. 이

것이 바로 '~골'의 표기이다. 고구려 사람들도 '~골'이라는 지명을 즐겨
사용하였던 모양이다. 골짜기를 의미하는 '~골'은 고대에 일본으로 건너
갔다.

카나자와 선생의 『일선동조론』을 보면(150쪽)

카마쿠라(鎌倉) : 가나카와현

위 지명의 '쿠라'는 바로 골짜기의 의미라 한다. 이 지명의 '카마(竈 조)'
는 가마솥을 뜻하고, '쿠라'는 '골' 즉 골짜기이니 가마솥 모양의 골짜기라
는 의미라 한다. 한국에도 '가마골'이라는 지명이 드물지 않다.

일본 전역에는 '~쿠라'라는 지명이 수없이 보인다.

① 오오쿠라(大倉, 大藏) : 30여 곳
② 오쿠라(小倉) :   〃
③ 아사쿠라(朝倉) : 20여 곳
④ 카타쿠라(片倉) : 3곳
⑤ 카마쿠라(鎌倉) : 10여 곳
⑥ 이와쿠라(岩倉) : 13곳

이외에도 '고쿠라(小倉)', '아카쿠라(赤倉)' 등 일본에는 '~쿠라'라는 지명
이 무수하게 많으나 지면관계상 이 정도로 줄인다. 이 '쿠라'는 『만엽집』
과 일본의 방언에도 보인다.

① ku-ra-ta-ni [만엽집 3941] 골짜기
② ko-ra 谷 곡 [가고시마 방언]   〃

산 <u>고라</u>당 [전남방언] 산골짜기

<u>고라</u>실 [　〃　] 〃

『만엽집』 3941번 노래에 나오는 ① <u>ku-ra-ta-ni</u>는 졸저 『천황과 귀족의 백제어』에서 본 바 있다(45쪽). 골짜기를 뜻한다. ta-ni(谷)는 골짜기를 의미하는 일본어이지만, <u>ku-ra</u>는 무엇인가? 일본의 통설 역시 골짜기를 뜻하는 고대 한국어라 한다.

가고시마 방언 ② <u>ko-ra</u> 또한 골짜기를 의미한다.

전남방언 '산 <u>고라</u>당'과 '<u>고라</u>실', 두 방언의 '고라'는 바로 골짜기이다. 따라서 골짜기라는 의미를 가진 '고라'가 있었던 것이 분명하다. '골'보다 앞선 형이다. 그것이 고대에 일본으로 건너간 것이다.

『야마토지명대사전』에 의하면, 나라현에는 『만엽집』에서 본 것과 같은 '<u>쿠라타니</u>' 지명이 지금도 여럿 남아있다.

　① 쿠라타니(**倉谷**) : 3곳

　② 쿠라다니(**藏谷**) : 2곳

　③ 쿠라타니(*クラ谷*) : 6곳

　④ 쿠라타니오쿠(**倉谷奧**) : 2곳

8) 골짜기를 뜻하는 「~실」

'실'은 골짜기를 뜻하는 한국의 고유어이다. '시내'는 '실내'가 변한 말로서, 골짜기에서 흘러나오는 내라는 의미이다. '실바람'은 골짜기에서 불어오는 바람을 뜻한다.

한국에는 '~실'이라는 지명이 무수하게 존재하고 있다. 골짜기의 지형이 가마와 닮았다고 하여 '가마실', 닭과 비슷하여 '닥실', 계곡물이 풍부하다고 '무실' 등이다. 그 외에도 '안실', '새실', '숲실' 등 수많은 '~실'이 있다.

모진사리(牟珍斯利) : 울진 봉평 신라비

위 신라 비석에 나오는 '모진사리'는 지명이다. '사리(斯利)'의 고대 발음은 '시리'였다. 고대에는 '모딘시리'였을 것이다. 이 지명으로 보면 '실'은 고대에는 '시리'였을 가능성이 있다. 신라시대에도 '~실'이 있었다는 좋은 증거이다. 이 '~실'은 일본에도 널리 존재한다. 고대의 한국인들이 가져간 것이다.

『야마토지명대사전』을 보면, 나라현의 소자(小字), 즉 최소지방행정단위의 지명에는 수백개도 넘는 무수한 '~시리'가 지금도 남아있다. 일본어 '시리(尻)'는 엉덩이 혹은 뒤를 뜻하는데, 골짜기를 뜻하는 한국어 '실'을 이렇게 표기하였다. '시리'가 탁음으로 변하여 '지리'로 되는 경우가 많다.

① 오오지리(大尻) : 3곳
② 오오지리다니(大尻谷) : 1곳

두 지명의 '오오(大)'는 크다는 뜻이다. '오오지리'는 '큰 실' 즉 '큰 골짜기'라는 의미가 된다. ②는 '오오지리'에 골짜기를 뜻하는 '타니(谷)'가 사족처럼 붙어있다.

① 오지리(尾尻) : 18곳
② 오시리 : 5곳

위 세 지명의 '오'는 작다는 의미의 일본어 '오(小)'이다. '작은 실' 즉 '작은 골짜기'이다.

① 쿠라지리(倉尻) : 3곳
② 〃 (藏尻) : 2곳

위 두 지명의 '쿠라'는 앞서 본 한국어 '골'이다. '골 실'인데 이는 두 한국어를 합성한 지명이다. 전라방언 '고라실'은 '고라'와 실의 합성어로서, 바로 이 '쿠라지리'의 원형이다.

① 타캐지리(竹尻) : 5곳
② 〃 (竹ジリ) : 〃

'타캐(竹)'는 대나무이다. '대 실' 즉 '대나무가 많은 골짜기'이다.

① 타키노시리(瀧尻) : 2곳
② 〃 (瀧ノ尻) : 10곳

'타키(瀧)'는 폭포를 뜻한다. '폭포 실' 즉 폭포가 있는 골짜기이다.

① 이캐지리(池尻) : 35곳
② 이캐시리 : 2곳

'이캐(池)'는 연못이다. '이캐지리(池尻)'는 '못 실' 즉 '못이 있는 골짜기'이다. 이 외에도 '오오이캐지리(大池尻)', '이캐지리나카(池尻中)' 등 '이캐지리'의 앞이나 뒤에 다른 말을 붙인 지명이 도합 27곳이다.

① 하타지리(畑尻) : 12곳

② 〃 (畑ジリ) : 2곳

'하타(畑)'는 밭을 뜻하는데, 고대에는 '파타'였다. '밭 실' 즉 '밭이 있는 골짜기'이다.

① 시리애(尻江) : 9곳

② 시리애(尻工) : 6곳

일본어 '애(江)'는 강을 뜻한다. '실 강' 즉 '골짜기에서 흘러내려온 강'이라는 의미이다. 이외에도

① 우마지리(馬尻, 말 실) : 3곳

② 시모노시리(下野尻, 아랫 실) : 2곳

③ 시바지리(芝尻, 잔디 실) : 6곳

④ 키타지리(北尻, 북 실) : 3곳

⑤ 나카지리(中ジリ, 가운데 실) : 2곳

⑥ 모리지리(森尻, 숲 실) : 〃

⑦ 시리(尻) : 3곳

등 수많은 '~실'이 있다. 백제인 그리고 먼저 도왜하였던 가야인들이 고대 나라의 지명을 모국어로 붙였던 중요한 증거 중의 하나이다.

나라현에 '~실'이 집중적으로 분포되어 있지만, 이곳뿐만 아니라 일본

전국에 널리 분포되어 있다.

① 시오지리(鹽尻, 소금실) : 나가노현 시오지리시 등 3곳
② 노지리(野尻, 들실) : 24곳
③ 타지리(田尻, 논실) : 23곳
④ 카와시리(川尻, 내실) : 18곳
⑤ 이캐지리(池尻, 못실) : 9곳

일본 전역에는 수많은 '~시리' 지명이 있다. 모두 합하면 수백 곳이지만 지면관계상 여기서 줄인다. 그런데 일본의 동북지방과 북해도의 지명에 '시리~' 혹은 '~시리' 지명이 많이 보이고 있다. 이는 아이누어에 뿌리를 두고 있어, 한국의 '실'과는 계통이 다르다.

9) 멧「부리」

산의 가장 높은 꼭대기 즉 봉우리를 '멧부리'라 한다. 중세에는 산을 '뫼'라 하였는데, 그것이 변하여 '메'가 되었다.

'부리'는 물건의 뾰족한 부분을 뜻한다. 앞서 본 마을을 뜻하는 '부리'와는 발음은 같으나 다른 말이다. 일본에는 여러 산의 이름에 이 '부리'가 붙어 있다. 산봉우리는 대체로 뾰족하게 생겼기에 이런 이름을 붙였을 것이다. 백제 혹은 가야인들이 붙인 이름이다.

① 세후리산(脊振山)산 : 후쿠오카현
② 하타후리야마(旗振山) :   〃
③   〃   〃   : 효고현

④ 키부리야마(來振山) : 기후현

⑤ 소바후리야마(相場振り山)산 : 나라현

위 산들의 이름에 공통적으로 붙은 '후리'의 고어는 '푸리'였다. 바로 한국어 '부리'이다. 일본어로는 산의 이름에 붙은 '푸리'를 설명할 길이 없다.

후리야마(フリ山) : 나라현

산 이름 '후리'는 고대에 '푸리'였다. '부리산'으로서 여기서는 '부리'가 고유명사로 되었다. 그 외에도

아후리다캐(障泥岳), 아후리야마(雨降山), 시모후리다캐(霜降岳), 이이후리 야마(飯降山) 등 많은 '~부리' 이름의 산이 있다.

10) 몰랭이

'산마루'를 전라, 충청방언에서는 '산몰랭이'라 한다. 이 '몰랭이'는 봉 우리를 뜻한다. 학계에서는 중세어 'ᄆᆞᄅᆞ'가 변하여 '마루'가 되었고, 그 방언형의 하나가 '몰랭이'라고 보고 있으나 찬동하기 어렵다.

'마루'는 고대에도 '마루'였으며, '몰랭이'는 고대에는 '모래' 혹은 '무 래'였다고 생각된다. 의미는 동일하나 '마루'와 '모래' 혹은 '무래'는 별개 의 어형이었을 것이다.

일본의 여러 산 이름에 '무래'가 붙은 것을 볼 수 있다. '몰랭이'의 고형 인 '무래' 혹은 '모래'가 건너간 것이다. 일본 산 이름의 '무래' 역시 백제 혹은 가야인들이 붙였다고 생각된다.

① 무래야마(群山) : 구마모토현 등 4곳

② 무래가오카(牟禮岡) : 가고시마현 가고시마시

　[오카(岡)는 원래 언덕을 뜻하지만, 이곳은 높이 552미터의 산]

③ 무래토우개(武連峠) : 이시카와현

④ 키무래토우개(木牟禮峠) : 가고시마현

　[토우개(峠)는 고개]

이외에도 쿠마무래야마(熊牟禮山), 투노무래야마(角牟禮山), 오오무래야마
(大村山) 등이 있다.

『일본서기』를 보면 백제의 산을 전부 '무래'라 훈독하였다. 제명 6년 9
월조에는 귀실복신 등이 지휘하던 백제 부흥군의 활약상이 나오는데, 3개
의 산 이름이 보인다.

① 노수리산(怒受利山) : 누주리노무래

② 임사기산(任射岐山) : 니자키노무래

③ 도도기류산(都都岐留山) : 투투키루노무래

백제에서 산을 '무래'라 하였다는 것은 사실로 믿어도 좋을 것이다. 신
공 49년 3월조와 52년 9월조에도 백제의 산을 '무래'라 하였다.

① 벽지산(辟支山) : 패키노무래

② 고사산(高沙山) : 코사노무래

③ 철산(鐵山) : 카내노무래

『일본서기』제명 4년 5월조, 제명이 8살에 세상을 떠난 손자 건(建)을 애

도하여 지었다는 노래에도 '무래'가 보인다. 졸저 『천황과 귀족의 백제어』
에서 본 바 있다(184쪽).

워무래(乎武例) : 작은 산

워(小)는 작다는 의미의 고대 일본어이고, '무래'는 산이다.

11) 산「마루」

산이 많은 일본에서 가장 흔한 산 이름은 무엇일까? 아마도 '마루야마
(丸山)'가 아닌가 싶다. 일본어 '마루(丸)'는 둥글다는 의미의 형용사이므로,
이 산이름은 '둥근 산'이라는 의미가 된다.

그리고 일본에는 한자표기만 다른 '마루야마(圓山)'가 있다. 이 '마루(圓)'
또한 둥글다는 뜻이므로 같은 의미이다. 『각천일본지명대사전』에서 확인
하여 보니, 일본 전역에 45곳의 '마루야마(丸山)', 13곳의 '마루야마(圓山)',
도합 58곳의 '마루야마'가 존재하였다.

일본에는 이렇듯 '둥근 산'이 많은 것일까? 산은 일반적으로 봉우리가
뾰족하지만, 아주 드물게 둥근 모양의 봉우리를 가진 산들이 있기는 하다.
그런데 일본에는 유독 둥근 모양의 산이 많을까? 그럴 리가 없다. 이 '마
루'는 둥글다는 의미의 일본어 '마루(丸, 圓)'가 아니다.

한국어 '산마루'의 '마루'는 산의 꼭대기를 뜻한다. '마루'는 산이나 지
붕 등의 가장 높은 부분을 의미하는 말이다. 일본의 산이름 '마루야마'의
'마루'는 바로 이 '마루'이다. 다음 일본 방언을 보면, '마루'라는 한국어가
고대에 왜로 들어갔다는 사실을 알 수 있다(졸저 『일본열도의 백제어』 473쪽
참조).

마루 丸 [가나카와 방언] 초가지붕의 꼭대기

타카마루 高所 고소 [구마모토 방언] 높은 곳

타카 高 [일본어] 높다

마루 [한국어] 꼭대기

가나카와 방언 '마루'는 초가지붕의 꼭대기이다.

구마모토 방언 '타카마루'는 '높은 마루'라는 의미이다.

두 방언의 '마루'는 둥글다는 의미의 '마루'가 아니다. 꼭대기를 뜻하는 한국어 '마루'인 것이 분명하다.

마루야마[니이가타 방언] 원뿔 모양의 산

봉우리가 원뿔 모양으로 뾰족하게 생긴 산을 니이가타방언에서 '마루야마'라 한다. 봉우리가 둥근 산이 아니다. 뾰족한 산인 것을 유념하자. 이 '마루'는 바로 한국어 '마루'인 것이 분명하다.

이 '마루'는 중세에는 'ᄆᆞᄅᆞ'라 하였는데, 고대에는 오히려 현대어와 동일한 '마루'였던 것으로 추정된다. 필자가 '마루야마'의 '마루'를 한국어 '마루'라고 생각하게 된 결정적인 단서를 제공한 것은 다음 산의 봉우리 모습이다.

타카마루야마(高丸山) : 도쿠시마현

이 산은 높이 1,438m의 큰 산으로서, 웅장한 위용을 자랑한다. 『각천일본지명대사전』에는 이 산의 사진이 실려 있다. 그 봉우리는 흔하게 볼 수 있는 뾰족한 모양이다. 이름은 '둥근 산'이지만, 실제 이 산은 뾰족한 모습의 일반적인 봉우리를 가지고 있다. 이 산 역시 '높은 마루'가 원래의 의미이다.

위 사전에 의하면, '타카마루야마(高丸山)'라는 이름은 명치시대에 붙여진 것이라 하였다. 이 설명은 좀 의문이다. '마루'라는 한국어를 알 리가 없는 명치시대 일본인들이 산 이름을 이렇게 붙였다고 보기는 어렵다. 인근 주민들 사이에 예전부터 입으로 전해내려오던 산 이름이, 명치시대에 정식으로 채택된 것으로 추정하는 것이 옳을 것이다.

또한 북해도 호정(戶井)정의 '마루야마(丸山)'는 봉우리의 모습이 원뿔 모양이라 한다. 둥그스럼한 모습이 아니다. 그 외에도 '타카마루야마'라는 산은 일본 전국에 7곳 존재하고 있다.

그리고 다음 두 산은 산을 뜻하는 야마(山)도 없이, '타카마루(高丸)'만을 산의 이름으로 하고 있다. '높은 마루'인 것은 물론이다.

타카마루(高丸) : 도쿠시마현

     "   " : 효고현

위에서 본 산을 제외하고도 일본 전국에는 58곳의 '마루야마'라는 이름의 산이 있다. 이 가운데에는 이름 그대로 둥근 모양의 봉우리를 가진 산도 일부는 존재한다고 생각된다. 그러나 대부분은 일반적인 뾰족한 봉우리를 가졌을 것이다.

그리고 '마루야마'는 다른 지방보다 북해도에 유달리 많이 보였기에, 혹시 이것이 아이누어에서 유래한 것이 아닌가 의심이 들었다. 그래서 필자의 서가에 있던 2권의 아이누어 사전에서 확인하여 보아도, 아이누어에는 '마루'라는 단어를 찾을 수가 없었다. '마루'는 아이누어와는 아무런 관련이 없는 순수한 한국어인 것이 분명하다.

그리고 '큰 마루'라는 의미의 '오오마루(大丸)'라는 이름의 산도 있다.

① 오오마루야마(大丸山) : 3곳
② 오오마루미내(大丸峰) : 히로시마현

그 외에도

① 마루다개(丸岳) : 시즈오카현
② 이와마루(岩丸) : 후쿠오카현

등이 있다. 앞서 본 바와 같이 일본에는 도합 58곳의 '마루야마'라는 산이 있다. 혼슈의 가장 남쪽인 미야자키현에서부터 최북단인 아오모리현, 그리고 북해도에 이르기까지 전국 곳곳에 보인다. 지면관계상 전부를 소개할 수는 없고 몇 개의 산을 보자.

① 마루야마(丸山) : 오이타현
②   〃   〃 : 나라현
③   〃   〃 : 기후현

① 마루야마(圓山) : 오카야마현
②   〃   〃 : 돗토리현

위에서 본 것은 필자가 지명사전 등에서 기록된 자료를 모은 것이다. 규모가 작아 지명사전에 나오지 않고, 지역 주민들 사이에서만 구전되는 '마루야마'는 이보다 훨씬 많으리라 생각된다.

12) 「우두」봉

　한국에는 '우두산' 혹은 '우두봉'이라는 산 이름이 곳곳에 존재하고 있다. 이 '우두'는 무슨 의미일까? 바로 '우두머리'의 '우두'와 같은 말이다. 즉 가장 높다는 의미이다. 따라서 '우두머리'는 가장 높은 머리라는 의미가 된다.

　'우두'라는 이름을 가진 산을 보자. '우두산'은 그 일대에서 가장 높은 산이다. '우두봉'은 큰 산의 여러 봉우리 중 가장 높은 봉우리, 즉 주봉이다. 우두산이나 우두봉은 그 일대에서 가장 높은 산 혹은 봉우리라는 의미인 것이다. 전국에 '우두산'은 3곳, '우두봉'은 4곳이다.

　　우두산 : 경남 거창, 경기 여주, 강원 춘천
　　우두봉 : 경남 합천 가야산, 전남 강진 보도산
　　　　　　경남 거제 계룡산, 제주 우도

　'우두봉' 중에서 앞의 세 '우두봉'은 모두 주봉이다. 제주 우도의 '우두봉'은, 이 섬에서 가장 높은 곳이다.

　조선조 후기에 나온 김정호 선생의 『대동여지도』를 보면

　　우두산 : 7곳
　　우두령 : 2곳
　　우두치(峙) : 1곳

이 있다. 그런데 중세의 선비들이 산의 이름인 '우두'를 한자로 '牛頭(우두)'로 표기한 경우가 많았다. 산의 모양이 소의 머리를 닮았기 때문이 아니다. 순수 한국어인 '우두'를 한자의 음을 빌어 표기한 것에 불과하다.

그런데 이 한자표기에서 소의 머리를 연상하고는, 산의 모양이 소머리를 닮아서 이런 이름이 붙었다고 하는 그릇된 민간어원설이 널리 유포되어 있다. 그러나 이 '우두'는 소머리와는 전혀 상관이 없다.

『일본서기』를 보면, 수사노(素戔嗚)가 고천원에서 추방당하여 간 곳을 신라국의 '소시모리(曾尸茂利)'라 하였다. 그래서 일본의 통설은 이 '소시모리'를 일본어가 아니라 한국어 '소의 머리'라고 생각하고는, 춘천의 '우두봉'으로 비정하였다. 그러나 이는 전혀 타당하지 않다.

우선 '소시모리'의 당시 발음은 sə-si-mo-ri였다. 그러나 한국어 '소'는 중세에 '쇼'였고, 이는 고대에도 동일한 발음이었다(졸저 『일본열도의 백제어』 123쪽). 발음이 다르다.

무엇보다도 춘천의 '우두봉'은 고대에도 '우두봉'이었을 것이다. '소머리 봉'이었을 가능성은 전혀 없다. 또한 『일본서기』의 '소시모리'는 창작된 지명이지 실존 지명이 아니다.

일본의 산이름에 나오는 '우두'를 살펴보자.

① 우투(宇津)봉 : 시즈오카현
② 우투(〃)봉 : 후쿠시마현
③ 우투(宇津)산 : 시즈오카현
④ 우투(〃)산 :   〃
⑤ 우투(〃)산 : 아이치현
⑥ 우투(宇津)치(峠) : 야마가타현

위의 '우투'는 고형을 그대로 표기한 것이고, 현대에는 '우츠'로 바뀌었다. 이해의 편의상 고형을 기록하였다. 산 이름의 '우투'는 바로 가야인 혹은 백제인들이 '우두'를 가져가 일본의 산 이름에 붙인 것이다.

우츠노미야(宇都宮)시 : 도치키현 현청 소재지

이 지명은 고대에는 '우투노미야'였다. 고어 '우투(宇都)'는 한국어 '우두'이며, '미야(宮)'는 궁전을 의미한다. 고대 일본이 통일되기 이전, 소국분립의 시대에 이곳에 소왕국의 왕궁이 있었던 모양이다. 그래서 이곳 토박이들은 이 도시를 방언으로 '미야'라고만 칭한다.

이 도시의 중심부에는 유서 깊은 후타라야마(二荒山) 신사가 있다. 이 신사가 위치한 산의 이름이 '우스(臼)'봉이다. 높지 아니한 산이다. 일본어 '우스'는 절구라는 뜻인데 고대에는 '우수'였다. 이는 '우투' 즉 '우두'가 변한 발음일 것이다.

그래서 '우투노미야(宇都宮)'라는 지명은 '우두봉의 궁전' 혹은 '우뚝한 궁전'이라는 의미이다. '한국'을 접두사처럼 붙인 '우두봉'도 있다.

카라쿠니우두노미네(韓國宇豆峯)신사 : 가고시마현

신사의 이름으로는 아주 특이하다. 앞의 '카라쿠니(韓國)'는 물론 한국이다. '카라(韓)'는 원래 가야를 의미하였으나, 의미가 발전하여 백제, 신라 등 한국 전체를 뜻하기도 하였다.

이 신사가 있는 곳의 산 이름이 바로 「우두노미네(宇豆峯)」이다.

'미네(峯)'는 봉우리를 뜻한다. 이 신사는 원래 '카라쿠니타캐(韓國岳)'에 있던 것을 이곳으로 옮겨왔다 한다. 『일본서기』 천손강림단에 보이는 바로 그 '카라쿠니타캐'이다. 고천원에서 천손 니니기가 강림하였다는 다카티포(高千穗)봉의 맞은편에 있는 봉우리로서 성스러운 산이다(졸저 『일본 천황과 귀족의 백제어』 305쪽).

'카라쿠니', 이 지명은 고대 가야인들이 집단도왜하였던 흔적이다. 아마도 가야인들이 세운 '카라쿠니'라는 소국이 여기에 있었을 것이다. 소국은 진작 사라지고 산 이름에만 남아있다. 마치 한국 곳곳에 남은 '가야산'처럼.

13) 항구를 뜻하는 「나리」

고대의 오사카는 수도 아스카의 외항으로서 본국 백제로 가는 출발점이었다. 또한 일본열도의 동서 각지로 연결되는 교통의 요지였으므로, 가장 중요한 항구였다. 고대에는 '나니파투(難波津)'라 이름하였다.

'투(津)'는 항구를 뜻하는 고대 일본어이다. 나니파라는 지명은 백제인이 지은 지명이 아니라, 토착왜인 시절부터 있었던 이름일 것이다.

『일본서기』 흠명 22년조와 추고 16년 9월조에 '난파대군(難波大郡)'이라는 지명이 보인다. 아마도 8세기 초쯤에는 이 일대에 '난파대군'이라는 이름의 큰 군이 있었던 것으로 추정된다.

그런데 이 지명은 언제인가 사라지고, 934년에 나온 『화명초(和名抄)』에는 다음의 두 군으로 갈라진 것으로 되어있다.

① 피무카시나리(東生)군 [피무카시(東)는 동쪽]
② 니시나리(西成)군 [니시(西)는 서쪽]

이 두 군의 이름은 '동 나리'와 '서 나리'라는 의미가 된다. 그러면 '나리(生, 成)'는 무엇인가?

왕가의 별장을 일본어에서 '나리토코로(業所)'라 하므로, 이 말의 축약으로 보는 견해가 있다. 그러나 이는 전혀 엉뚱한 발상이다. 『일본서기』 어디에도 별궁을 오사카의 동쪽과 서쪽, 두 곳에 지었다는 기사는 보이지 않기 때문이다. '나리'는 별궁과는 전혀 상관이 없는 말이다. 일본어로는 해결할 수가 없다.

  항구를 뜻하는 나루를 전라, 경상방언에서는 '나리'라 한다. 중세에는 'ᄂᆞᄅᆞ'라는 표기가 일반적이었으나, 고대에는 '나리'였던 모양이다. 오사카 항구의 '나리'는 바로 항구를 뜻하는 고대한국어 '나리'이다.

나리 [전라, 경상방언] 나루
久麻那利 구마나리 [일본서기] 웅진(熊津)

『일본서기』 웅략 21년 3월조를 보면, 백제의 새로운 수도 웅진을 '구마나리'라 하였다. 현대어로는 '곰나루'이지만, 고대에는 '곰나리'였던 모양이다. 이 '나리'는 항구를 의미하는 것이 분명하다.

  따라서 '동생(東生)군'은 '동 나리' 즉 동쪽의 항구, '서성(西成)군'은 '서 나리' 즉 서쪽의 항구라는 뜻이 된다. 원래는 나니파라는 하나의 항구였는데, 행정구역 개편을 하면서 넓은 나니파 항구를 두 개의 군으로 분할하였던 모양이다. 그래서 '동 나리', '서 나리'라는 군 명을 붙였던 것이다.

  이 두 지명이 정확하게 언제 성립하였는지는 알 수 없으나 아마도 8세기 중반으로 추정된다. 이때까지만 하여도, 일본의 지배층인 백제 후예들은 '나리'라는 말을 잊지 않고 있었던 것을 알 수 있다.

  앞서 본 오사카의 백제군도 바로 이 두 군과 인접하여 있다. 두 군명은 20세기에 접어들어 사라지고 오사카시로 편입되었으나, '동성구(東成區)'와 '서성구(西成區), 두 구명에 지금도 남아있다.

  '~나리'라는 지명은 일본의 전국에 보이고 있다. 그런데 강이나 바다가 없는 산촌의 그러한 지명은 항구와 상관이 없다. 『대일본지명사서』에서 강이나 바다와 인접한 곳의 '나리' 지명을 찾아보면,

① 이와나리(石成)향 : 히로시마현 후카야스(深安)군

　[이 일대에서 두 하천이 만난다]

② 미나리(三成)향 : 시마네현 니타(仁多)군

　[횡전천(橫田川)의 기슭에 있다]

③ 미나리(三成)향 : 히로시마현 미츠키(御調)군

　[여기서부터 바다가 시작된다]

④ 미나리(美成)향 : 돗토리현 핫토우(八頭)군

　[천대강(千代江)의 양쪽 기슭에 위치]

⑤ 카와나리시마(川成島)향 : 시즈오카현 후지(富士)군

　[후지천(富士川) 강기슭에 있어 수해가 심하다 함]

⑥ 수나리(須成)향 : 아이치현 카이후(海部)군

　[해강(蟹江)이 흐른다]

이 지명들은 모두 향(鄕) 즉 마을의 이름이다. 나루의 이름이 발전하여 마을 전체의 이름으로 된 경우일 것이다. 그런데 마을 이름으로까지 승격되지 못하고, 나루의 이름으로만 남은 '~나리' 지명이 일본 전국에 아주 많을 것으로 생각된다. 필자 능력의 한계로 인하여 더 찾아내지 못한 점이 아쉽다.

14) 대화삼산(大和三山)과 부여삼산(夫餘三山)

『일본서기』에 나오는 마지막 왜왕 지통은 새로운 수도 등원경(藤原京)으로 천도하였다. 그 후 여기 사람들은 중심부에 소재한 세 개의 나지막한 봉우리를 명산으로 높여 '대화삼산(大和三山 야마토산잔)'이라 칭하였다.

「카구야마(香久山), 우내비야마(畝傍山), 미미나시야마(耳成山)」

『일본서기』에도 자주 등장하고, 『만엽집』에는 수많은 가인(歌人)이 이 세 명산을 노래한 바 있다. 그런데 백제의 수도 부여에도 세 명산이 있어 '부여삼산'이라 하였다.

「일산(日山), 오산(吳山), 부산(浮山)」

『삼국유사』남부여조에 의하면, 백제의 전성기에 이 세 산에 신선이 살아 날아서 왕래하기를 아침저녁으로 끊임없었다 한다. 대화삼산의 모델은 바로 이 '부여삼산'이다. 졸저 『천황과 귀족의 백제어』에서 상세하게 본 바 있으므로(315쪽), 여기서는 간략하게 살펴보자.

부여와 등원경의 두 삼산, 도합 여섯 개의 산들은 모두 높이 1~2백 미터 정도의 나지막한 산들이다. 높고, 수려하거나 웅장한 산들이 아니다. 얼핏 보기에 전혀 명산으로 보이지 않으며, 평범한 동네 뒷산과 아무런 차이를 느낄 수 없다.

필자도 여러 차례 아스카를 방문하여 이 세 명산을 유심히 살펴본 바 있다. 그러나 그저 평범한 동네 뒷산으로 보일 뿐, 아무리 보아도 왜 그것이 명산인지 전혀 느낌조차 오지 않았다.

그렇지만 부여와 아스카의 두 삼산은 서로 간의 거리도 비슷하며, 중심부에 왕궁이 있는 점도 동일하다. 다른 점은 부여삼산이 직선인 데 비해, 대화삼산은 삼각형이라는 점뿐이다. 두 삼산은 놀라울 정도로 닮았다. 백제와 일본의 두 삼산이 흡사한 것은 결코 우연의 일치가 아니다. 백제인들이 고국 수도의 세 명산인 부여삼산을 기억하여, 새로운 터전인 등원경에 이를 그대로 옮긴 것이 분명하다.

부여의 삼산은 비록 높거나 수려하지는 않지만, 신선이 살아 서로 날아다녔기에 그런 이유로 명산으로 불리웠다 한다. 그러나 등원경의 삼산은 왜 그것이 명산인지 그 이유가 명확하지 않다. 어느 기록에도 이 삼산이 명산인 이유가 나와있지 않다. 그 이유를 아는 사람은 일본에도 단 한 사람도 없을 것이다.

부여의 삼산처럼 수도 중심부에 위치하면서 비슷한 높이와 비슷한 거리에 있는 산 셋을 찾다 보니, 위의 세 산이 선택되었다고 생각된다.

대화삼산 중에서 카구야마(香久山)는 하늘에서 강림하였다 하여 '하늘의 카구야마'라 불리기도 한다. 하늘은 물론 백제이다. 산이 백제에서 내려왔다는 전설이다. 8세기의 등원경 사람들이 창작한 전설일 것이다.

백제인들이 지배층이었다는 또 하나의 증거라 하겠다. 토착왜인이 지배층이었고 백제인들이 그들의 지배를 받았다면 어림없는 일이다. 감히 고국 수도의 세 명산을 기념하여, 일본 수도에다 그와 흡사하게 세 명산을 지정할 수는 없었을 것이다. 일제강점기 일본의 수도 도쿄에도 수많은 조선인들이 살고 있었다. 그러나 그들은 도쿄의 어디에도 단 하나의 조선식 지명도 남긴 적이 없었다.

그러나 고대의 등원경은 근세의 도쿄와는 전혀 달랐다. 백제인의 세상이었다. 등원경의 천황을 포함한 일본 지배층 사람들에게 있어서 대화삼산이란 존재는 마치 잃어버린 수도 부여의 삼산을 보는 느낌이었을 것이다. 『일본서기』와 『고사기』, 『만엽집』 등에 이 삼산이 무수하게 등장하는 이유를 짐작할 수 있다.

15) 모루(牟婁)

백제에는 '모루'라는 지명이 있었고, 백제인들이 이를 왜국으로 가져갔다. 졸저 『천황가의 기원은 백제 부여씨』에서 보았다(158쪽).

광개토대왕 비문에

「모루성(牟婁城), 고모루성(古牟婁城), 모로성(牟盧城), 구모로성(臼牟盧城),
  각모로성(各牟盧城)」

등의 지명이 보이는데, 모두 광개토대왕이 공취한 백제의 성들이다. 거슬
러 올라가면 『삼국지』「동이전」의 한(韓)조에 보이는,

「자리모로국(咨離牟盧國), 모로비리국(牟盧卑離國)」

등의 국명에 붙은 ‘모로’와 같은 어원일 것이다. 고대 한국인들이 애용하
던 지명 혹은 국명인 것을 알 수 있다.

『일본서기』지통 6년(692년) 5월조에는 「기이국(紀伊國)의 모루군(牟婁郡)」
이라는 지명이 보인다. ‘기이국’은 현재의 와카야마현이다. 바로 인접한
미에 현에는 지금도

「동모루군(東牟婁郡), 서모루군(西牟婁郡), 남모루군(南牟婁郡)」

이라는 지명이 사용되고 있다.

그리고 8세기의 대화국, 즉 현재의 나라현 갈상군(葛上郡)에도 ‘모루향(牟
婁鄕)’이 있었고 지금도 남아있다.

이 외에도 일본 전국에는 수많은 ‘모루’ 지명이 남아있다. 그런데 이 ‘모
루’는 고대 이래 일본에서 그 발음이 「무로」였다. 고대의 한국에서도 이
지명을 ‘무로’라 하였는지, 아니면 현대 한국어의 발음처럼 ‘모루’라 하였

는지는 확실치 않다. 아마도 고대 일본의 발음이 백제어의 원형을 그대로 간직하고 있는 게 아닌가 싶다.

지명의 이 '무로'라는 발음을 일본에서는 '실(室)'이라는 한자로 표기하는 경우가 많다. 일본어 '무로(室)'가 방을 의미하므로 이렇게 표기하고 있다.

그런데 지명에서 사람이 인공적으로 만든 '방'이라는 의미가 나올 리가 없다. 따라서 지명표기의 '무로'는 그 의미를 나타내는 것이 아니라, 백제어 '모루'를 나타내기 위한 표기인 것을 알 수 있다. 『각천일본지명대사전』에 나오는 '무로' 계통의 지명을 보면,

① 무로(室, 牟呂) : 12곳
② 무로하라(室原) : 7곳
③ 무로다(室田) : 5곳
④ 무로타니(室谷) : 3곳
⑤ 무로츠(室津) : 4곳
⑥ 야마무로(山室) : 11곳

등 전국에 걸쳐 100곳이 넘는 '무로' 지명을 찾을 수 있다.

『야마토지명대사전』에 나오는 나라현의 소자(小字), 즉 최소지방행정단위에도 무수한 '무로'가 있다.

① 무로(室) : 2곳
② 무로타(室田) : 4곳
③ 무로타니(室谷) : 3곳
④ 무로야마 : 3곳

⑤ 히가시(東)무로: 5곳

⑥ 니시(西)무로 : 6곳

⑦ 미(三)무로 : 2곳

⑧ 이무로(井室) : 4곳

　나라현에는 그 외에도 많은 '무로'가 있는데, 도합 70곳을 넘는다. 고대의 일본열도 전체에는 아마도 수백 곳의 '무로'가 있었을 것이다.

　왜국의 백제인들이 자국의 지명을 왜국의 군명과 향명 등의 행정지명으로 붙였기 때문에 일어난 일이다. 백제인들은 지배계층이었다. 일제강점기에 일본인들이 한국의 지명을 마음대로 요리한 것과 마찬가지 현상이다.

7장

일본의
백제풍 인명

『일본서기』를 보면 거의 대부분의 인물들은 순수한 왜풍의 성과 이름을 가진 것으로 되어있다. 한국인의 성명과는 전혀 거리가 먼 것처럼 보인다.

① 타캐우티노수쿠내 武內宿禰(무내숙내)

② 카투라기노소투피코 葛城襲津彦(갈성습진언)

③ 오포토모노카나무라노오포무라지 大伴金村大連(대반금촌대련)

등의 이름을 보면 한국이나 중국과는 전혀 다르고 순수한 왜풍이기 때문이다. 그러나 이런 왜풍의 이름들은 백제가 멸망한 이후, 7세기 말쯤에야 비로소 일본에 등장하였다.

그렇지만 『일본서기』를 보면 기원전 660년 시조 신무의 시대, 그리고 그 훨씬 이전이라는 신들의 시대에도 이런 이름을 가진 사람과 신들로 넘쳐나고 있다. 단 하나의 예외도 없이 모두 창작된 가공의 인물이다. 반면 실존하였던 고대 일본 귀족들의 이름은 거의 백제풍이다.

1) 고대 일본 실존 인물 이름은 대부분 백제풍

7~8세기의 일본 귀족들의 이름은 거의 대부분 백제풍이었다. 얼핏 보기에는 왜풍의 이름으로 보이지만, 조금만 깊이 생각해 보면 백제풍인 것을 알 수 있는 이름들이 대부분이었다. 다음은 왜국에 살던 백제인의 인명이다.

① 왕진이 王辰爾 [일본서기 흠명 14년 7월조]

② 왕연손 王延孫 [법륭사 금동불 광배]

③ 한회고 韓會古 [서림사 아미타불 광배]

④ 이태화 伊太和 [에타후나야마 고분 출토 철검명]

⑤ 장안 張安 [〃]

⑥ 여명군 餘明軍 [만엽집]

① 왕진이는 그의 묘지명에서는 왕지인(王智仁)이라 하였다.

위 여섯 사람은 성과 이름, 모두 백제의 그것을 일본에서도 그대로 사용한 경우이다. 이런 순수한 백제풍의 성명이 8세기 초반까지는 상당히 많았으리라 생각되지만, 문헌에는 거의 나타나 있지 않다. 앞으로 새로운 자료가 발굴되면 더욱 늘어나리라 생각된다.

백제에서 사용하던 성을 도왜한 이후 정착한 곳의 지명으로 바꾸었으나, 이름은 백제풍을 그대로 유지한 경우도 있었다.

① 소하만지 蘇賀滿智 [일본서기 이중 원년조]

② 물부나솔오 物部奈率烏 [〃 흠명 15년 정월조]
③ 위나경 威奈鏡 [위나대촌의 묘지명]

위 세 사람은 성은 모두 왜풍으로 바꾸었으나, 이름 '만지(滿智)', '오
(烏)', '경(鏡)'은 모두 백제풍이다. 아마도 660년 백제가 멸망하기 이전, 왜
국 귀족들의 성명은 대부분 백제풍이었고 순수한 왜풍의 성명은 그다지
많지 않았다고 생각된다.

2) ~마로(麻呂)

7세기 말부터 8세기의 일본에서 사람의 이름 뒤에 붙은 접미사로써 가
장 널리 사용되었던 것은 단연 '~마로(麻呂)'일 것이다.

당시의 발음은 ma-rə였는데, 아마도 원래는 ma-ro였을 것이다. 9세
기 무렵 일본에서 ə 모음이 없어지고 o 모음으로 통합되면서 ma-ro로
되었다가, 중세에는 ma-ru로 변하였다. 여기서는 '마로'로 표기한다.

고대 일본인의 인명은 복잡하다. 기나긴 성명들의 앞부분은 씨(氏)와 성
(姓)이고, 뒷부분이 이름이다(278쪽). 다음 인명을 보자.

판상직 쿠니마로(坂上直 國麻呂)

판상(坂上 사카노우패)은 씨로서 한국의 성과 같은 개념이다. 직(直 아타피)
은 성인데 이는 존칭이다. 뒤의 쿠니마로(國麻呂)가 이름이다.

왜왕 천무는 일본 고대사 최대의 내란인 임신의 난(672년)에서 승리하여
왕위에 올랐다. 『일본서기』에 나오는 이 당시의 인물들은 대부분 실존 인
물이다. 여기에 나오는 '~마로'를 보기로 한다.

① 내마로(根麻呂)

② 쿠니마로(國麻呂)

③ 수쿠나마로(宿奈麻呂)

④ 야수마로(安麻呂)

⑤ 오포마로(大麻呂)

⑥ 타리마로(足麻呂)

지면 관계상 이 정도로 줄인다. 이 '~마로'는 일본 고유의 인칭접미사일까? 다음 두 고대 한국인의 인명을 보자.

① 마로 麻鹵 [일본서기 흠명 2년 4월조] 백제인

② 마로 麻盧 [삼국사기 고구려본기] 고구려인

두 사람은 모두 이름만 나오고 성의 기재는 생략되었다. 당시의 발음은 '마로'였다. 두 사례로 보아 백제와 고구려에도 '마로'라는 이름이 있었던 것은 분명하다. 백제 사람들이 이를 일본으로 가져간 것이다.

위 두 인명으로 미루어 보아, 일본의 ma-rə(麻呂)는 원래 ma-ro였다고 추정할 수 있다. 그 후 세월이 흘러 일본에서 ə모음이 사라지고 o모음으로 통합되면서, 도로 ma-ro로 바뀌었다. 즉 일본에서는 「maro → marə → maro」의 순으로 변화한 것으로 추정된다.

신라에도 이 인칭접미사가 있었다. 『삼국사기』에 나오는 다음의 신라 인명을 보자.

① 황종(荒宗) : 거칠부의 다른 이름

② 태종(苔宗) : 이사부의   〃

③ 삼맥종(彡麥宗) : 진흥왕의 이름

위 세 사람의 이름에서 보듯이, 신라에는 '~종(宗)'이라는 인명이 많았
다. 이 한자의 훈은 「마루」로서, 근본 혹은 으뜸이라는 의미이다. 앞서 본
「산마루」의 「마루」와 같은 뿌리일 것이다. 그래서 신라 사람들은 이 이름
을 한자의 음이 아닌 훈으로 읽어, 「~마루」라 하였을 가능성이 크다.

국어학계에서도 고대 일본인의 인명에 붙는 ma-ro는 신라인의 이름
'종(宗)'에 그 유래가 있다고 보는 견해가 유력하다.

ma-ro는 일본에서 8세기에 대유행하였는데, 신라에서 도입되었다고
볼 수는 없다. 원래의 뿌리는 백제에 있었을 것이다. 백제에서는 그다지
널리 사용되지 않았으나, 어찌 된 일인지 일본에서 크게 유행하였다.

일본에서 이 인칭접미사는 중세에 들어서는 인기가 추락하게 된다. 완
전히 사라진 것은 아니지만 소수에 불과하였다.

3) ~ 다리

7세기 말부터 8세기의 일본에서 '~마로' 다음으로 유행하였던 인칭접미
사는 '~다리'였다. 이는 백제 사람들이 가져간 말이다.

키다리 [한국어] 키가 큰 사람
다리 多利 [무령왕릉 팔찌 명문] 인명

'키다리'는 키가 큰 사람, '늙다리'는 늙은 사람, 중세어 '귀양다리'는 귀
양간 사람을 뜻한다. 이 '다리'는 사람을 의미한다.

그런데 무령왕릉에서 출토된 왕비의 은팔찌에 「…… **多利作**(다리작)

……」이라는 인명이 새겨져 있어, 사람의 이름에 이 '다리'가 사용된 것을 확인할 수 있다. 신라나 고구려의 인명에는 '다리'가 보이지 아니하므로, 이는 백제 특유의 그것인 것이 분명하다.

8세기의 일본에서 이 '다리'를 한자로 '足(족)'으로 표기하였다. 만족하다는 의미의 고대 일본어 ta-ri(足)에서 유래한다. 『일본서기』 천무단 이후에 나오는 인명에서 살펴보기로 하자.

① 토코타리(德足)
② 모모타리(白足)
③ 피로타리(廣足)
④ 무카타리(椹足)
⑤ 피토타리(人足)

'~다리'라는 이름을 가진 사람으로서 가장 유명한 이는 일본 최고의 권력 가문인 등원(藤原)씨의 시조인 '카마타리(鎌足)'일 것이다. 그리고 고대 일본의 호적에는 수많은 인명이 보인다. 여기에는

① 이시타리(石足)
② 쿠니타리(國足)
③ 시마타리(嶋足)
④ 티타리(千足)
⑤ 타리(多利)

등 무수한 '~다리'가 있었다. ⑤'타리(多利)'는 무령왕릉 은팔찌를 만든 공인의 이름과 완벽하게 일치하고 있다.

4) ~키

경북방언 '한 키, 두 키'는 '한 사람, 두 사람'의 의미로서 이 '키'는 사람을 의미한다. 그리고 이 '~키'가 고대에 일본으로 건너간 것은 졸저 『일본 천황과 귀족의 백제어』에서 보았고(41쪽), 방언으로 남은 것은 『일본열도의 백제어』에서 본 바 있다(31쪽). 이 '~키'는 사람의 이름으로도 고대에 널리 사용되었다.

① 아직기 阿直岐 [일본서기 응신 15년조] 백제인
② 설지 薛支 [삼국사기 고구려본기 유리명왕조] 고구려인
③ 수지 須支 [영일 냉수리 신라비] 신라인
④ 도지 刀只 [단양 적성 신라비] 〃

위 인명들의 말음 '지(支)'나 '지(只)'는 모두 고대에 '기' 발음이었다. 백제나 고구려에서도 사람의 이름에 '~기'가 사용되었으나, 크게 유행한 것으로는 보이지 않는다. 오히려 신라인의 인명에서 흔하게 사용되었다.
『일본서기』와 『만엽집』에 나오는 실존 인물들의 인명에서 찾아보자.

① 이파수키(磐鍬)
② 우사기(菟)
③ 미유키(御行)
④ 마시키(眞敷)
⑤ 이마키(今城)
⑥ 사내유키(實行)

등을 들 수 있다. 그리고 8세기 호적에 나오는 인명 중에서 찾아보면,

① 다수키(多須伎)

② 이시키(石寸)

③ 시마키(嶋寸)

④ 야마키(山寸)

⑤ 투키(都伎)

등 많은 '~키'가 있었다. 중세에도 이 전통은 이어져 내려왔고, 현대에도 많은 '~키' 이름이 있다.

① 도죠 히데키(東條英機) : 태평양 전쟁시 일본의 수상

② 코이소 쿠니아키(小磯國照) : 〃

③ 무라카미 하루키(村上春樹) : 소설가

④ 나츠메 소세키(夏目漱石) : 〃

⑤ 키타 잇키(北一揮) : 화가

5) ~디

신라의 황룡사 9층탑을 지은 장인은 백제의 명공 '아비지(阿非知)'였다. 이 이름의 말음 '지(知)'는 고대에 '디'였는데, 인명에 자주 사용되었다. 졸저 『일본열도의 백제어』와(22쪽) 『천황가의 기원은 백제 부여씨』에서(438쪽) 상세하게 본 바 있다.

이 '~디'는 백제에서도 사용되기는 하였으나 그렇게 유행하지는 아니한 것으로 보이고, 오히려 신라에서 더욱 유행하였다. 『일본서기』 등에 나오는 실존 인물들의 이름에서 이 '~디'를 찾아보자.

① 포무티(品治)

② 사비티(鉏鉤)

③ 오포쿠티(大口)

④ 카누티(鍛師)

⑤ 오포티(邑治)

⑥ 야카모티(家持)

고대의 호적에서 찾아보면,

① 오포티(祖父)

② 이나티(米知)

③ 오포미티(大道)

④ 워티(乎知)

⑤ 야티(八知)

등이 있다. 이 '~디'는 중세에도 드물지 않게 사용되었다. 현대 일본인의 인명에서도 흔하게 눈에 띈다.

「에이키치(英吉), 켄이치(健一), 쿠니미치(國道), 켄지(賢治)」

이름의 말음 '치', '지'는 고대에 '티'였다. 백제인의 이름에 나오는 '디'가 아직도 일본에서 그 맥이 이어지고 있다.

6) ~시

　백제 사람들이 '~시'라는 이름을 자주 사용하였다는 점은 졸저 『일본천황과 귀족의 백제어』에서 보았다(359쪽). 『일본서기』에 나오는 7세기 후반 실존 인물의 이름에서 '~시' 인명을 알아보자.

　① 이리시(入石)
　② 쿠니오시(國忍)
　③ 누카무시(糠蟲)
　④ 오토카시(音檣)

　8세기 호적에서 찾아보면,

　① 요시토시(吉年)
　② 쿠쿠시(久久志)
　③ 파쿠시(博士)
　④ 피로니시(廣西)
　⑤ 파야시(林)
　⑥ 우래시(宇禮志)

　한국에서는 이 '시'라는 인칭접미사가 거의 사라졌으나, 일본에서는 아직도 왕성하게 사용되고 있다. 인명

　「키요시(淸), 타캐시(武), 세이시(正士), 유우시(祐之), 타다요시(忠溫)」

등의 말음 '시'가 바로 그것이다.

7) ~비

백제에서는 '~비'라는 인명도 흔하게 사용되었는데 위 졸저에서 본 바 있다(360쪽).

『일본서기』에 나오는 7세기 후반 실존 인물들이다.

① 푸캐피(吹負)
② 오포피(大火)
③ 우시카피(牛飼)
④ 우마카피(馬飼)
⑤ 쿠수피(久須比)

8세기 호적에서 찾아보자.

① 무수피(牟須比)
② 코토피(事日)
③ 푸루쿠비(古首)
④ 타피(多比)
⑤ 시피(志比)

『일본서기』에 나오는 최고의 신은 천조대신이며, 그와 동격의 신이 '타카미무수피(高皇産靈)'이다. 말음의 '피'도 역시 이 '비'이다.

8) ~리

백제인들이 즐겨 사용한 '~리'라는 인명에 관하여는 위 졸저에서 상세하게 보았다(358쪽). 여기서는 고대의 일본에서 사용된 이 인명을 살펴보자. 먼저 『일본서기』에 나오는 7세기 후반 실존 인물의 인명이다.

① 쿠수리(藥)
② 워요리(男依)
③ 야마모리(山守)
④ 이시나리(石成)
⑤ 이캐모리(池守)

8세기 호적에 나오는 인명은 다음과 같다.

① 푸쿠리(布久理)
② 토리(鳥)
③ 쿠니요리(國依)
④ 아리(阿利)
⑤ 우리(宇利)

이 '~리'는 현대 일본인의 인명에도 흔하게 보인다.

「무네노리(宗則), 마사노리(政憲), 야스나리(康成), 이시나리(石成), 시게모리 (重盛)」

등의 이름 말음 '리'가 그것이다.

9) ~수

한국에서 아주 흔하게 사용되는 '철수', '인수' 등의 인명에 나오는 '~수'에 관하여는 졸저 『일본열도의 백제어』에서 상세하게 보았다(12쪽). 다음은 7세기 후반 실존 인물의 인명이다.

① 타야수(多盆須)

② 쿠수(橡樟)

③ 파타야수(果安)

8세기 호적에 나오는 인명을 보자.

① 쿠로수(黑栖)

② 카라야수(加良安)

③ 마수(眞須)

④ 미타수(三田須)

⑤ 카수(加須)

⑥ 아카야수(赤安)

현대 일본인의 이름에서는

「마사야스(正安), 마스(盆), 모토야스(元恭), 타다스(正)」

등의 이름 말음 '스'로 그 맥을 잇고 있다. 이 '스'는 원래 '수'였다.

10) ~루

고대의 한국에는 '~루'라는 인명이 많이 사용되었다. 중국에서는 보기 어렵고, 백제와 고구려인들이 즐겨 사용하였던 독특한 형태이다.

① 기루왕 己婁王, 개루왕 蓋婁王 [삼국사기] 백제의 왕
② 재증걸루 再曾桀婁 [〃] 백제의 장군
③ 억례복류 憶禮福留 [일본서기] 백제인
④ 오호류 烏胡留 [백제 목간] 〃

위에 나오는 인명 말음에 보이는 '루(婁)'나 '류(留)'는 모두 고대에 '루' 발음을 나타낸 것이다. 신라에는 그다지 보이지 않고, 백제와 고구려에서 인명에 사용되었다.

고대의 일본에도 '~루'라는 인명이 종종 사용된 것을 볼 수 있다. 『일본서기』에 나오는 7세기 후반의 실존 인물의 인명에서는 그다지 보이지 않는다. 그런데 범위를 넓혀보면 왜왕 경행의 아들이라는 '야마토타캐루(日本武尊 일본무존)' 등이 있다.

8세기 호적에는 이런 이름이 여럿 보인다.

① 시루
② 사루(佐留)
③ 아마루(阿麻留)
④ 미타루(彌多留)
⑤ 타캐루(多祁留)

현대 일본인의 인명 중

「토모하루(知治), 미츠하루(光春), 미노루(實), 히카루(光), 토오루(徹),

　시게루(繁), 와타루(津)」

등은 고대 '루'의 전통을 잇고 있다.

8장 ──────

『신찬성씨록』으로 보는
천황가의 기원

1. 『신찬성씨록』

1) 『신찬성씨록』은 어떤 책인가?

『신찬성씨록(新撰姓氏錄)』은 차아천황의 명에 의하여 815년 편찬되었다. 여러 씨족의 시조가 누구인지 그 뿌리를 밝힌 책이다. 당시의 수도인 교토와 기내 지역의 귀족, 도합 1,185 씨족을 대상으로 하였다. 일본에서는 왜 이렇듯 귀족들의 시조를 밝힌 책이 필요하였을까? 왜 천황은 귀족들의 시조를 밝힌 책을 만들라는 명령을 내렸을까?

한국과 중국에도 어느 시대이건 각각 다른 성을 가진 수많은 귀족 가문들이 있었다. 이 점 일본과 전혀 차이가 없다. 그러나 여러 씨족의 시조가 누구인지를 종합적으로 밝힌 책은 단 한권도 나오지 않았다.

물론 한국에도 각 문중에서 자신들의 시조와 그 이후 그 연면하게 계속된 후손들의 가계를 소상하게 기록한 족보는 있었다. 그러나 한 가문이 아닌 여러 씨족들의 시조를 망라하여 그 기원을 밝힌 책은 존재하지 않았다. 유독 일본에만 이런 책이 필요하였던 이유가 무엇일까?

일본에는 한국이나 중국과는 다른 특별한 사정이 있었기 때문이다. 즉 천황가를 비롯한 거의 대부분의 귀족들이 백제와 가야 등 한국에서 건너 갔기 때문이다. 그래서 귀족들의 가문이 원래 어디서 유래하였는지, 그 뿌 리를 찾기가 어렵게 되었다.

만일 일본의 귀족들이 원래부터 일본열도에 뿌리박아 살던 가문의 후손 들이었다면, 그러한 혼란이 발생하였을 리가 만무하다. 따라서 굳이 여러 씨족의 시조를 밝히는 책이 필요하지도 않았을 것이다.

일본에서는 8세기 초 『고사기』와 『일본서기』를 편찬하여 일본의 고대사 를 새롭게 창작한 바 있다. 이러한 창작사서를 만든 근본적인 목적은 천황 가가 백제에서 건너갔다는 사실을 숨기고, 왜국에서 독자적으로 발생하였 다고 꾸며내는 것이다.

그런데 천황가의 뿌리를 꾸며낸다고 하여 문제가 해결되는 것이 아니 다. 수많은 귀족들도 있다. 이들은 대부분은 백제 출신이고, 일부는 가야 계통이었다. 따라서 천황가의 뿌리를 창작한 것과 마찬가지로 여러 귀족 의 출신내력도 새로이 꾸며내지 않으면 안 된다.

그리하여 두 창작 역사서에는 여러 귀족들의 시조가 무수하게 등장하 여, 그들의 뿌리를 만들어 낸 바 있다. 그러나 거기에는 모든 씨족들의 시 조가 전부 망라된 것은 아니었다. 따라서 두 창작사서에 단편적으로 등장 하는 여러 귀족들의 시조를 종합적으로 정리하고, 한편으로는 누락된 씨 족들의 시조를 새로이 창안할 필요성이 있었던 것이다. 뒤에서 보는 서문 과 표문에 이 책을 편찬한 목적이 잘 나와 있다.

『신찬성씨록』은 도합 1,185 씨족들을 크게 3등분하였다.

① 「황별(皇別)」: 천황가의 일족(335씨족)

② 「신별(神別)」: 신의 후손(404씨족)

③ 「제번(諸蕃)」: 한국과 중국에서 도왜한 사람의 후손(326씨족)

① 황별은 여러 왜왕 왕자의 후손, 즉 천황가의 일족이다.

② 신별은 신의 후손이라는 의미이지만, 여기서는 니니기가 고천원에서 천손강림하였을 때 호위하며 따라간 신을 뜻한다. 여기에는 지지(地祇) 즉 토착왜인의 후손이라는 30씨족이 포함되어 있다.

③ 제번은 여러 오랑캐라는 의미로서, 백제, 가야 등 한국과 중국에서 도왜한 씨족들이다. 순수한 중국 출신은 도합 16씨족에 불과하고, 그 외에는 전원 백제, 가야, 고구려, 신라 등 한국 출신이다.

『신찬성씨록』에서 이렇듯 성을 구분한 절대적인 기준은 다름 아닌 『일본서기』이다. 『일본서기』에 등장하는 각 씨족의 시조를 그대로 옮겨 적어, 황별과 신별과 제번으로 구분하여 놓았다. 『일본서기』에 기록되어 있지 아니한 씨족들의 시조는 적당하게 이곳저곳 배치하면서 「『일본서기』에 누락되었다」는 식으로 표기하였다.

그런데 고대의 왜국은 백제의 속국이었다. 왜왕을 비롯하여 주요 귀족은 대부분 백제인이었고, 가야인이 일부 존재하고 있었다. 황별과 신별은 대체로 백제 멸망 이전에 도왜한 귀족 가문, 제번은 백제 멸망 이후에 도왜한 망명귀족과 가야의 후예라고 보면 큰 무리가 없다.

그런데 이것은 전체적인 대세를 크게 분류한 것으로서, 많은 예외가 존재하고 있다. 예를 들면 『일본서기』에서 백제인이라고 된 씨족은 멸망 훨씬 이전에 도왜하였더라도 예외없이 제번으로 처리하였다. 반면 멸망 이후에 도왜한 망명 백제 귀족 중에도 황별로 된 가문이 여럿 있다. 그러므로『신찬성씨록』은 진실된 시조를 밝힌 책이 아니다.

『일본서기』와『고사기』가 이미 여러 귀족들의 시조를 창작하여 두었는데, 이러한 허구의 시조들을 종합적으로 정리하고, 또한 거기에 누락된 가문의 시조를 새로이 창작하는 것이 근본 목적이었다. 두 책이 37대 제명까지 허구의 왜왕을 창작한 것과 같은 맥락이다.

그러나『일본서기』도 잘 읽어보면 진실된 역사를 간혹 찾을 수 있는 것과 마찬가지로, 여기에도 진실된 시조를 일부나마 찾아볼 수 있다.

2) 무법천지와 같은 극심한 혼란상

『신찬성씨록』은 환무천황의 아들인 만다친황 등 다섯 사람이 지었다. 책을 만든 뒤 천황에게 바친 표문과 책의 서문에 이 책을 편찬한 이유가 잘 나와 있다. 한마디로 말하여 왜국에는 고래로부터 씨성에 관한 극심한 혼란상이 있었다 한다. 그래서 이 책을 편찬하지 않을 수 없었다는 취지이다.

이해하기 쉽도록 책을 편찬한 목적에 관계되는 부분을 몇 단락으로 나누어 살펴보자. 번역은 사에키(佐伯有淸) 선생의『新撰姓氏錄の硏究 考證編 第一(신찬성씨록의 연구 고증편 제1). 1988. 吉川弘文館』에 의거하였다(105쪽 이하).『신찬성씨록 고증편』으로 약칭한다.

> …… 왜왕 윤공의 시대에 수많은 성이 어지럽게 되어, 조칙을 내려 맹신탐탕(盟神探湯)을 하게 하였다. 진실을 말하는 자는 온전하고, 거짓을 사칭하는 자는 해로움을 당할 것이다 ……

『일본서기』윤공 4년(415년) 조에 나오는 이른바 '맹신탐탕' 기사를 인용하였다. 윤공의 요지는 다음과 같다.

「여러 신하들이 각기 말하기를 "나는 천황의 후예"라거나, 혹은
  "나는 하늘에서 내려왔다"라 한다. 사실인지를 알기 어렵다」

"나는 하늘에서 내려왔다"라고 하는 것은 "나는 백제에서 건너왔다"라
는 의미이다. 아마도 가야나 고구려 출신 중에서, 백제에서 건너왔다고 거
짓말하는 사람이 있었던 모양이다.

'맹신탐탕'을 한자의 의미로 풀이하면 「신에게 맹세하고(盟神), 끓인 물
로 탐색한다(探湯)」이다. 솥에 물을 넣어 뜨겁게 끓여놓고는 사람들로 하
여금 신에게 맹세한 후 손을 넣게 하여, 다친 사람은 죄가 있고 무사한 사
람은 죄가 없다고 간주하는 방법이다. 선악의 판별을 신의 의사에 맡기는
것이다.

왜왕 윤공은 창작된 가공의 왜왕이니 이를 사실 그대로 믿기는 어렵다.
그러나 백제가 왜국을 통치하고 나서 그렇게 오랜 세월이 지나지 아니한
5~6세기에도, 귀족들이 고위의 씨성을 사칭하는 등 심한 혼란이 있었다고
이해할 수 있다.

『일본서기』에서는 맹신탐탕(盟神探湯)을 '쿠카타티(區訶陀智)'라 하였다.
이 말은 순수한 백제어이다.

'쿠카'는 '국'이고, '타티'는 '다지다'의 고형인 '다디다'의 어근이다. 현
대어로 말하면 '국다짐'이다. 졸저 『천황과 귀족의 백제어』에서 본 바 있
다(158쪽).

백제에는 '국다짐'이라는 주술적인 제도가 있었고, 그것을 왜국으로 가
져간 모양이다. '국 다짐' 이후에도 혼란상은 계속된다.

> 증조부를 거짓으로 모용하며 망녕되게 명족(名族)으로 인정한다.
>
> 신으로 증거를 대고, 천황을 끌어들이며, 허위로 높은 관직을 의탁한다.

뿌리에 관한 무법천지를 보는 느낌이다. 그런데 고대의 한국이나 중국에도 이런 무법천지와 같은 풍조가 있었다는 기록은 본 적이 없다. 신라나 백제, 고구려의 귀족들은 각 씨족에 관하여 서로가 훤히 꿰뚫어 알고 있다. 귀족이 아닌 평민이 "나의 선조는 고위직에 있던 귀족 아무개"라고 거짓말하여도 금방 들통이 나게 마련이다. 따라서 이런 거짓말을 할 엄두를 낼 수도 없다.

그러나 고대의 일본은 달랐다. 거의 대부분의 귀족은 백제나 가야, 신라, 고구려 등에서 도래한 사람들이었으므로, 온갖 거짓말이 횡행할 수가 있었던 것이다.

> 왜왕 황극이 다스릴 때에 국가의 기록이 모두 불에 탔다. 어리고 약한 가문은 그 뿌리가 미혹하게 되고, 교활하고 강한 가문은 허위의 설(說)을 두 배로 늘려 ……

국가의 기록이 불에 탔다는 것은 『일본서기』 황극 4년(645년) 6월조에 보인다. 태자 중대형이 주도하여, 전횡을 일삼던 소아씨 일족을 토멸한 바 있다. 이른바 을사의 변이다. 그때 소아 가문에서 '천황기', '국기(國記)' 등 서적을 불태우자, 선사혜척이라는 사람이 불타는 '국기'를 꺼내어 중대형에게 바쳤다 한다.

그러나 이는 허무맹랑한 창작물이다. 당시의 왜국에는 나라의 역사를 기록한 역사서가 없었다. 또한 '천황'이라는 왕호가 성립되기 수십 년 이전이다. '천황기'라는 책이 있었을 리가 만무하다.

「약한 가문은 그 뿌리가 미혹하게 되고, 교활하고 강한 가문은 거짓을 두 배로 늘렸다」

라는 대목을 주목하여 보자. 이는 고대 일본 귀족사회에 있었던 성씨에 관한 일반적인 풍조를 묘사한 것으로 보인다.

효겸천황이 원년(757년)에 은혜로운 지시를 내렸다. 여러 오랑캐들의 원하는 것을 듣고는 원하는대로 (성을) 하사하였다. 그리하여 앞(즉 일본)의 성과 뒤(즉 오랑캐)의 성이 문자가 같아져, 오랑캐의 풍속과 일본의 풍속으로 씨족들이 서로 의심하였다.

효겸천황이 은혜로운 지시를 내렸다 한 것은 『속일본기』에 나오는 다음 기사를 일컫는다. 천황이

「고구려, 백제, 신라인 등이 오랫동안 성화(聖化)를 그리워해, 건너와 우리 풍속을 따르고 성을 받고자 간절히 원하니, 모두 허락한다」

라는 지시를 내렸던 것이다(번역은 이근우 선생의 『속일본기 2. 2011. 지식을 만드는 지식』 332쪽).

이때는 백제가 멸망한 후 백년이 넘는 시점이다. 그럼에도 불구하고 도왜하였던 백제나 고구려 유민(알 수 없는 이유로 도왜한 소수의 신라인 포함)들 가운데에는, 아직도 고유의 성을 유지하고 있던 사람들이 적지않게 있었던 모양이다. 오히려 이 사실이 놀랍게 느껴진다.

'제번(諸蕃)'의 '번(蕃)'은 오랑캐라는 의미이다. 백제나 고구려 등 한국에서 건너간 사람들을 오랑캐로 본 것이다. 이 『신찬성씨록』을 지은 사람들

도 모두 멸망 이전에 도왜한 구백제계의 후예인 것은 물론이다. 이들이 자신들은 토착왜인인 양 가장하면서, 백제 멸망 이후에 건너간 사람들을 오랑캐로 취급하였던 것을 알 수 있다.

> 만방의 도래인 씨족들이 고귀한 가문의 후손으로 늘어섰으며,
> 삼한 오랑캐의 나그네가 일본 신의 후예라 칭하였다.

효겸천황이 백제 유민 등에게 그들이 원하는대로 성을 하사한 결과, 도래인들이 고귀한 가문 혹은 일본 신의 후손인 양, 거짓 행세를 하게 되었다는 의미이다. 이런 혼란과 오류를 바로잡기 위하여 이 책을 편찬하지 않을 수 없었다는 취지이다.

어쩌면 이렇듯 거짓말을 할 수 있는지 참 신기하게 느껴진다. 앞에서는 5세기 초반, 왜왕 윤공의 시대부터 극심한 혼란상이 있었다고 하여놓고는, 여기서는 멸망 이후에 도왜한 백제나 고구려인들이 혼란의 주범인 양 묘사하고 있다. 전혀 앞뒤가 맞지 않는다.

이 사람들 때문이 아니다. 원래 일본의 대부분의 귀족들은 한국에서 건너간 사람들이었기에, 무법천지처럼 모든 것이 혼란하였던 것이다.

3) 허구의 시조에게 제사를 올렸을까?

『일본서기』와 『고사기』를 편찬한 가장 큰 목적은 허구의 천황을 창작하여 왜국의 역사를 날조하는 것이지만, 두 번째 목적은 여러 귀족의 시조를 꾸며내는 데에 있다.

새로운 역사를 창작하기 위하여 이는 가장 기본적이고 필수적인 요소라고 8세기의 일본 지배층에서는 생각하였던 모양이다. 『일본서기』와 『고사

기』에는 다음과 같은 유형의 기사들로 넘쳐나고 있다.

① 왜왕 아무개가 즉위하였다. 왕후는 다음 왜왕인 A, 왕자 B와 C를 낳
았다. B는 a, b, c 씨족의 시조이며, C는 d, e 씨족의 시조이다.
② 신하 X가 어떤 일을 하였다. 그는 f 씨족의 시조이다.

역사서라고 하면서 여러 씨족의 시조를 밝혀 놓은 것을 알 수 있다. 그
런데 이 왕자나 신하들은 거의 전부 창작된 가공인물들이므로 가공의 시
조이다. 하지만 이런 유형의 기사는 중국의 정사나 『삼국사기』, 『고려사』
어디에도 볼 수 없다. 오직 『일본서기』와 『고사기』에만 보인다. 거기에다
각 씨족의 시조를 종합적으로 망라한 『신찬성씨록』까지도 꾸며 내었다.

그러면 고대 일본의 여러 씨족들은 각자의 시조를 높이 받들며, 융숭한
제사를 올렸을까? 일본에서는 고대에서부터 씨족의 신을 「씨신(氏神)」이라
한다. 씨족이란 기본적으로 혈연집단이므로 조상신을 씨신으로 모시는 것
이 상식에 부합한다.

또한 시조는 특별하게 취급하여 다른 조상보다 극진하게 받들어 모셔야
마땅하다. 한국에서는 대부분의 성씨들이 시조에 대한 제사는 일반 조상
과는 달리 훨씬 성대하게 거행하고 있다. 그런데 고대의 일본에서는 그렇
지 아니하였다.

이에 관하여 1930년대 츠다(津田左右吉) 선생이 명백하게 밝혀 놓았다. 그
는 나라시대의 초반에 씨족의 신을 제사지내는 풍습이 있었을 것이라고
하면서, 그 신은 조상신이 아니라고 하였다. 즉

「씨신은 그 씨족이 특히 신앙하는 신, 혹은 그 씨족을 특히 보호하는
신으로서 조상이라는 의미는 털끝만큼도 포함되어있지 않다」

라 하였다(『日本上代史の研究(일본상대사의 연구). 1978. 岩波書店』121쪽). 이 견해는
확고부동한 통설이 되었다.

8세기 초의 일본에서 씨족의 신은 조상신이 아니었다. 그리하여 『일본
서기』에 나오는 시조에 대하여 어느 씨족도 제사를 올린 바가 없었다. 어
찌하여 상식에 어긋나는 이런 현상이 벌어졌을까?

『일본서기』와 『고사기』에 등장하는 여러 씨족의 시조들이 실존 인물이
아니라, 창작된 가공인물이기 때문이다. 일본의 지배층 귀족들은 창작된
가공의 시조에 대하여는 전혀 관심이 없었던 것이다.

4) 천황가도 허구의 시조를 외면

『일본서기』에 의하면 천황가의 시조는 물론 첫 번째 왜왕인 신무이고,
좀 더 거슬러 올라가면 최고의 신인 천조대신이 있다.

그러나 귀족들과 전혀 다를 바 없이, 천황가에서도 시조인 신무나 천조
대신을 전혀 받들어 모시지 않았다. 신무부터 37대 제명까지는 외면하였
고, 실존 인물인 38대 천지부터 진정한 조상으로 모셨던 것이다.

이에 관하여는 졸저 『천황가의 기원은 백제 부여씨』에서 자세히 본 바
있으므로 여기서는 간략하게 살펴보자. 천황가에서는

① 8세기, 시조 신무부터 제명까지의 무덤을 「원릉(遠陵)」, 천지 이후를
「근릉(近陵)」으로 구분하여 공물에 큰 차이를 두었다. 원릉에 올리는
공물은 일반 황족(천황의 아들, 딸 등)과 같았다.

② 858년 이후, 「10릉4묘제」라 하여 14기의 천황과 황족 무덤에만 제사
를 올렸다. 첫 번째가 천지였다.

③ 중세에는 천황 침전에 작은 불당을 두어 역대 천황의 위패를 모셔 두

었다. 첫 번째가 천지였다.

위와 같이 창작된 가짜 시조 신무는 외면당하였고, 천황가에서는 천지를 실질적인 시조로서 받들었던 것을 알 수 있다.

①항에서 보듯이, 8세기에는 신무부터 제명까지의 허구의 선조에게도 제사를 올리는 시늉이라도 하였던 모양이다. 창작사서인 『일본서기』가 나온지 얼마되지 아니하였을 때였으므로 부득이한 조치였을 것이다. 그렇지만 시조인 신무에게 올리는 공물이 일반 황족과 같았다는 것은 코메디를 보는 듯한 느낌이다.

그러나 9세기 중반 이후에는 이들 날조된 가공의 왜왕들은 철저히 외면당하였다. 형식적인 제사마저도 중단하였던 것이다.

형식상의 시조인 신무는 무덤마저도 없었다. 가공인물이니 당연한 일이기도 하겠지만, 현재의 신무릉은 19세기 중반에 날조된 것이다.

9세기 이후 천황가에서 실질적인 시조처럼 받들었던 왜왕은 다름 아닌 천지였다. 『일본서기』에는 시조가 신무라고 명백하게 기록되어 있고, 그 후로도 제명까지 36명의 왕이 있다. 하지만 천황가에서는 이를 무시하고, 37대 천지를 첫 번째 조상으로 모셨던 것이다.

앞서도 보았듯이, 천지는 식민지로서 황무지와 다름없던 왜국을 독립국 혹은 정상적인 국가로서 기능하도록 모든 기틀을 닦은 왕이다. 필자가 이 업적을 「천지의 대변혁」으로 명명한 바 있다. 그는 충분히 실질적인 시조라고 불릴만한 업적을 남긴 인물이다.

그리고 역대 천황의 황궁 내에는 신무나 천조대신을 모신 신사도 존재하지 않았다. 오히려 나라시대(8세기)에는 황궁 내에 백제의 신을 모시는 「한신사(韓神社)」가 있었다.

천황 즉위 후 단 한 번 거행하는 대상제(大嘗祭)의 하루 전에 진혼제(鎭魂

祭)라는 중요한 행사가 있다(위 졸저 536쪽). 이 행사의 핵심은 신악(神樂)이다. 여기에 나오는 신을 부르는 노래 중 「한신(韓神)」이라는 제목의 노래가 있다. 그 핵심은 다음 가사이다.

> 「…… 나 한신은 한(韓)을 불러 모시노라! 한을 불러, 한을 불러
> 모시노라!」

진혼제에서 부르는 신, 즉 천황의 제사를 받는 신은 바로 이 「한신」이었다. 이는 백제의 신이다. 황궁 내에 「한신사」가 있었던 이유를 알 수 있다. 즉 천황들은 황궁 내에 시조라는 신무나 먼 선조인 천조대신을 받들지 않고, 백제의 신을 모시는 신사를 차려놓고는 백제 신에게 간절한 제사를 올렸던 것이다. 왜 천황가는 외국 신을 받들었을까?

뿐만 아니라 「한신제(韓神祭)」라는 제사를 만들어 성대하게 거행하였다. 한신사와 한신제는 장기간 계속되었으나 중세에 사라졌다.

천조대신을 모신 천황가의 신사는 일본 최고의 신사인 이세신궁(伊勢神宮)이다. 역사의 진실을 알지 못하는 일반 민중들을 위하여 눈가림으로 이런 조치를 취한 것을 알 수 있다.

그러나 『일본서기』가 나온 8세기 이후, 역대 천황들은 누구도 여기에 직접 행차하여 참배하지 않았다. 자신들 가문의 유래를 확실하게 알고 있는 천황가로서는 지극히 당연한 일이라 하겠다. 처음으로 이 신궁에 행차하여 참배한 천황은 19세기 후반의 명치였다. 본론에 들어가기 이전에 고대 일본의 성과 씨에 관하여 잠깐 살펴보자.

2. 왜국의 성(姓)과 씨(氏)

1) 씨성제

고대의 일본에서는 성(姓)과 씨(氏)가 전혀 다른 개념이었다. '씨(우디)'는 현대 한국의 '성'이라 할 수 있다. 즉 한국의 김씨나 이씨의 '김' 혹은 '이'에 해당하는 개념으로서, 혈연으로 이루어진 동족집단이다. 그러나 이는 원론적인 정의이고, 실제로는 혈연이 아닌 지연으로 맺어진 집단도 드물지 않게 있었다.

씨를 의미하는 고대 일본어 '우디(氏)'가 한국에서 건너간 것은 졸저 『천황과 귀족의 백제어』에서 본 바 있다(279쪽).

'성(姓 카바내)'은 이와는 다른 일종의 존칭이다. 와캐(別), 수쿠내(宿禰), 무라지(連), 키시(吉士), 수구리(村主), 키미(君, 公) 등 수많은 존칭이 있었다. 이는 관직명과는 다르다. 원래는 그 씨족의 정치적, 사회적 신분의 고하를 나타내는 세습적인 칭호였다.

4세기 말 가야인들이 집단도왜한 이후부터, 왜지에는 이런 존칭이 우후 죽순격으로 생겨난 바 있다. 다 합치면 수십 개나 된다. 토착왜인이 만든 것이 아니므로, 거의 고대 한국어로 되어있다. 쉬운 예를 들면,

> 수쿠내(宿禰) : 고구려의 소형(小兄)
> 키시(吉士) : 신라의 길사
> 수구리(村主) : 신라의 촌주

등이다. 말의 의미를 분명하게 알 수 없는 것도 여럿 있으나, 고대 한국어가 사라졌기 때문이다. 자세한 논의는 후고로 미룬다.

씨의 뒤에 성을 붙였는데, 이를 '씨성제(氏姓制)'라 한다. 가령

촌국련 남의(村國連 男依 무라쿠니노 워요리)

라는 인물의 '촌국(村國 무라쿠니)'은 씨이다. 원래는 지명이다. '연(連 무라지)'이 성 즉 존칭이다. '남의(男依 워요리)'가 이름이다.

이러한 씨성 표기는 백제나 고구려의 관등명 표기와 흡사하다.

① 중부나솔 득진 中部奈率 得進 [백제 목간]
② 한성하부 대덕 소가로 漢城下部 對德 疎加鹵 [〃   ]
③ 한성하후부 소형 문달 漢城下後部 小兄 文達 [고구려 성벽 각자]

위 인명표기에서 중부나 하부 등은 수도의 지방행정단위이다. 일종의 지명이라 할 수 있다. 그 다음에 나솔이나 대덕, 소형 등의 관등명이 붙어 있다. 마지막에 득진 등의 이름이 나온다.

'촌국련 남의'의 경우에도 앞의 '촌국'은 씨이지만 이는 원래 지명에서 유래하였고, 다음에 '연'이라는 성, 마지막으로 이름 '남의'가 이어진다. '중부 나솔 득진' 등과 비교하면, 그 구성원리가 완벽하게 동일함을 알 수 있다. 고대 일본 씨성제의 뿌리는 고대의 한국에 있었던 것이다.

그러다 684년 10월, 왜왕 천무가 잡다한 성을 모두 8개로 정리하였는데, 이를 '팔색지성(八色之姓)'이라 하였다.

① 진인(眞人)   ② 조신(朝臣)   ③ 숙내(宿禰)   ④ 기촌(忌寸)
⑤ 도사(道師)   ⑥ 신(臣)   ⑦ 연(連)   ⑧ 도치(稻置)

위 팔색의 성 중에서 최고위 진인과 5위 도사는 도교풍이다.

2위 조신(朝臣)은 a-so-mi라 하였다. 정확하게는 a-sə-mi(阿曾美)였

다. 평안시대 이후, 천황이 자녀를 황족에서 신하로 내려보내면서 부여한 성이 바로 이 조신이었다. 실질적으로는 최고의 성이었다. 그런데 a-sə-mi는 도대체 무슨 의미일까? 일본어에는 고대에도 이런 말이 존재하지 않았다. 이에 관하여 여러 견해가 있으나 아직 정설은 없다. 그러나 이는 한국어이다.

a-sə-mi 朝臣 조신 [고대 일본어]
아슴 [중세 한국어] 친족

지금은 사어가 되었으나 중세에 널리 사용되던 '아슴'은 친족 혹은 친척이라는 의미였다. a-sə-mi와 발음이 흡사하다. '아슴'도 고대에는 '아섬'이었을 것이다. a-sə-mi는 바로 이 '아섬'이다.

이 성은 종전에 없던 것을 천무가 새로이 창안하였는데, 일본어가 아니라 백제어로 만들었다. 8색지성 중에서 '진인'과 '조신(아서미)', '도사'는 천무가 직접 창안한 것이고, 나머지는 종전부터 있던 것을 채택하였다. 천무가 창안한 세 성에는 그의 정체성이 확연히 드러나 있다.

'진인'과 '도사'에서 도교 수련의 고수이던 그의 면모를, '아서미'에서는 부여풍의 아들로서 백제인인 그의 정체성을 엿볼 수 있다.

2) 씨와 성은 한국인들이 만든 새로운 풍습

비미호(卑彌乎), 태여(台與), 난승미(難勝美), 도시우리(都市牛利)

앞서 중국 사서에 등장하는 위와 같은 인명을 보았는데, 이들 토착왜인들은 이름만 있고, 성(왜국의 씨)이 없는 사람들이다. 즉 '비미호'는 성이

'비'씨가 아니다. '비미호' 전체가 이름이다. 이들 왜인들은 성이 없었다.

고대 흉노족은 이름만 있고 성이 없었다. 고대 한국인도 마찬가지였다. 주몽, 온조, 비류, 혁거세 등은 이름이다. 주몽도 당대에는 성이 없었다. 세월이 흐른 후에 고구려의 후손들은 고씨, 백제로 남하한 후손들은 부여씨를 각각 자칭하게 되었던 것이다. 신라의 혁거세도 이름이며, 박씨라는 성은 나중에 붙였을 것이다.

왜 여왕 「비미호」가 「난승미」를 사신으로 중국에 파견한 것은 서기 239년이다. 이때에도 왜인들은 이름만 있고 성은 없었던 것을 알 수 있다. 그렇지만 이 무렵에는 백제나 고구려, 신라, 가야 등의 귀족들은 중국의 영향으로 모두 성이 있었던 것이 분명하다. 고대의 한국인들이 성을 가지게 된 한참 이후인 3세기 중반 쯤에도, 왜인들은 이름만 있었을 뿐 성은 없었던 것이다.

성이라는 제도가 없던 왜지에, 4세기 말 금관가야를 비롯한 여러 가야와 백제 등 한국인들이 대거 집단 도왜하였다. 그들은 5세기 중반 혹은 후반쯤에 이르러서는 모국에서의 성을 버리고 왜지에서 처음 정착한 곳, 즉 본거지의 지명으로 성(왜국의 씨)을 삼았다. 그리하여 그들의 성은 지명으로 되어있다. 직업에서 유래한 성도 일부 있기는 하지만 그리 많지 않다.

4세기 말 이후 도왜한 한국인들이 지명을 성으로 삼는 관행을 만들어 내었던 것이다. 지명을 성으로 삼는 관행은 토착왜인의 관습이 아니라, 한국인들이 새로이 만든 풍습이라는 점을 유념하자. 토착왜인과는 아무런 상관이 없는 일이었다.

그렇지만 백제가 멸망한 이후인 7세기 말쯤에도 모국의 성을 그대로 간직한 사람들이 많았다.

3. 황별(皇別)이 된 백제인

황별은 역대 천황의 후손이라는 의미이다. 서문에서 「천황과 황자의 갈래를 황별이라 한다」라고 정의하였다. 즉 황실의 후손이다. 도합 1,185 씨족 중 335 씨족이 이 황별에 속한다고 되어있다. 그런데 이 책을 정독하여 보면, 황별에는 두 종류가 있는 것을 간파할 수 있다. 편의상 이를 「진정한 황별」과 「유사 황별」이라고 부르기로 하자.

「진정한 황별」이란 실존하였던 첫 번째 왜왕 천지 이후, 실존 천황을 시조로 둔 성씨이다. 즉 진짜 황족이다. 그 수가 아주 적다. 12 씨족에 불과하다.

「유사 황별」은 『일본서기』에 나오는 날조된 가공의 천황 아들을 시조로 둔 경우이다. 그런데 여기에는 가공인물이 아니라 실존하였던 백제인을 시조로 둔 경우도 가끔 보이므로, 주의하여 살펴보아야 한다.

「진정한 황별」에 관하여는 별다른 설명이 필요없다. 다음과 같은 경우를 말한다.

① 원조신(源朝臣) : 이 책 편찬 당시의 천황이던 차아가 자식들을
　　　　　　　　　　　일반 귀족으로 편입하면서 하사한 성
② 양잠조신(良岑朝臣) : 환무천황의 후손
③ 춘원조신(春原朝臣) : 천지천황의　〃
④ 삼원조신(三原朝臣) : 천무천황의　〃

위에 나오는 천황들은 모두 실존하였던 인물들이다. 이러한 실존 천황의 후손들이 진정한 황실의 후예인 것은 물론이다. 이러한 진정한 황별은 335 황별씨족 중에서 다 합쳐도 12 씨족에 불과하다.

「유사 황별」은 두 종류로 크게 나눌 수 있다. 첫째 백제에서 건너간 것이 분명한 씨족이다. 둘째는 『일본서기』나 『고사기』에 나오는 창작된 왜왕의 아들을 시조로 둔 경우이다. 백제 멸망 이전에 도왜한 구백제계 귀족들이 다수를 차지하지만, 반드시 그런 것만은 아니다.

황별 중 절대 다수를 차지하는 「유사 황별」에 관하여 좀 더 깊이 살펴보자. 천황가의 기원에 관한 좋은 자료의 하나이다.

A. 백제에서 건너간 황별

1) 백제의 망명 귀족 길대상

『일본서기』천지 10년(681년) 윤 6월조를 보면, 백제 멸망 이후 도왜한 많은 귀족들에게 관위를 부여하였다. 그중의 한 사람이 길대상(吉大尙)이다. 26 관등 중 제 16위인 소산상을 부여받았다.

왜왕 천지의 태자 대우(大友)는 천지의 사후 일어난 큰 내란인 임신의 난에서 숙부인 천무에게 패하여 목숨마저 잃게 되지만, 태자 시절 그는 망명 백제 귀족들을 아주 중용하였다. 그중에서도 다섯 명의 귀족을 널리 초대하여 귀빈으로 삼았다. 사람들이 「대우의 5 귀빈」이라 하였다. 그중의 한 사람이 바로 길대상이다.

한편 『신찬성씨록』 좌경황별 하편을 보면, 길전련(吉田連)이라는 씨족이 보인다. 바로 이 길대상의 길(吉 백제음은 '긴')씨가 왜풍으로 바꾼 성이다. 길전(吉田 키티타)이 씨이고, 련(連)은 성 즉 카바내로서 존칭이다.

좌경황별의 좌경은 수도 교토의 왼쪽 구역, 우경은 오른쪽 구역을 말한다. 백제 멸망 이후 도왜한 길대상이 어찌하여 천황과 동족인 황별로 되었을까? 『신찬성씨록』에 나오는 이 씨족의 내력을 간략하게 살펴보자.

성무천황이 백제의 망명귀족인 길대상의 아들에게 '길전련'이라는 씨성
을 하사한 것은 역사적 사실이다.

그런데 『신찬성씨록』에 의하면 길대상의 먼 선조는 원래 토착왜인이었
다. 왜왕 숭신의 시절에 임나에 파견되어 그곳을 지키는 임무를 맡았다 한
다. 이 임나는 왜국의 식민지인 임나일본부인 것은 물론이다.

하지만 임나를 지키던 길대상의 선조가 어떤 경위로 백제로 갔는지는
알 수가 없다. 어쨌든 백제 멸망 이후 왜로 귀환하였으니, 길대상은 참으
로 기나긴 세월이 지난 후에 조상의 나라로 돌아간 셈이 된다.

그런데 이 기사는 사실일까? 졸저 『천황가의 기원은 백제 부여씨』를 약
간이라도 읽어본 분들은 이것이 순수한 붓끝의 창작이라는 사실을 쉽게
간파할 수 있을 것이다. ①, ② 항에 나오는 모든 인물, 임나 파견 등 모든
것이 창작물이다. 더 이상 이 기사의 허구성을 밝히는 것은 지면낭비일 뿐
이다.

어쨌든 백제에서 건너간 길대상의 일족은 이 허구의 창작소설로 인하여
천황가와 동족인 황별로 등재되었다. 길대상도 원래는 부여씨였다가 나중
에 길씨로 개성한 것일까? 『신찬성씨록』에는 이 씨족이 대춘일조신씨 등
과 같은 조상을 두었다고 되어있다.

참고로 길대상 이외의 나머지 네 귀빈을 살펴보자. 사택소명, 답발춘초, 허솔모, 목소귀자, 네 사람이다.

사택소명은 문장이 발군이었다. 『일본서기』 천무 2년(673년) 윤6월조에 그의 별세 기사가 보인다. 그는 총명예지하여 수재로 불리웠으며, 왜왕 천무가 부음을 듣고는 놀라, 외소자(外小紫)라는 고위 관위와 본국 백제의 대좌평을 추증하였다 한다.

망명귀족이 별세하였는데 어찌하여 왜왕이 고위 관위를 추증하면서 애도하였을까? 그의 별세 소식이 어찌하여 정사라는 『일본서기』에 기록되어 있단 말인가? 자세하게 알 수는 없으나, 당시 그는 왜국에서 아주 비중 있는 인물이었던 것이 분명하다.

최고의 권력가 등원겸족의 사후, 그의 비문을 지은 사람도 바로 사택소명이었다. 겸족의 일대기인 『가전(家傳)』 「겸족전(鎌足傳)」을 보자.

「百濟人 小紫沙吒昭明 才思穎拔 文章冠世 傷令名不傳 德賢空沒 仍製碑文
백제인 소자 사탁소명은 재능이 발군이고 문장이 세상의 으뜸이다.
그의 빛나는 이름이 전하지 못하고, 덕과 어짐이 헛되이 사라짐을 안타
깝게 여겨 비문을 짓게 하였다」

그의 뛰어난 재능과 문장을 잘 말하여 주고 있다. 이 비문은 안타깝게도 전해지지 않는다.

2) 길(吉)씨와 동족인 대춘일조신씨

『신찬성씨록』 좌경황별 하편의 첫머리에 등재된 씨족인 대춘일조신(大春日朝臣)씨에 관하여 살펴보자. 앞서 본 길전련씨도 이 씨족과 동족이라

하였다. 다음은 『신찬성씨록』에 나오는 이 씨족의 유래를 요약한 것이다.

① 5대 왜왕 효소의 왕자 천대언국압인명의 후손
② 16대 왜왕 인덕(재위 313~399년)이 이 씨족의 집에 들렀다가 씨족의
   이름을 '카수카키(糟垣)'라 지어 주었는데, 나중에 '카수카(春日)'로
   바꾸었다.
③ 환무천황(재위 781~806년)이 대춘일조신이라는 성을 하사하였다.

앞서 길전련에서 본 바와 마찬가지로 이 설화의 ①, ②항은 순전한 창작
이다. 여기에 등장하는 모든 인물은 허구의 가공인물이다. 가공인물을 시
조로 둔 대춘일조신씨. 이 씨족은 앞의 '길전련'과 동족이라 하였으므로
백제에서 건너간 것이 분명하다. 그렇지만 위 설화로 미루어 볼 때, 아마
도 멸망 이전에 도왜하였을 것이다.

그런데 어찌하여 이 씨족을 멸망 이후에 도왜한 길대상의 길전련씨와
동족이라 하였을까? 이 씨족도 원래는 길씨였을까? 아니면 이 씨족과 길
전련씨, 모두 원래는 부여씨였을까?

씨족의 명칭 '카수카(春日)'는 지명이다. 원래부터 있던 왜국 고유의 지
명 '카수카'를 한자로 '春日'이라고 표기한 것은 8세기의 만엽 가요에서 비
롯된 것이다. 창작된 왜왕 인덕이 이 씨족의 이름을 지어주었을 리는 만무
하다.

이 씨족과 동족으로 6씨족이 있다 한다. 앞서 수나라로 사신 갔던, '소
야매자(少野妹子 워노노이모코)'라는 인물을 본 바 있다(149쪽). 그 일족인 소
야조신(少野朝臣)씨 또한 동족이라 하므로 살펴보자.

3) 소인고와 소야조신씨

『일본서기』 추고 16년 4월조를 보면 소야매자가 귀국할 때에 수나라 사신들이 따라서 도왜하였는데, 그를 '소인고(蘇因高)'라 불렀다 한다. 원래 그의 이름은 '소야매자'였지만, 어쩐 일인지 수나라 사람들이 '소인고'라 칭하였다는 것이다.

'소야매자'와 그의 씨족인 '소야조신'씨는 좌경황별 하편에 보인다.

> ① 대춘일조신씨와 같은 조상.
> ② 언모진명의 5세손인 미병도대사주명의 후손.
> ③ 소야매자가 근강국 소야촌(少野村)에 집이 있었다. 그 지명으로서 씨로 삼았다.

②항에 나오는 언모진명은 왜왕 개화(재위 기원전 158년~기원전 98년)의 아들이다. 개화나 언모, 미병도, 모두 창작된 가공인물이다. 이 씨족 또한 백제 멸망 이전에 건너갔던 것이 분명하다.

'소야매자'가 근강국 소야촌에 집이 있었기에, 그 지명으로서 씨로 삼았다는 점을 주목하여 보자. 근강국은 현대의 시가현으로서 백제 멸망 이후 도왜하였던 백제인들의 본거지였다. 멸망 이전에도 많은 백제인들이 이곳에 정착하였던 모양이다.

원래 그는 성이 '소'씨, 이름이 '인고'였을 것이다. 이름의 말음 '고(高)'는 백제인들의 이름에 종종 발견된 바 있다. 백제에서의 성인 '소'씨를 정착한 곳의 지명인 '워노(小野)'로 바꾸면서, 이름인 '인고'도 왜풍으로서 비슷한 발음인 '이모코'로 바꾸었을 것이다.

'소야매자(小野妹子)'라는 훈독표기는 8세기 『일본서기』가 만들었다고 추정된다. 만일 그의 이름이 원래부터 '워노노이모코'였고, 그가 중국 관리들에게 자신의 이름을 그렇게 밝혔다면, 중국 관리들이 이를 '소인고(蘇因高)'라고 기록하였을 리가 만무하다.

그의 원래 이름이 '소인고'였을 것이다. 따라서 이 씨족의 시조는 바로 이 '소인고'인 것이 분명하다.

중국으로 사신을 가거나 중국에서 건너온 사신을 접대하기 위하여는 수많은 경서와 시문에 능통하지 않으면 불가능하다. 백제인 2세나 3세라 하더라도 쉽지 않은 일이다. 어릴 때부터 고명한 스승의 훈도하에 체계적으로 학문과 시부 등을 습득하여야 하기 때문이다. 이렇게 볼 때, 수나라로 사신 갔던 607년 무렵은 그가 도왜한지 오래되지 아니한 시점이었다고 생각된다.

백제인 소인고를 날조된 왜왕의 후손으로 꾸며 놓았다. 그런데 이 씨족의 원래 성은 '소'씨인데, 어찌하여 황별편에 등재되었는지는 알 수가 없다. 대춘일조신씨는 앞서 본 길대상의 '길'씨와도 동족이고, 소인고의 '소'씨와도 동족이라 하였다. 모두 원래는 부여씨였을까?

4) 백제 목협만치의 후손인 소아(蘇我)씨

고대 일본에서 왜왕을 능가하는 세력을 가졌던 토호 소아씨의 시조는 백제에서 도왜한 목협만치였다(졸저 『천황가의 기원은 백제 부여씨』 270쪽). 그러나 『신찬성씨록』 좌경 황별 상편에 의하면, 그 시조를 석천조신(石川朝臣)이라 하였다. 석천조신은

왜왕 효원(재위 기원전 214년~기원전 158년)의 왕자인 언태인신명의 후손

이라 한다. 『일본서기』는 언태인신명이 무내숙내의 조부라 하였고, 『고사

기』는 무내의 아들이 이 씨족의 시조인 소아석하숙내(蘇我石河宿禰)라 하였다. 이 모든 인물은 모두 창작된 가공인물이다. 소아씨 또한 가공인물을 시조로 두고 있다.

'석천'은 지명이다. '석하'라 표기하기도 한다. 오사카의 카와치(河內)에 있다. 아마도 시조인 목협만치가 도왜한 이후, 처음 이곳을 본거지로 하였던 모양이다. 여기에는 백제촌이 있다. 『일본서기』 민달 12년 10월조에 보이는 '석천 백제촌'이 바로 이곳이다. 소아씨는 도왜 직후에는 석천에서 거주하다, 나중에는 수도 아스카의 '소아'라는 곳으로 진출하였다고 추정된다.

소아석하숙내는 소아와 석하라는 두 개의 지명과 존칭으로만 되어있고 이름이 없다. 실존 인물이 이런 성명을 가졌을 리는 없다.

그런데 이 씨족의 실제 시조인 백제의 목협만치는 5세기 후반에 활약한 인물이다. 그가 기원전 214년에 왕위에 올랐다는 효원의 5세손이었을 가능성은 전혀 없다.

『신찬성씨록』에 의하면 황별편의 수십 씨족이 이 석천조신과 같은 조상을 두었다고 되어있다. 실제로는 모두 목협만치의 후손들인 것이 분명하다. 일찍 왜지로 건너가 누대에 걸쳐 강대한 세력을 떨쳤으므로, 수많은 후손들이 여러 지파를 이루어 번성하였던 사실을 알 수 있다.

소아씨의 종가는 645년 을사의 변에서 멸문의 참화를 당하여 역사의 무대에서 사라지고 말았다. 그러나 지파의 여러 씨족들은 이 사건과는 별 상관없이 계속하여 번성하였던 모양이다.

소아씨가 목협만치의 후손이라는 또 하나의 증거를 살펴보자.

임신(林臣) [일본서기 황극 2년 11월조] 소아입록

임태랑(林太郎) [상궁성덕법왕제설(上宮聖德法王帝說)] //

두 기록에서, 최고의 권세가 소아입록의 씨명 '소아'를 '임(林)'이라는 별칭으로 부르기도 한 것을 알 수 있다. 따라서 「소아=임」이라는 등식이 성립하는데 무슨 의미인가? 원래 소아씨가 백제에서 '목협' 혹은 '목'씨였던 것을 기억한 표기이다.

나무(木)는 숲(林)과 통한다. 뿐만 아니다. '목협'의 '협(劦)'은 합하다는 뜻이다. 따라서 '목협'은 나무가 합하다는 의미이고, 나무가 합한 것은 바로 숲이다. '임'은 다름 아닌 숲이다.

따라서 '임신'이나 '임태랑'은 소아씨가 원래 목협씨 혹은 목씨였던 것을 암시하는 언어의 유희이다. 일본의 통설은 이 '임(林 파야시)'을 지명으로 보면서, 그곳이 어디인지는 알 수 없다 한다. 그러나 이는 전혀 근거가 없다. 어디에도 소아씨가 '파야시'라는 지방을 본거지로 하였다는 기록은 보이지 않기 때문이다.

5) 백제 학자 가문의 후손인 상모야조신씨

백제에서 수많은 학자들이 도왜하여 미개하던 왜국에 학문을 전래한 것은 역사적 사실이다. 『일본서기』에 나오는 아직기나 왕인의 도왜담이 그 대표적인 사례이다. 그런데 좌경황별 하편에는 백제에서 건너간 학자 일족인 상모야조신(上毛野朝臣)씨가 있다.

① 하모야조신씨와 같은 조상을 두었다.
② 풍성입언명의 5세손인 다기파세군의 후손
③ 왜왕 웅략의 시대에 노하군(努賀君)의 아들 백존(百尊)이 있었다.
　　백존의 아들은 덕존(德尊), 손자는 사라(斯羅).
④ 왜왕 황극(재위 642~645년)의 시대에 하내(河內)에 있는 산하(山河)의

풍성입언명은 『고사기』에 보이는데, 10대 왜왕 숭신(재위 기원전 97~기원전 30년)의 아들이다. 따라서 ①, ②항의 인물과 설화는 모두 창작이다.

그러나 ③항에 나오는 인명, 노하(努賀, 당시의 백제음은 '노가'), 백(百), 덕(德), 사라(斯羅) 등은 모두 실존 백제인일 것이다. '백'과 '덕'은 백제인들이 선호하던 외자의 한자로 된 이름이다. 이들은 ④항에서 보는 바와 같이 7세기 전반쯤에 도왜하였다고 생각된다.

이 씨족은 원래 백제의 학자 가문이었을 것이다. 그것은 씨족의 원래 명칭 '전변사(田邊史)'에 그 힌트가 있다. '전변(타나배)'은 지명이고, '사(史)'는 성이다.

원래 '사(史 푸피토)'는 문필로서 조정에 봉사하는 사람을 의미한다. 글을 의미하는 푸미(文)와 사람을 뜻하는 피토(人)가 합친 '푸미피토'가 축약되어 '푸피토'가 되었다. 글 하는 사람이라는 의미가 된다. 토착왜인이 글을 잘 한다는 것은 불가능하다. 백제인 혹은 그 후예만이 가능한 일이다.

『일본서기』에는 이 '사'라는 성(姓 카바내)을 가진 수많은 인물이 등장하고 있다. 일본 사학자들은 예외없이 백제에서 도래한 씨족이라고 본다. 이 씨족 또한 예외가 아니다.

사에키(佐伯有淸) 선생 또한 이 씨족은 도래계라고 추정하였다(『신찬성씨록 고증편 2』 55쪽). 그 이유는 다음과 같다.

중세에 편찬된 『弘仁私記(홍인사기)』라는 책의 서문에 「'전변사', 상모야군 등의 선조인 사수미(思須美)와 화덕(和德), 두 사람은 왜왕 인덕(재위 313~399년)의 시대에 백제에서 도래하였다」라고 기록되어 있기 때문이다.

이에 따르면 이 씨족은 오랜 옛날에 백제에서 도래한 것이 된다.

이들 씨족의 선조인 '사수미'와 '화덕'은 다른 기록에는 전혀 보이지 않지만, 이름으로 보아 실존하였던 백제인으로 추정된다.

그런데 백제에서 도왜한 이 씨족이 어떤 이유로 천황가와 동족인 황별편에 등재된 것인지 그 이유는 분명치 않다. 원래는 부여씨였을까? 『신찬성씨록』에는 도합 12씨족이 이 상모야조신과 같은 선조를 두었다고 하였다. 그런데 우경황별 상편에는 이 씨족의 원래 씨성인 전변사 씨족이 보인다. 다음 항에서 살펴보자.

6) 전변사씨

풍성입언명의 4세손인 대황전별명의 후손

대황전별명이란 『일본서기』 신공 49년(249년) 3월조에 보이는 장군 황전별이다. 신라를 격파하고 가야 7국을 평정하였다는 장군이다. 풍성이나 황전, 모두 가공인물인 것은 재론의 여지가 없다.

전변사씨는 가공의 인물을 시조로 두고 있다. 실제 시조는 위 상모야조신씨에서 보았듯이 7세기 전반에 건너간 백제인일 것이다.

전변(田邊 타나배)은 지명이다. 현재의 오사카부 카시와라(柏原)시에 지금도 이 지명이 남아있다. 이곳에는 이 씨족의 사찰인 전변사(田邊寺)가 있었다. 상당한 세력을 가진 씨족이었던 모양이다. 지금은 폐사가 되었다.

백제 멸망 이후 일본 최고의 권세 가문은 등원(藤原)씨였다. 그 시조는 겸족(鎌足 카마타리)이지만, 그의 아들 불비등(不比等 푸피토)이 확고한 기반을 마련하게 된다. 그는 어릴 적에 지금의 교토시 야마시나(山科)에 살던 전변사대우(田邊史大隅)라는 사람의 집에서 양육되었다. 그래서 '전변사'의

'사(史 푸피토)'로 이름을 삼았다.

불비등(푸피토)은 최고 권력가인 겸족의 아들이라는 이유만으로 출세한 인물이 아니다. 문무천황 시절 많은 학자들이 참여하여 율령을 편찬하였는데, 그가 최고책임자였다. 이는 그가 깊은 학식을 가진 당대 일류의 학자였다는 사실을 말하여 준다. 이러한 학문적인 소양은 백제 출신 전변사 가문의 훈도에 의한 것이 분명하다.

『신찬성씨록』에 의하면, 황별 좌자노공(佐自努公 사지누키미) 씨족도 같은 조상을 두었는데 『일본서기』에 누락되었다 한다. 좌자노는 지명이나 어디인지 알 수 없다.

그런데 같은 전변사 일족이지만, 도래한 오랑캐인 제번 편에 등재된 씨족도 있다. 우경제번 상편을 보면

> 전변사 : 한왕(漢王)의 후손인 지총(知葱)에서 나왔다.

이 한왕이나 지총이 누구인지는 알 수 없다.

사에키(佐伯有淸) 선생은 『속일본기』연력 9년 7월조에 보이는 백제 왕자인 진손왕(辰孫王) 일명 '지종왕(智宗王)', 그리고 『신찬성씨록』 하내국 제번 편, 강원련(岡原連)조의 '지종(知宗)'과 동일 인물이라 하였다(5권, 174쪽). 설득력있는 견해이다.

동일한 전변사 씨족이지만 일부는 천황과 동족인 황별편에, 다른 일부는 도래계 씨족인 제번편에 각각 구분하여 등재한 것이다. 여기서

「전변사(제번, 즉 백제 왕자의 후예) = 전변사(황별) = 천황가」

등식을 얻을 수 있다. 천황가의 뿌리를 다시 한번 확인할 수 있다.

문필로서 조정에 봉사하는 '사(史 푸피토)'라는 칭호가 붙은 황별 씨족은
이외에도 어립사(御立史 미타태노푸피토), 수수사(垂水史 타루미노푸피토) 등이
있다. 모두 백제 출신인 것은 물론이다.

7) 상모야조신씨와 동족인 한시전부조씨

섭진국 황별편을 보면, 상모야조신과 동족이라는 '한시전부조(韓矢田部
造)'가 있다. 흥미있는 일화가 보인다.

'시전부(矢田部 야타배)'는 지명이다. '부(部)'가 붙은 지명은 고대 한국의
부곡과 흡사한 의미이다. 예속민 혹은 하층민의 집단 거주지였다.

앞에 '한'이 접두사처럼 붙은 '한시전부'의 의미는 명확하지 않다. 사에
키(佐伯有淸) 선생은 한인으로 편성된 '시전부'라고 보았으나 수긍하기 어
렵다.

'한시(韓矢)'는 왜풍이 아닌 '한국(가야)풍의 화살'이라는 의미인 것이 분
명하다. '전(田 타)'은 논이 아니라 땅이다. 따라서 한국풍의 화살을 만드는
부곡, 그것이 '한시전부'일 것이다. 뒤에서 보듯이 이 씨족이 원래는 '한시
부'였던 점에서도 이는 명백하다.

고분시대 중기, 가야인들이 집단도왜하면서 새로운 화살을 가져갔다.
뭉툭한 토착왜인들의 화살에 비하여, 좁고 예리하여 관통력이 훨씬 증대
된 실전적인 화살이었다. '한시'는 이 화살을 뜻하는 말일 것이다.

조(造 미야투코)는 부를 다스리는 우두머리를 뜻한다.

① 상모야조신과 같은 조상. 풍성입언명의 후손.

② 3세손인 미모리(彌毛里)의 손자 현고군(現古君)이 있었다.

③ 신공왕후가 축자의 궁전에 있을 때, 바다 위에 어떤 물체가 있기에

> 현고군으로 하여금 살펴보게 하였다.
>
> ④ 현고군이 돌아와서 보고할 때 한소사주(韓蘇使主) 등을 이끌고 왔다.
> 그래서 한시부조(韓矢部造)라는 성을 하사받았다.

상모야조신씨와 같은 조상을 두었다 하니, 이 씨족은 백제에서 건너간 것을 알 수 있다. 풍성입언명, 신공왕후는 가공인물이다.

미모리와 그의 손자 현고군은 이름으로 보아 실존 백제인으로 추정된다. 현고군의 '군(君)'이라는 표기에서 백제의 왕자가 아니었나 싶다.

그런데 ④항을 보면 좀 이상하다. 현고군이라는 인물이 '한소사주'를 이끌고 왔다 하여 '한시부조'라는 씨성을 하사받았다는데, '한소사주'와 '한시부조'가 무슨 관련이 있단 말인가? 아무리 살펴보아도 어떤 관계가 있는지 알 수가 없다.

그러나 여기에는 한국어를 이용한 기막힌 언어의 유희가 숨겨져 있다. 두 씨성에서 「한시(韓矢)=한소(韓蘇)」라는 등식을 도출할 수 있다. 공통된 한을 소거하면 「시(矢)=소(蘇)」가 된다. 시(矢)는 화살이지만 '소(蘇)'는 무엇인가? 일본어로서는 도저히 해석할 수가 없다.

이 '소'는 바로 '쏘다'라는 한국어의 어근 '쏘'이다. 따라서 「시(矢, 화살)=소(蘇, 쏘다)」라는 등식이 성립되어, 아주 그럴듯한 대응관계를 이루고 있다.

'쏘다'는 중세에 '뽀다' 혹은 '소다'였다. 고대에는 '소다'였을 것이다. 이 창작설화는 한국어를 이용한 언어의 유희이다. 그런데 이 설화는 『일본서기』나 어디에도 나오지 않고 오직 『신찬성씨록』에만 보인다. 이 책 편찬자들이 꾸민 설화이다. 그들은 한국어에 능통하였던 것이 분명하다. 한국어를 모르고는 이런 설화를 창작할 수가 없다.

이 책은 815년 세상에 나왔다. 백제가 멸망한지도 150여 년이 지난 시점이다. 그럼에도 불구하고 일본의 최고위 귀족층에서 한국어가 잊혀지지 않고 전승되어 왔다는 그 사실이 놀랍기만 하다.

10) 진야신씨

우경황별 하편을 보면, 왜국 장군과 신라 여성의 사이에 난 사람의 후손이라는 진야신(眞野臣)씨가 있다.

> ① 천족언국압인명의 3세손인 언국고명의 후손.
> ② 신공왕후 시절, 대시전숙내가 신라를 정벌하여 개선하던 때,
>   신라 왕의 딸을 얻어 두 아들을 낳았다.
> ③ 형은 좌구(佐久), 아우는 무의(武義)였다. 좌구의 9세손이
>   근강국 지하군 진야촌(眞野村)에 살았다.

위에 나오듯이 진야(眞野 마노)는 지명이다. ①, ②항에 나오는 모든 인물은 창작된 가공인물이며, 허무맹랑한 창작설화이다.

그러나 ③항의 '좌구'나 '무의' 등은 이름으로 보아 실존 백제인으로 보인다. 이 사람들이 바로 시조일 것이다.

사에키(佐伯有淸) 선생은 이 씨족을 백제계 도래씨족으로 추정하였다(『신찬성씨록 고증편 2』 193쪽). 왜냐하면 '진야신' 일족 중에는 원래 '민수(民首)'라는 씨성이었다가 9세기에 '진야신'을 하사받은 사람이 여럿 보이는데, 이들이 백제 계통이기 때문이다.

> 민수(民首 미타노오비토) : 우경제번 하
> 백제 사람 노리사주(努理使主)의 후손.

이 '민수' 씨족은 <u>백제 사람 노리사주의 후손</u>이라고 되어있다. 그래서 사에키 선생은 '진야신'과 '민수' 두 씨족은 원래 동족이었고, 백제의 후예라고 보았다. 타당한 견해라 하겠다.

그리하여 같은 씨족 중 일부는 천황과 동족인 황별편에, 다른 일부는 오랑캐인 제번편에 등재된 것을 알 수 있다. 여기서도 앞서 본 전변사씨와 마찬가지로

「민수(제번, 즉 백제 후예)씨 = 진야신(황별)씨 = 천황가」

라는 등식을 얻을 수 있다. 안나공(安那公) 등 세 씨족도 같은 조상을 두었다고 하였다.

11) 이마키씨

앞서 수도인 아스카 등 여러 곳에 '이마키(今來)'라는 지명이 있었는데, 새로이 도래한 백제인들의 집단거주지였다는 사실을 본 바 있다(217쪽). 지명 <u>이마키(今木)</u>를 이름으로 하는 황별씨족이 있다. 앞의 이마키(今來)와는 한자표기만 달리 하였다. 산성국 황별편에 보인다.

이마키(今木) : 건풍우협별의 후손

건풍이라는 자는 『고사기』에 의하면 9대 왜왕 개화(재위 기원전 157~기원전 98년)의 아들이다. 따라서 이 씨족은 왜왕 개화의 후손으로서 까마득한 옛날부터 왜국에 살던 토착왜인의 후손인 셈이 된다.

그러나 개화나 아들 건풍, 모두 창작된 가공인물이다. 「백제에서 금방

건너왔다」라는 의미를 가진 '이마키' 씨족이 가공인물의 후손일 리가 없다. 이마키 마을 출신의 이 씨족은 멸망 이전의 백제에서 건너간 것이 분명하다.

그런데 어떤 이유로 이 씨족이 천황과 동족이라는 황별편에 등재되었는지 그 이유는 알 수가 없다. 원래는 부여씨였을까?

도수신(道守臣), 도수조신(道守朝臣)도 동족이라 하였다.

한편 같은 '이마키' 마을 출신으로서 같은 '이마키'씨이지만, 황별이 아닌 신별편에 등재된 씨족이 있다. 같은 마을 출신으로서 동족이나, 황별과 신별로 나누어진 것이다.

> ① 이마키련(今木連) : 산성국 신별
>
>   신요속일명의 7세손의 후손.

> ② 이마키련(今木連) : 산성국 신별
>
>   신혼명의 5세손의 후손.

위 신들이나 그들의 7세손 혹은 5세손, 모두 실존 인물이 아니라 창작된 가공인물인 것은 물론이다.

세 이마키 씨족은 동족으로서 백제에서 건너가 같은 이마키 마을에 정착하였지만, 하나는 천황가와 동족인 황별편에, 둘은 신하의 후손이라는 신별편에 각각 등재되었다. 이 이마키 마을은 현대의 교토시 우지(宇治)군에 있다.

12) 통역 워사씨

고대의 일본에서는 한국어와 일본어를 통역하는 통역관 씨족이 있었는데, 그 세력이 강하였던 모양이다. 산성국 황별에 나오는 워사(曰佐)씨이다. 고대 일본어 '워사(長)'는 우두머리라는 의미였다. 또한 통역이라는 의미도 있었는데, 원래는 같은 뿌리라는 것이 통설적 견해이다.

① 무내숙내의 후손.
② 왜왕 흠명의 때에 동족 4인과 국민 35인을 이끌고 귀화하였다.
③ 왜왕이 그들이 멀리서 온 것을 가상하게 여겨 진훈신(珍勳臣)에 명하고는 39인의 통역관으로 삼았다. 사람들이 '워사(曰佐)'라 이름 붙였다.
④ 아들 제석신(諸石臣), 마나신(麻奈臣)이 있다. 이들은 근강국의 야주군, 산대국의 상락군, 대화국의 첨상군 세 지방 워사씨의 조상이 되었다.

이 기사는 그 자체로서 모순점이 많다. '워사'라는 씨족의 시조는 무내숙내의 후손이라 하였다. 『일본서기』에 무내는 왜왕 효원의 후손이라고 되어있다. 따라서 무내는 순수한 토착왜인이다. 한국에서 도래하지 않았다.

그렇지만 이 씨족의 선조는 무내의 후손이면서, 또한 한국에서 여러 사람을 이끌고 도왜, 귀화하였다 한다. 앞뒤가 전혀 맞지 않는다.

『신찬성씨록』에 나오는 수많은 설화는 민중들의 입에서 구전되어 온 것을 채록한 것이 아니라 순수한 붓끝의 창작이다. 단 하나의 예외도 없다. 그중에서도 이 설화는 좀 심하게 앞뒤가 맞지 않는다.

그리고 이때 건너간 사람들이 백제인지 가야인지, 어느 나라에서 건너 왔는지도 나오지 않는다. 설화에 나오는 '진훈', '제석', '마나'는 인명으로 추정되나, 『일본서기』 등에 전혀 보이지 않아 알 수가 없다.

또한 한국에서 금방 건너간 사람들에게 바로 통역 임무를 맡긴다는 것
도 상상하기 어렵다. 당시 한국에 왜어 교습소라도 있었단 말인가?

그렇지만 '39인의 통역'이라 한 대목에서 고대의 왜국에는 많은 인원의
통역관이 존재하였다는 사실을 알 수 있다. 실제는 이보다 훨씬 더 많았을
것이다. 또한 이 씨족이 세 지방에 나누어져 살았다는 점에서, 당시 통역
은 수도뿐만 아니라 여러 지방에도 분포하고 있었다는 사실을 짐작할 수
있다.

그런데 『일본서기』 흠명 15년 정월조를 보면 백제에서 왜로 파견한 여
러 사람 중에 다음 인물이 있다.

「전부시덕(前部施德) 왈좌분옥(曰佐分屋)」

전부는 백제 수도의 행정단위이고, 시덕은 관위명이다. 이 사람의 성은
「왈좌」, 이름이 분옥이다. 일본에서도 이 「왈좌(曰佐)」를 백제의 성으로 보
는 것이 대세이다.

백제의 성인 「왈좌」는 당시의 발음으로 '왈사' 혹은 '왈자'였을 것이다.
이 「왈좌」씨 일족이 왜국으로 건너가 '워사(曰佐)'씨가 된 것으로 추정된
다. 그래서 사에키(佐伯有淸) 선생은 이 워사 씨족은 실은 도래계로 추정된
다고 하였다(위 책 316쪽). 아마도 백제 멸망 훨씬 이전에 도왜하였던 구백
제계일 것이다.

그리고 이 씨족이 천황과 동족인 황별편에 등재된 것으로 보아, 상당한
세력이 있었다고 생각된다. 조선이나 고려에서 통역관이 중인이었던 점과
대비된다. 당시의 왜왕이나 고위 귀족들이 백제에서 건너간 사람들이라
왜어를 할 수 없었기에, 수많은 통역이 필요하였을 것이다. 또한 그 세력
이 만만찮았던 모양이다.

『신찬성씨록』에는 좌경황별에 나오는 기조신(紀朝臣)이 워사씨와 같은 조상을 두었다고 하였다.

> 기조신 : 석천조신과 같은 조상. 건내숙내의 아들 기각숙내의 후손.

기조신의 '기'는 지명으로서, 현대의 키이(紀伊)로 보는 것이 대세이다. 건내숙내는 『일본서기』의 무내숙내이다. 건내나 기각, 모두 가공인물이다.

석천조신과 같은 조상을 두었다고 하였는데, 앞서 본 바와 같이 석천조신씨의 시조는 백제의 목협만치이다. 목협씨는 '목'씨라고도 하였다. '목'은 물론 나무이다. 그런데 일본어 '키(木)'도 나무이다. 이렇게 보면, 이 기조신은 원래 백제의 목씨였을 것이다. 따라서 백제의 왈좌씨도 원래는 목씨였을 가능성이 크다.

『일본서기』 흠명 2년 7월조를 보면, 백제에서 보낸 관리들 중에 「기신나솔(紀臣奈率) 미마사(彌麻沙)」가 있다. 이 인물에 관하여 붙인 다음 주석을 살펴보자.

> 「기신나솔은 아마 기신이 한국의 여성을 취하여 낳은 아들일 것이다.
> 백제에 머물렀기에 나솔이 되었다. 부친은 미상」

얼핏 보기에도 창작설화인 것이 명백하다. 그러나 '기신나솔 미마사'라는 인물이 실존하였던 것은 사실일 것이다. 이 설화가 창작이긴 하지만, 기씨가 백제에서 건너갔다는 사실은 믿어도 좋다.

그런데 『신찬성씨록』 하내국 제번편에도 세 워사씨가 보인다. 이들은 황별이 아니라 오랑캐인 제번으로 되어있다.

> 하워사(下曰佐) : 한(漢) 고조의 아들인 제도혜왕 비(肥)의 후손
>
> 상워사(上 〃) : 백제국인 구이능고(久尒能古)사주의 후손
>
> 조워사(調 〃) : 백제국인 노리사주의 후손

하(下 시모)와 상(上 카미)은 지명이고, 조(調 투키)는 세금을 관리하는 직업에서 유래하였다. 이들 세 씨족 역시 황별인 워사씨와 동족인 것이 분명한데, 어찐 일인지 제번 편에 등재되었다.

하지만 여기서도 천황가가 백제의 후예라는 사실이 드러나 있다.

13) 술 만드는 주부공

백제에서 건너가 술을 만들던 씨족이 황별이 되었다. 우경황별 하편의 주부공(酒部公) 씨족이다. '주부'는 술 만드는 관서이고, '공'은 성이다.

> ① 12대 왜왕 경행의 3세손인 족언대형왕의 후손.
>
> ② 16대 왜왕 인덕의 시대에 한국에서 건너온 사람들이 있었다.
>
> 형 '소소보리(曾曾保利)'와 아우 '소소보리'였다.
>
> ③ 술 만드는 재주가 있었다. 왜왕이 왕실의 술 만드는 일을 맡겼다.
>
> 그래서 '주간도(酒看都)'로 성을 삼게 하였다.

이 씨족은 대대로 술 만드는 관서의 우두머리였던 모양이다. '주부'와 '주간도'는 같은 말이라 한다. 그런데 이 설화 또한 전혀 앞뒤가 맞지 않는다. 왜왕 경행의 3세손의 후손이라 하여놓고는, 바로 이어서 한국에서 건너간 소소보리 형제의 후손이라 하기 때문이다. 왜 이렇듯 한눈에 모순으로 보이는 계보를 창작하였는지 알 수가 없다.

술 만드는 재주가 있었다는 '소소보리' 형제. 이 '소소(sə-sə)'는 백제에서 건너가 술을 빚었다는 '수수허리(須須許理)'의 '수수(su-su)''와 흡사하다. 『고사기』 응신단에 보이는데, 졸저 『일본 천황과 귀족의 백제어』에서 보았다(152쪽).

수스, 수스 [중세 한국어] 술

중세 한국어 '수스'는 술을 뜻하였다. '수스'라고도 하였다. 일본의 '소소'나 '수수'와 흡사하다. 백제 사람들은 술을 '수수'라 하였다고 생각된다. '소소보리'의 '소소(sə-sə)'는 '수수'가 변한 형태이다.

따라서 '소소보리'와 '수수허리'는 모두 백제어로 만들어낸 언어의 유희로서 창작인물들이다. '수수허리'의 '허리(許理, kə-ri)'는 무엇인가.

거리다 [전라, 경상방언] 거르다

(술을) '거르다'를, 전라방언 등에서는 '거리다'라 한다. '막걸리'의 '걸리'도, 바로 이 '거리다'의 어근 '거리'가 변한 음이다. '막걸리'는 '막되게 (거칠게) 거른 술'이라는 의미로서, 원래는 '막거리'였을 것이다.

따라서 '수수허리'는 '술 거르기'라는 의미이다. 백제어를 이용한 언어의 유희이다.

'소소보리'의 '보리(保利, po-ri)'는 무슨 의미인지 알 수가 없다. '혹부리', 혹은 '텁석부리'의 '부리'일까?

그런데 술을 만드는 부서의 우두머리란 그다지 고위직이라고는 생각되지 않는다. 어째서 이 씨족이 천황과 동족인 황별이 되었는지 잘 이해가 되지 않는 면이 있다. 원래는 부여씨였을까?

14) 백제에서 건너간 황별 지미련

토착왜인의 후손이 백제로 파견나갔다가 왜국으로 돌아와 살던 곳의 지명으로 씨를 삼았다는 전설을 가진 씨족이 있다. 앞서 본 길전련 씨족과 흡사하다. 하내국 황별인 지미련(止美連)씨이다.

① 풍성입언명의 후손.
② 4세손 황전별의 아들 전도공이 백제로 파견나갔을 때, 지미읍(止美邑)에 사는 백제 여자를 얻어 낳은 아들이 지군(持君)이다.
③ 그 3세손인 웅(熊)과 신라(新羅) 등이 흠명의 시대에 건너왔다.
④ 신라의 아들 길웅(吉雄)이 살던 곳의 지명에 기인한 지미련이라는 성을 하사받았다.

이 설화의 요지는 다음과 같다. 까마득한 옛적에, 백제에 파견 나갔던 왜 왕실 남성이 백제 여성과 혼인하여 낳은 아들이 있었다. 그 후손이 왜국으로 귀환한 다음, 원래 살던 백제 지명을 씨명으로 하였다는 줄거리이다. 얼핏 보아도 붓끝의 희롱으로 이루어진 창작설화이다.

①, ②항에 나오는 풍성, 황전별, 전도공은 모두 창작된 가공인물이다. 따라서 이 씨족의 시조는 백제에서 건너간 지군(持君)으로 추정된다. '군'이라는 표기로 보아 그는 백제의 왕족이었을 가능성이 크다.

그런데 처음 성을 하사받았다는 길웅(吉雄)은 길대상과 같은 '길'씨가 아닌가 싶기도 하지만 확실치 않다. '웅'은 백제의 귀족들이 선호하던 외자의 한자로 된 이름이다.

이 씨족과 같은 조상을 두었다는 광래진공(廣來津公)씨가 있다. 사에키(佐白有淸) 선생은 『신찬성씨록 고증편 2』에서 이 두 씨족은 도래계 씨족일지도 모른다고 하였다(461쪽).

15) 백제에서 건너간 길지씨

섭진국 황별인 길지(吉志 키시)씨는 그 씨명 자체에서 한국에서 도래한 사람의 후손인 것이 명백하다.

대언명의 후손

아주 간략하게 되어있다. 대언명은 왜왕 효원(재위 기원전 214~기원전 158년)의 아들이다. 가공인물임은 의문의 여지가 없다. 이때는 백제나 신라, 가야가 건국하기도 이전이다.

씨족의 명칭인 '길지'는 원래 신라의 관등명 '길사(吉士)'에서 유래하였다. 고대의 왜국에서는 존칭으로 사용되었다. 『일본서기』나 『고사기』를 보면, 토착왜인은 이 존칭을 사용하지 않았고 오로지 백제 등 도래인들의 전유물로 되어있다.

『고사기』에서 백제인 아직기를 '아지길사(阿知吉師)', 왕인을 '화니길사(和邇吉師)'라 한 것이 대표적인 사례이다. 그래서 일본에서는 이 존칭이 붙은 사람은 예외없이 도래인으로 보고 있다.

그런데 이 씨족은 씨족 명칭 자체가 이 존칭이다. 그리고 성 즉 '카바내'도 없다. 이런 경우를 무성(無姓)의 씨족이라 한다. 씨족명으로 보아 도래계인 것이 분명한데, 『신찬성씨록』에서는 천황가와 동족인 황별편에 기록하여 놓았다. 그 이유를 알 수는 없다. 원래는 부여씨였을까?

하내국 황별편에는 이 씨족과 같은 조상을 가졌다는 난파기촌(難波忌寸)씨가 있다.

16) 신라에서 건너간 황별

신라에서 도왜한 것이 명백한 씨족이 우경황별 하편에 보인다. 신량귀(新良貴 시라키)씨로서 '시라키'는 신라이다.

① 시조 신무의 형인 도반명의 후손.
② 신라에서 나 국주(國主)가 되었다.
③ 도반명은 신라 국왕의 조상으로부터 나왔다(稻飯命出於新羅國王者祖).

'시라키' 씨족의 선조는 시조 신무의 형인 도반명이라 하였다. 『일본서기』에 의하면 도반명은 신무가 현재의 기내 지역으로 동정(東征)하였을 때, 배를 타고 바다를 건너던 중 폭풍우를 만나 자진하여 물속으로 뛰어들어 죽었다고 되어있다.

그렇지만 『일본서기』나 『고사기』 어디에도 그가 물에 빠진 후 신라로 갔다거나, 혹은 원래 신라 출신이었다는 이야기는 전혀 보이지 않는다. 신무나 그의 형 도반명은 순수하게 토왜인으로 묘사되어 있는데, 『신찬성씨록』에서는 전혀 엉뚱하게도 신라의 국주 즉 국왕으로부터 나왔다니? 전혀 이해가 가지 않는다.

그렇다면 도반명의 아우인 신무도 신라 출신이 될 수밖에 없다. 그러면 일본 천황가는 신라 계통이란 말인가?

이 씨족이 원래 신라 출신이었던 것은 '시라키'라는 씨명에서 명백하게 알 수 있다. 고대의 일본에서는 신라를 '시라키'라 하였던 것이다. 그런데 신라는 왜의 모국 백제를 멸망케 한 원수의 나라이다. 어떻게 하여 신라 출신의 이 씨족이 천황과 동족인 황별에 오를 수 있었는지, 알 도리가 없다.

사에키(佐伯有淸) 선생은 위 책에서 이 씨족이 황별이 된 것은 가짜이고

거짓이라 하였다(292쪽).

17) 산상억량의 산상조신씨

7세기 말에서 8세기 초, 일본에서 가장 뛰어난 만엽가인 중의 한 사람인 산상억량(山上憶良). 그가 백제 멸망 이후 건너간 도래인이었다는 주장이 일본 학계에서 유력하다. 이에 반대하는 세력도 만만찮아, 아직도 결론이 나지 않고 논쟁 중이다. 도래인설을 주장하는 대표적인 학자는 만엽가의 대가인 나카니시(中西進) 선생이다.

이 견해가 옳다고 생각되지만, 가사 그렇지 않다 하더라도 멸망 얼마 이전에 도왜한 백제인, 혹은 그 2세였을 것이다. 따라서 이 논쟁은 큰 의미는 없다고 생각된다. 그래서 이에 관한 자세한 논의는 생략하고, 여기서는 그와 아들의 이름을 살펴보는 것으로 그친다.

그의 이름 '억량(憶良)'을 요즘의 일본 학자들은 '오쿠라'라고 읽고 있지만, 당시 발음은 '억량'이었다. '억'의 'ㄱ' 받침, '량'의 'ㅇ' 받침을 보면, 그는 토착왜인이 아니라 백제인이었던 것이 분명하다.

요즘의 일본인들과는 달리, 7~8세기의 일본 귀족들은 '억'이라는 발음을 할 수 있었다. 그들은 백제 등 고대 한국에서 건너간 사람, 혹은 그 후손들이었기 때문이다. 당시에도 토착왜인은 불가능한 발음이었다.

산상억량은 수많은 만엽가를 남겼다. 904번 노래는 철부지 아들을 졸지에 잃은 아버지의 비통한 아픔을 읊은 장가로서, 읽는 사람의 가슴을 울린다. 아들 이름은

「푸루피(古日)」

백제인들이 즐겨 사용하던 '~비(比)' 계통이다. 도왜한 이후 낳은 아들의 이름을 백제식으로 지은 것을 알 수 있다. 그와 아들의 이름만 보더라도 그는 백제인이었던 것이 분명하다.

산상억량의 산상조신(山上朝臣)씨는 우경황별 하편에 보인다.

> 산상조신 : 율전조신과 같은 조상
> 율전조신 : 대춘일조신과 같은 조상

위에서 보듯이 산상조신씨는 결국 앞서 본 대춘일조신씨와 동족이 된다 (285쪽). 대춘일조신씨는 백제의 망명귀족 길대상의 길전(吉田)씨와도 동족 이라 하였다. 그러나 이러한 기록으로도 과연 산상억량이 백제에서 무슨 성이었는지는 확실치 않다.

만엽집 137번 노래는 그가 어떤 연회에 참석하였다가 마치면서 지었다. 다음은 그 전문이다.

「억량은 이제 마치렵니다. 아들이 울고 있고,
  아이 엄마도 나를 기다리고 있으니까」

마치 현대의 젊은 아빠가 어쩔 수 없이 참석한 직장의 회식자리에서 빠져나오면서, 사랑하는 어린 아들과 아내를 위하여 지은 시를 보는 듯한 느낌이다. 백제인다운 섬세한 감성과 따뜻한 가족애를 느낄 수 있다. 그는 유명한 「빈궁문답가(貧窮問答歌)」 등 수많은 명작을 남겼다. 또한 그의 노래에는 수많은 백제어가 숨어있다. 후고로 미룬다.

B. 창작된 가공인물을 시조로 둔 유사황별

『신찬성씨록』에 나오는 1,182씨족 중 335씨족이 천황가와 동족이라는 황별로 되어 있다. 그중 앞서 본 바와 같이 실존하였던 왜왕 혹은 천황의 후예가 12씨족, 백제 혹은 신라에서 도왜한 인물의 후손 씨족이 여럿 있었다.

그런데 그 외 다수의 황별 씨족은 『일본서기』에 나오는 가공의 왜왕 혹은 왕자를 시조로 두었다. 이들 황별 씨족들은 실존하지 아니한 가공의 인물을 시조로 두고 있는 것이다.

이러한 씨족이라고 하여 실제 시조가 없을 리가 없다. 그러나 가공인물을 시조로 내세우고 있는 것은 실제 시조를 밝힐 수 없는 사정이 있었다고 생각된다. 백제인이 시조였기 때문일 것이다.

1) 식장진인씨

> **식장진인(息長眞人) : 좌경황별**
> **15대 왜왕 응신의 왕자 치정모이오의 후손**

응신(재위 270~310년)이나 아들이라는 치정모, 모두 가공인물이다. 이 씨족은 이 책에 등장하는 최초의 씨족이지만 가공인물을 선조로 두고 있다. 실제 시조를 추정할 만한 어떤 단서도 보이지 않는다.

이 씨족은 '식장(息長 오키나가)'이라는 곳이 그 본거지이다. 사에키 선생의 『신찬성씨록 고증편 1』에 의하면 현대의 시가현 판전군(坂田郡) 일원이라 한다(173쪽).

시가현은 고대의 근강국으로서 이곳은 백제 멸망 이후 유민들이 집단으로 정착하였던 곳이다. 그렇지만 이곳은 고대의 수도 아스카에서는 꽤 떨어진 변두리이다. 기내가 아닌 지방 출신의 씨족이 『신찬성씨록』의 수많은 씨족 중 첫 번째로 등재되는 영예를 누린다는 것은 선뜻 이해가 되지 않는다.

아마도 백제 멸망 이후 도왜하였던 백제 왕족, 즉 부여씨의 후예였을 가능성이 크다. 부여풍의 아들인 천지, 천무와 아주 가까운 관계가 아니었을까? 같은 시조를 둔 여러 씨족이 있다.

2) 삼국진인씨

> 삼국진인(三國眞人) : 좌경황별
> 26대 왜왕 계체의 왕자 완자(椀子 마로코)의 후손

『일본서기』 계체 원년 3월조를 보면, 계체의 아들 '완자'가 '삼국공(三國公)'이라는 씨족의 시조가 되었다 한다. 『신찬성씨록』의 이 대목은 이에 기인한 것이다. 그러나 계체나 그 아들 '완자'가 실존 인물일 가능성은 전혀 없다. 한자의 훈독으로 된 이름으로 보아도 명백하다.

그런데 『고사기』를 보면 그 계보가 전혀 다르다. 앞서 본 15대 왜왕 응신의 아들인 '치정모이오'의 아들 '오포포도'가 시조라 하였다.

『일본서기』와 이를 이어받은 『신찬성씨록』은 이 씨족의 시조가 26대 왜왕 계체의 아들 '완자'라 하였으나, 『고사기』는 15대 왜왕 응신의 손자 '오포포도'라고 되어있어 전혀 다르다. 이 씨족의 계보가 이렇 듯 두 가지로 된 것은 어찌 된 일인가?

위의 졸저에서 무수하게 보아온 창작상의 실수인 것이 명백하다. 이 씨족은 백제 멸망 이전에 도왜한 구백제계일 것이다.

3) 아배조신씨

> 아배조신(阿倍朝臣) : 좌경황별 상
> 8대 왜왕 효원의 왕자 대언명의 후손 ……

8대 왜왕 효원이나 아들이라는 대언명, 모두 가공인물이다.

『일본서기』 효원단에는 과연 대언명이 '아배신' 등 무려 7씨족의 시조라고 되어있다. 그리고 『일본서기』 천무 13년 11월조에는 '아배신 등 52씨족에게 조신(朝臣)이라는 성을 하사하였다'라는 기사가 있어, 이 씨족의 기원에 관한 완벽한 근거가 마련되어 있는 것을 볼 수 있다.

그러나 시조라는 대언명이 가공인물이므로 이 씨족 또한 백제에서 건너간 것이 확실하다. 황별 편에 수록되어 있으니 원래는 부여씨였을까? 이 씨족과 같은 시조를 둔 8씨족이 보인다.

4) 다조신씨

> 다조신(多朝臣) : 좌경황별 상
> 시조 신무의 왕자인 신팔정이명의 후손

씨족의 이름인 '다(多 오포)'는 아스카에 있는 지명이다. '태(太)' 혹은 '의부(意富)'라고도 표기하였다. 일족 중에 유명인물들이 많은데, 『고사기』를 지은 태안만려(太安萬呂 오포노야스마로)가 대표적이다.

시조인 신무나 왕자인 신팔정이명, 모두 창작된 가공인물임은 재론의 여지가 없다. 이 씨족 또한 날조된 가공인물을 시조로 두었다.

이 4씨족 이외에도 대부분의 황별들은 『일본서기』에 등장하는 날조된 왜왕 아들을 시조로 내세우고 있다. 지면관계상 더 이상의 소개는 생략

한다.

4. 천황가는 백제 부여씨

1) 부여씨와 대원진인씨

 법륭사에 있던 금동제 관세음보살을 조성한 경위를 밝힌 명문에, 천황가의 유래를 알려주는 아주 중요한 문구가 있다. 이 불상은 형제 사이인 세 스님이 조성하였다. 이에 관하여는 졸저 『천황가의 기원은 백제 부여씨』에서 자세하게 보았으므로(603쪽), 여기서는 요점만 살펴보자. 그리고 위 졸저와는 견해가 달라진 부분이 있는데, 이 글로써 바로잡고자 한다.

> 「갑오년 삼월십팔일 각대사의 덕총법사, 편강왕사의 영변법사, 비조사의
> 변총법사, 세 중은……
> 동족인 대원박사는 백제에서는 왕족이었고, 이 땅에서는 왕성이다(族大
> 原博士　百濟在王　此土王姓)」

 세 스님은 원래 '대원'씨였다. 이 대원씨는 『신찬성씨록』 좌경황별에 나오는 '대원진인'씨이다. 스님들의 동족 중에는 교육기관인 대학료의 교수인 박사 직위에 있던 사람이 있었던 모양이다. 그러면서 자신들의 대원씨는 백제에서는 왕족이었고, 일본에서는 왕성이라 하였다.
 위 명문에 의하면 세 스님의 성인 대원씨가 원래 백제의 부여씨였던 것은 의심의 여지가 없다. 일본에서는 왕성이라 하였는데 왕성은 일본 왕의 성, 즉 천황가의 성이다. 따라서

「세 스님의 성 = 부여씨 = 대원진인씨 = 천황가」

라는 등식이 성립되므로 천황가는 부여씨라고 보았던 것이다.

여기서 대원진인씨에 관하여 간략하게 살펴보자. 『신찬성씨록』은

> 대원진인(大原眞人) : 왜왕 민달(재위 572~585년)의 손자인 백제왕에서
> 나왔다. 『속일본기』와 부합한다.

라 하였다.

『속일본기』와 부합한다는 것은, 739년 성무천황이 왜왕 천무의 증손자 4명에게 이 「대원진인」이라는 새로운 성을 사성한 사실을 의미한다. 이는 명백한 역사적 진실이다. 따라서 대원진인은 유사황별이 아닌 진짜 황별이다. 명문의 '대원박사'는 바로 이 대원씨를 의미한다.

그런데 『신찬성씨록』이 대원진인을 「민달의 손자인 '백제왕'에서 나왔다」한 것은 전혀 앞뒤가 맞지 않는다. 앞서 본 바와 같이 대원진인씨는 739년 성무천황이 하사한 성이므로, 그 보다 백수십 년 이전인 민달의 손자와 연결될 수는 없기 때문이다.

또한 『일본서기』에는 민달의 손자라는 '백제왕'이 보이지 않는다. 여기서의 '백제'는 한국의 백제가 아니라, 당시 왜국 수도권 일원에 흔하게 있던 지명 중의 하나일 것이다. 일본의 통설도 그렇게 본다. 하지만 이런 이름을 가진 왕자는 『일본서기』 어디에도 나오지 않는다.

한편 『일본서기』에는 '대원'이라는 씨명을 가진 인물도 단 한 사람도 없다. 따라서 이 구절은 『일본서기』와 전혀 부합하지 않는다.

그럼에도 불구하고 천무의 증손자 4명에서 시작하는 이 대원 씨족을 '백제왕'에서 나왔다고 한 것은, 다른 의도가 숨어 있는 것은 아닐까? 즉

천무의 증손자들, 나아가 전체 천황가는 '백제왕'의 후예라는 사실을 암시하는 의도가 아닌가 싶다. 천황가는 백제의 후예라는 바로 그 진실을 이렇게 해서라도 알리고 싶은 마음이 아니었을까? 그렇다면 여기서의 '백제왕'은 백제의 대왕이라는 의미일 것이다.

명문의 '대원박사'와 아울러 생각하면, 「대원진인은 민달의 손자인 '백제왕'에서 나왔다」라는 이 구절은 참으로 묘한 여운을 남긴다. 그러나 실제 중요한 문제는 명문의 갑오년이 과연 언제인가라는 점이다.

2) 갑오년은 694년인가?

필자는 명문의 갑오년을 '대원진인'이라는 씨가 성립한 이후인 754년으로 보았다. 그러나 일본의 통설은 이보다 60년 이전인 694년으로 보고 있고, 634년으로 보는 견해도 있다.

또한 통설은 '대원박사'의 '대원'을 대원진인이 아닌 다른 대원씨로 본다. 그리고 '차토왕성(此土王姓)'의 '왕성'은 부여풍의 아우 선광을 시조로 하는 '백제왕' 씨족으로 본다.

일본 연구자들은 세 스님의 원래 성인 부여씨가, 대원씨를 통하여 천황가와 연결되는 사태를 어떻든 피하기 위하여 이런 주장을 펴는 것으로 짐작된다. 따라서 일본 통설에 의하면,

「세 스님의 성 = 부여씨 = 대원씨 = 백제왕씨」

라는 결론이 된다. 과연 이 등식이 성립할 수 있는지 검토하여 보자.

백제왕씨라는 성을 자세히 살펴보자. 이는 의자왕의 왕자 부여풍과 같이 도왜한 그의 아우 선광을 시조로 하는 성이다. 백제 멸망 이후 선광은

왜국에 머물렀는데, 도왜 당시에 아들 창성도 동행하였다.

왜 지통은 선광에게 '백제왕'이라는 성을 부여하였을까? 이에 관하여 '백제 왕실의 일본 천황가에의 복속'이라고 보는 것이 일본 학계의 대체적인 견해이다. 그러나 왜는 백제의 속국이었다. 사실을 왜곡하는 수작에 불과하다.

선광은 부여풍의 아우이고, 지통은 부여풍의 아들인 왜왕 천지의 딸이다. 따라서 선광은 지통에게는 종조부가 된다. 지통은 종조부인 선광과 직계후손들에게 '백제왕'이라는 성을 부여함으로서, 백제의 왕통이 일본에서 영원토록 계속되기를 기원하였다고 생각된다.

당시 일본에는 백제 왕성인 부여씨 일족이 무수히 살고 있었을 것이다. 그러나 마지막 왕인 의자왕을 잇는 직계는 선광과 그 후손들뿐이다. 다른 부여씨는 제외하고, 오직 선광과 그 가족들에게만 백제왕씨를 부여한 것은 이런 이유일 것이다.

지통이나 부친 천지, 남편인 천무도 의자왕의 직계후손인 것은 마찬가지이다. 하지만 이들 일본 왕가에서는 이미 천무 시절부터 백제와는 절연하고, 까마득한 옛적부터 왜국에서 살아온 토착세력으로 가장하기로 작정한 바 있다. 그 결과 일본의 왕가는 공식적으로는 백제와는 아무런 상관이 없는 것으로 되고 말았다.

그러므로 선광의 일족이 아니면 의자왕의 혈통은 끊어지게 된다. 따라서 선광과 그 직계후손들에게 백제왕이라는 성을 부여하여, 일본 땅에서 의자왕의 혈통이 영원무궁토록 계승되기를 보장하였던 것으로 추정할 수 있다.

3) 694년, 백제왕씨는 불과 4~5명

일본 조정에서 선광에게 언제 '백제왕'씨라는 성을 부여하였는지 정확한 연대는 알 수 없으나, 『속일본기』에 의하면 왜왕 지통의 재위기간 (687~697년) 중이라고 되어있다. 그런데 『일본서기』 지통 5년(691년) 정월조를 보면

「백제왕선광, 원보(遠寶), 양우(良虞), 남전(南典)에게 많은 선물을 후하게 하사하였다」

라는 구절이 있다. 따라서 이때(691년)는 '백제왕'이라는 성이 확실하게 성립되어 있었을 것이다. 일본 학계에서도 그렇게 보고 있다. 그렇다면 백제왕씨의 사성은 아마도 불과 1~2년 전의 일일 것이다. 아니면 바로 이 때에 사성하면서, 그것을 기념하기 위하여 많은 선물을 주었을 가능성도 있다.

『일본서기』에는 왜 이들에게 후한 선물을 주었는지 그 이유가 나오지 않는다. 즉 그들이 어떤 공훈을 세운 데에 대한 포상이 아니었다. 단지 백제왕씨라는 이유만으로 후하게 대우하였던 것이므로, 누구는 주고 누구는 제외하였을 가능성은 상상하기 어렵다. 결국 위 네 사람이 백제왕씨 일족의 성인 남성 전부였다고 볼 수밖에 없다.

선광의 아들 창성은 이보다 앞서 세상을 떠났다. 『일본서기』 천무 3년 (674년) 정월조에 창성의 별세에 대한 기사가 나오는데, 그의 죽음을 '훙(薨)'이라 표현하였다. 『일본서기』가 신하들의 죽음을 대부분 '졸(卒)'이라 하였고, 가까운 왕족(황족)에 대하여 '훙'이라는 표현을 썼다는 점으로 미루어 볼 때, 이 기사는 실로 파격이라 할 만하다. 망해버린 속국의 왕족에게 쓸 수 있는 표현이 아니다.

원보와 양우는 창성의 아들이며, 양우는 동대사 대불 조성시 황금을 바친 경복의 부친이다. 남전은 선광의 아들인지 손자인지 명확하지 않다. 선광은 2년 후인 지통 7년(693년) 세상을 떠났다.

다시 명문으로 돌아가 보자. 이 명문이 과연 694년 작성되었을까? 이때는 후한 선물을 받은 때로부터 불과 3년 후이다. 위에서 보다시피 선물을 받은 691년 시점에서 백제왕씨의 성년 남성은 위의 네 사람이 전부이다. 그로부터 3년 후인 694년에는 새로이 성년이 된 사람이 한둘 추가되었을 가능성은 있다.

그렇지만 부여씨에서 백제왕씨로 바꾼지 4~5년도 되지 아니하고 일족 성인 남성 수가 4~5명인 시점에서, 누군가가 '대원'씨로 성을 바꾸어 갈라져 나갔다고는 상상도 되지 않는다.

즉 불과 몇 년 사이에 몇 사람은 '대원'씨로 성을 바꾸었고, 그중 한 사람은 교육기관의 교수인 박사가 되었으며, 다른 세 형제는 그 이전에 출가하여 694년 시점에서 이미 스님이 되어있다는 것인데, 이것이 과연 가능한 일일까? 전혀 상상하기 어렵다.

불과 몇 년 전에 조정으로부터 받은 백제왕씨를 버리고, 누군가가 '대원'씨로 개성하였을 가능성은 전혀 없다. 이렇게 개성한다는 것은 성을 하사한 왜왕 지통의 호의를 짓밟는 일이 된다. 따라서 명문의 갑오년이 694년일 리는 없다고 단정할 수 있다. 결국 명문의 '대원'씨를 '백제왕'씨로 보는 견해는 도저히 성립할 수가 없다.

또한 694년과 동일한 시기인 『일본서기』 지통의 시대에는 '대원'이라는 씨를 가진 귀족은 단 한 사람도 보이지 않는다. 『일본서기』 전편을 훑어보아도 없다. 7세기에는 존재하지 않았던 것이 분명하다.

4) 대원사씨일까?

그런데 『신찬성씨록』의 제번편에는 '대원진인'이 아닌 다른 '대원' 씨족이 있다. 바로 '대원사(大原史)'라는 씨족인데, 과연 이 씨족일까?

① 대원사(大原史) : 한인(漢人) 서성(西姓) 영귀(令貴)의 후손

② 대원사(〃) : 〃 (〃) 목성(木姓) 아류소(阿留素). 서성 영귀의 후손

이 두 씨족은 백제 후예로서 평안시대에 여러 인물을 배출한 바 있다. 그런데 『속일본기』 등에 의하면, ①씨족은 8세기 후반에, ②씨족은 9세기 중반에 각각 처음 등장하였다. 따라서 694년에 이러한 명칭의 씨족이 있었을 가능성은 희박하다.

그리고 두 씨족은 원래 백제의 '서(西)'씨, 혹은 '목(木)'씨였다. 목씨는 백제의 8성 대족 중의 하나이다. 따라서 이들은 원래 부여씨가 아니었던 것이 분명하다. 『신찬성씨록』에도 두 씨족은 백제왕씨와는 별개의 씨족으로 등재되어 있다. 두 대원사씨는 부여씨도, 백제왕씨도 아닌 것이 명백하다.

5) 대원박사는 대원진인씨이고 천황과 동족

결국 '대원박사'의 '대원'씨는 8세기의 '대원진인'씨라고 볼 수밖에 없다. 백제왕씨나 대원사씨일 가능성은 전혀 없다. 따라서 '차토왕성(此土王姓)'의 '왕성'은 대원진인과 동족인 '일본 왕(천황)의 성'이라는 결론에 이르게 된다. 그러므로

「세 스님의 성 = 부여씨 = 대원씨 = 천황가」

라는 등식이 진실하다는 확신을 얻을 수 있다.

여기서 「차토왕성」의 「왕성」에 대하여 좀 생각하여 보자. 통설은 이 왕성이 백제왕 씨족을 뜻한다고 본다. 그런데 '백제왕'은 당시의 개념으로는 존칭인 성이 아니라, 씨족 명칭인 '씨'이다. 당시에도 '백제왕씨'라고 통칭

된 바 있다. 따라서 세 스님이 백제왕을 표기할 의도였다면 '차토왕씨'라고 적어야 옳다. 이런 관점에서 보더라도 '차토왕성'은 백제왕씨가 아니라는 사실을 확인할 수 있다.

「차토왕성」의 성은 일본의 성 즉 존칭이 아니라, 한국의 '김씨 성'이라고 할 때의 성과 완벽하게 동일한 개념이다. 앞서 본 서성이나 목성의 '성'과 동일한 개념인 것이 분명하다. 즉 이 '왕성'은 '일본 왕의 성'이라는 의미인 것이다.

그런데 지금이나 마찬가지로 당시에도 일본의 천황은 공식적으로는 성(일본의 씨)이 없었다. 하지만 7~8세기 일본 귀족들 가운데, 천황가는 원래 부여씨였다는 사실을 모르는 사람은 아무도 없었을 것이다. 세 스님은 자신들은 백제에서는 왕족이었고, 일본 땅에서는 천황과 같은 성이라고 기록하였던 것이다.

그런데 세 스님은 관세음보살상을 조성하면서 왜 자신들의 뿌리를 기록하였을까? 불상조성기는 무덤에 넣는 묘지와는 다르다. 불상을 조성하게 된 경위와 그에 따른 축원의 내용 같은 것을 간략하게 기재하는 것이 통례이다. 집안의 내력을 기록한 사례는 드물다.

아마도 세 스님은 백제에서나 일본에서나 자신들의 성씨가 왕성이었다는 사실을 자랑하고 싶은 마음이었다고 생각된다. 불가의 일반적인 관례와는 상당히 색다르게 세속적인 형태로 기록한 것은 이런 이유일 것이다. 그러다 본의 아니게 천황가의 기원을 노출하고 말았다.

6) 결론 : 천황가는 부여풍의 후손

일본의 천황가는 고대에서부터 성이 없는 특이한 가문으로 되어있다. 그러나 실제 그 뿌리는 백제의 부여씨이다. 즉 왜왕 부여풍의 두 아들이

38대 왜왕 천지와 39대 왜왕 천무였다.

『일본서기』에 의하면 부여풍은 인질로서 631년 도왜하여 662년 본국으로 귀환할 때까지, 무려 31년간 왜국에 체재한 것으로 되어있다. 아무리 그가 인질이었다 하더라도, 그는 의젓한 백제의 왕자 신분이었다. 조선이나 고려시대에 먼 곳으로 유배당한 신하들도 대부분 그곳에서 혈육을 남긴 것을 생각하면, 부여풍의 경우는 아주 특이하다.

왜국에 혈육 몇 명은 남길 법도 하였으나 단 하나의 자식도 없는 것으로 되어있다. 왕자 곤지나 말다(후일의 동성왕)가 왜국에 많은 후손을 둔 사실과도 대비된다.

그러나 실제로 부여풍은 왜국에 수많은 후손을 두었다. 바로 현재의 천황가는 부여풍의 직계 후손들이다. 이 사실을 숨기기 위하여 천황가는 성이 없는 척, 천수백 년의 세월동안 위장하였던 것이다.

후기

1. 『일본서기』에는 백제가 왜의 속국으로 되어있다. 그러나 현대 일본의 학계에서는 이와는 전혀 다르게 백제와 왜는 대등한 관계에서 교류하였다고 본다. 이러한 견해는 『일본서기』와 비교하면 교묘하고 세련된 형태이지만, 역사를 왜곡하려는 의도인 것은 마찬가지이다.

실제는 백제가 왜를 통치하였던 것이다.

이 책과 앞서 나온 졸저 『천황가의 기원은 백제 부여씨』는 백제가 왜를 통치하였다는 사실을 증명하는 여러 자료를 취합, 망라하였다.

2. 그러나 여기에는 상당한 결함이 있다는 사실을 고백하지 않을 수 없다. 백제가 과연 언제부터, 어떤 경위로 왜국을 통치하게 되었는지 밝혀내지 못하였기 때문이다. 이는 필자 역량의 한계이기도 하지만, 워낙 자료가 부족하기 때문에 어쩔 수 없는 사정이 있다.

여기서 이 문제에 관하여 좀 생각하여 보자. 먼저 백제가 왜국으로 진출한 것은 언제일까?

『일본서기』에 나오는 첫 번째 백제왕은 신공단에 보이는 근초고왕(재위 346~375년)이다. 이것은 창작사서인 『일본서기』의 우연일까? 엮은이도 백제의 후예라서, 백제가 왜국을 통치한 근본을 알려주기 위한 의도적인 기록인가?

근초고왕 무렵, 백제가 강력한 국력을 바탕으로 대외적으로 팽창하여 나갔으며, 4세기 말부터는 금관가야인들을 비롯한 한국

의 여러 세력이 왜지에 집단도왜하였던 형세를 감안한다면, 후
자가 설득력이 있다. 아마도 근초고왕 말기쯤 백제가 처음으로
왜지로 출병한 것이 아닌가 싶다.

3. 처음 백제 세력이 교두보를 확보한 곳은 어디일까? 이 또한 자료
   가 없으므로, 부득이 『일본서기』라도 의지하지 않을 수가 없다.
   이에 의하면, 역대 왜왕들의 사냥터로 자주 등장하는 오사카 앞
   바다 「담로도(淡路島 아와지시마)」라는 섬이 있다. 응신 22년 9월조
   등 무려 4곳에서 왜왕들이 여기서 사냥하였다고 되어있다.
   이 섬의 한자표기 「담로(淡路)」는 백제의 지방제도인 「담로(檐
   魯)」를 연상케 한다.
   한편 『일본서기』 신대기에 의하면, 최고의 신 이자나키와 이자
   나미가 교합하여 국토를 낳기로 하면서, 제일 먼저 「담로주(淡路
   洲)」를 포(胞 태아를 둘러싼 막)로 하여 여러 국토를 낳았다 한다.
   『일본서기』의 이러한 여러 기록은, 백제가 처음으로 왜지에서
   교두보를 마련한 곳이 바로 이 섬이라는 사실을 암호화한 것으
   로 이해할 수 있다.
   그런데 이러한 추론은 오로지 『일본서기』에만 의존한 것으로서,
   고고학이나 다른 부문의 연구성과는 전혀 반영되지 않았다. 따
   라서 이 추론의 입지는 그다지 튼튼하지 못하여, 고고학 등에서
   유물을 토대로 한 반론이 나온다면 바뀔 수밖에 없을 것이다.

4. 백제 멸망 무렵의 왜국 수도는 아스카였다. 따라서 백제가 기내
   로 진출하여 아스카를 수도로 삼고는, 왜지 최고의 강국인 왜국

을 통치한 것은 분명한 사실이다. 그렇지만 어떤 경위로 기내로 진출하였는지도 불분명하다.

일본에서는 카와치(河內)의 거대고분 즉 인덕릉, 응신릉 따위로 이름 지어진 5세기대의 무덤들을 왜 5왕의 그것으로 보고 있다. 그러나 이는 금관가야에서 건너간 우두머리들이 잠든 곳이다. 왜 5왕이나 백제와는 아무런 관련이 없다.

이 거대고분의 전성기에 기내를 비롯한 일본열도를 좌지우지한 것은 금관가야에서 건너간 세력이었다고 생각된다.

5. 이러한 카와치 거대고분의 전성기가 저물 무렵인 5세기 후반쯤 에는 백제 세력이 기내로 진출하였을 것이다. 그러면 기내를 선점 하고 있던 가야 세력과 치열한 전투를 벌인 끝에 승리하였을까? 이에 관한 자료 역시 없지만, 아마도 큰 전투는 없었고 대체로 평화로운 정권교체가 있었던 것이 아닌가 싶다.

7~8세기의 일본에서 가야의 후예인 한씨(漢氏)와 진씨(秦氏)가 중상위급 호족, 귀족으로서 상당한 세력을 가지고 있었다. 이들 은 바로 카와치 거대고분에 묻힌 우두머리들의 후예이다.

이들이 6세기 이후에도 완전히 몰락하지 않고, 백제 세력의 휘 하에서 나름 세력을 유지한 것은 그런 이유일 것이다. 금관가야 의 구형왕이 신라에 항복하자, 신라에서는 그 세력을 상당 부분 유지시켜 주었고, 그 후 김유신 등 이른바 신김씨가 득세하였던 것과 유사하다.

속국 倭國에서
독립국 日本으로

지은이 | 이원희

펴낸이 | 최병식

펴낸날 | 2022년 10월 10일

펴낸곳 | 주류성출판사

서울특별시 서초구 강남대로 435

TEL | 02-3481-1024 (대표전화) • FAX | 02-3482-0656

www.juluesung.co.kr | juluesung@daum.net

값 28,000원

잘못된 책은 교환해 드립니다.

ISBN 978-89-6246-487-0　03910